René Descartes

**mit Selbstzeugnissen
und Bilddokumenten
dargestellt von
Rainer Specht**

Rowohlt

Dieser Band wurde eigens für «rowohlts monographien» geschrieben
Herausgeber: Kurt Kusenberg
Umschlaggestaltung: Werner Rebhuhn
Vorderseite: René Descartes. Stich aus dem 19. Jahrhundert
(Archiv für Kunst und Geschichte, Sammlung Historia-Photo)
Rückseite: Figur aus dem «Traité de l'homme» zur Erklärung
der Koordinierung mehrerer Wahrnehmungen
(Rowohlt Archiv)

Veröffentlicht im Rowohlt Taschenbuch Verlag GmbH,
Reinbek bei Hamburg, Juni 1966
Copyright © 1966 by Rowohlt Taschenbuch Verlag GmbH,
Reinbek bei Hamburg
Alle Rechte an dieser Ausgabe vorbehalten
Satz Times (Linotron 404)
Gesamtherstellung Clausen & Bosse, Leck
Printed in Germany
ISBN 3 499 50117 1

8. Auflage. 36.–37. Tausend Januar 1998

Inhalt

Die Gärten der Touraine 7

Das Buch der Welt 14

Paris und Holland 21

Verhältnis zur Theologie 31

Wiederherstellung des Friedens 46

Hindernisse des Fortschritts 60

Verbesserung der Technik und Medizin 69

Die Methode 76

Begründung der Gewißheit 85

Eine neue Physik 95

Erklärung der Natur 102

Seele und Maschine 116

Das Land der Bären 130

Ruhe und Ruhm 141

Anmerkungen 154

Zeittafel 158

Zeugnisse 160

Bibliographie 164

Namenregister 185

Quellennachweis der Abbildungen 188

René Descartes. Gemälde von Frans Hals. Paris, Louvre

Die Gärten der Touraine

René Descartes wurde am 31. März 1596 zu La Haye geboren. La Haye ist ein Flecken der Touraine, den nur das Flüßchen Creuze, ein Nebenfluß der in die Loire mündenden Vienne, vom Poitou trennt. Die Touraine ist ein grünes, gesegnetes Land – die Heimat Gargantuas und Pantagruels. Sie ist reich an Trauben und Früchten; ihr schneeiger Ziegenkäse ist berühmt. Kurz vor seiner letzten Reise nach Schweden oder in den Tod erinnert sich René Descartes der Landschaft seiner ersten Jahre: *Ein Mann, der in den Gärten der Touraine geboren wurde und jetzt in einem Lande weilt, wo es vielleicht nicht so viel Honig gibt wie in dem Land, das Gott den Israeliten verheißen hatte, aber vermutlich mehr Milch: kann sich nicht so leicht entschließen, es zu verlassen und in das Land der Bären zu ziehen, um zwischen Klippen und Gletschern zu leben* (er hätte schreiben können: «zu sterben»).[1]*

Indessen pflegte sich der Philosoph als *Edelmann aus dem Poitou* zu bezeichnen, und auch der niederländische Vertraute Isaac Beeckman notiert in seinem Tagebuch: «Renatus Picto». Die Legende weiß einen guten Grund; sie berichtet, daß die Mutter das Kind im großmütterlichen Haus zur Welt zu bringen gedachte, sich aber zu spät auf die Reise machte und auf der Straße am poitevinischen Ufer des Flüßchens von den Wehen überfallen wurde. In jedem Falle stammten Vater und Mutter sowie die Großeltern beider Seiten aus dem Poitou, und an der sehr berühmten Fakultät zu Poitiers erwarb denn auch René Descartes zwanzig Jahre nach seiner Geburt in einem Abstand von drei Tagen das Baccalaureat und das Lizentiat der Rechte.

Sein Vater Joachim Descartes, den er nicht häufig sah, wurde 1563 zu Châtellerault im Poitou geboren, einer der Städte, in denen man 1589 den Protestanten Kultfreiheit gab; er erwarb 1586 das Amt eines Conseiller am Parlement der Bretagne und lebte, um seinen Pflichten zu genügen, alljährlich drei Monate in Rennes statt in La Haye. So entspricht die Herkunft René Descartes' der Antoine Arnaulds oder Blaise Pascals; er stammt aus der selbstbewußten und liberalen Juristengruppe der «parlementaires», ohne die das System der Vorrevolution, aber auch der

---

* Die hochgestellten Ziffern verweisen auf die Anmerkungen S. 154f.

Das vermutliche Geburtshaus in La Haye

Jansenismus, die bürgerliche Verfassung von 1791 und selbst die französische Restauration nicht denkbar wäre, wie Sainte-Beuve gezeigt hat. Der Großvater Pierre Descartes war Arzt und praktizierte bis 1566 in Châtellerault, wo auch sein einer Gelehrtenfamilie entstammender Schwiegervater Jean Ferrand eine Praxis hatte. Der Knabe René wird an diesem medizinischen Erbe zu tragen haben. Seine Mutter Jeanne Brochard stammte aus einer poitevinischen Beamtenfamilie; ihr Vater war Generalleutnant des Présidial zu Poitiers. Den Juristen Joachim Descartes, Nachfahren von Beamten, Ärzten und Universitätsgelehrten, mögen sehr komplexe Motive bewogen haben, als er mit einem Augenzwinkern erklärte, sein Sohn René solle sich in Kalbsleder einbinden lassen, weil er zu etwas anderem einmal nicht tauge.

Die Descartes waren von Adel, wenngleich vom niedrigsten; die Vorfahren mütterlicherseits, Joachim Descartes und selbst der Arzt Pierre bezeichneten sich als «Knappen» (écuyers). Niemand weiß, weshalb sie das taten; man glaubte ihnen aber, denn sie genossen das fundamentale Adelsprivileg der Steuerfreiheit. Gegen Ende des Jahrhunderts wurden ihre bretonischen Nachfahren «chevaliers», weil sie den Nachweis parlementarischer Tätigkeit für drei aufeinanderfolgende Generationen erbringen konnten, aber der Philosoph René Descartes ist niemals Chevalier gewesen; dagegen erbte er in der ersten Hälfte seiner zwanziger Jahre von seiner Großtante d'Archangé das kleine Gut Le Perron im Poitou; seitdem bezeichnete er sich als «Sieur du Perron» (Perronij toparcha), bis ihn in seinen vierziger Jahren die Abneigung des Weisen gegen irdische Titel überkam. Seine Unterschrift läßt nicht erkennen, daß sein Familienname «Des Cartes» zu schreiben ist; so schrieben sein Vater und sein Bruder, aber auch die Zeitgenossen und noch Leibniz; auch findet man diese Schreibung auf den Titelblättern der Werke. Die Latinisierung «Cartesius» hat René Descartes nicht geliebt; er fand es passender, «Renatus Des-Cartes» als «Renatus Cartesius» zu schreiben.

Wahrscheinlich kann man nichts Wichtigeres über ihn sagen, als daß er ein «gentilhomme français» gewesen ist – ein Edelmann aus jenem Frankreich, das als das Land männlichen Ernstes und zuchtvoller Gemessenheit galt. Seine Loyalität gegenüber den Kronen, seine «désen-

Das vermutliche Geburtszimmer

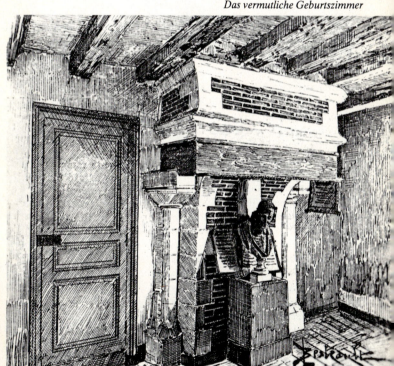

*Karl I. von England,
Onkel der Prinzessin Elisabeth.
Kupferstich von
Franciscus Hocius, 1633*

volture» und sein Mut, seine Diskretion und Bestimmtheit, sein Ernst und seine brüderliche Freundlichkeit erweisen ihn als Kind einer Klasse, die zu den überzeugendsten Schöpfungen Europas gehörte, bis Ludwig XIV. den Anfang ihres Endes setzte. René Descartes wußte, wie man mit Königinnen spricht; er wußte, wie man Gesinde hält, Strauchdiebe in Zittern versetzt und aufgeregte Schulmeister mit einem Wort zum Schweigen bringt. Wer schriebe wie er an einen Glasschneider in Paris, dem er das Gefühl ersparen wollte, ein Schuldner zu sein? *Sollten Sie ein Mann mit genügend Mut sein, die Reise zu wagen und einige Zeit mit mir in der Einöde zu verbringen, so würden Sie alle Muße haben, sich zu üben; kein Mensch vermöchte Sie abzulenken, Sie wären fern von allem, was Sie beunruhigen kann; kurz, Sie wären in keiner Hinsicht anders gestellt als ich, und wir würden wie Brüder leben.*[2]

Wer schreibt ähnliche Briefe an einen wissenschaftlichen Gegner, der sich vor Bekannten nachteilig geäußert hat? *Sie brauchen nicht zu befürchten, daß ich die Abfassung und die Verbreitung Ihrer Schriften gegen mich verhindern würde; denn ganz im Gegenteil rate ich Ihnen eher dazu als zu dem Vergnügen, weiterhin private Briefe abzufassen; das gäbe nämlich Übelwollenden Gelegenheit zu meinen, Sie wichen aus und griffen zu Intrigen, weil Sie im offenen Kampfe nichts vermögen. Auch fürchte ich keineswegs Schärfen des Stiles oder Anzahl und Ruhm meiner Fein-*

de. Ich habe seit langem gesorgt, daß man nichts Wahres über mich erzählen kann, das ich nicht mit Freuden höre; und wollen mich einige verleumden, so hoffe ich, ihre Ränke ohne Mühe aufzudecken und sie dem Gelächter verständiger Leser preiszugeben. Je größer ihre Zahl und je eindrucksvoller ihre Namen sind, desto aufrichtiger werde ich mich beglückwünschen müssen, daß ich solchen Neid erwecke.[3] – *Und wer könnte sonst einer unglücklichen Prinzessin solche Trostworte schreiben, als sie den gewaltsamen Tod ihres Oheims, des Königs Karls I. von England, betrauerte? Obgleich dieser Tod mit seiner Gewaltsamkeit etwas Schrecklicheres zu haben scheint als ein Tod im Bette, ist er dennoch, wenn man ihn richtig begreift, ehrenvoller, glücklicher und süßer; so muß, was die gewöhnlichen Menschen daran besonders betrübt, Eurer Hoheit zum Troste dienen. Nämlich es ist viel Ehre, bei einer Gelegenheit zu sterben, die in jedem überall irgend menschlich Fühlenden Klage, Achtung und*

Heinrich IV. von Frankreich.
Gemälde von Frans Pourbus

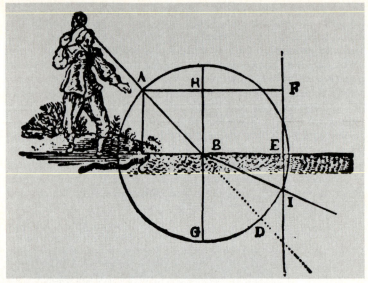

«Jeu de paume». Figur aus Descartes' «Dioptrique»

Trauer erweckt. Und es ist sicher, daß man die Milde und die übrigen Tugenden des verstorbenen Königs ohne diese Prüfung niemals so bemerkt oder geschätzt hätte, wie es jetzt und in Zukunft alle tun, die seine Geschichte lesen.[4]

Im Jahre 1603 erhielten die Jesuiten von Heinrich IV. die Erlaubnis, zu La Flèche in Anjou ein Knabeninstitut zu gründen. Seit dem Frühjahr 1604 besucht der eben achtjährige René Descartes aus La Haye, der ein Jahr nach seiner Geburt die Mutter verloren hat, das nahe gelegene neue Collège Royal, das mit ganz ausgezeichneten Kräften besetzt und in der Tat eine der besten Schulen Europas ist. Er kommt als «chambriste», das heißt, er nächtigt nicht in dem großen Schlafsaal, sondern hat ein Einzelzimmer; auch wird er morgens nicht geweckt – vielleicht, weil seine Gesundheit schwach, vielleicht auch, weil der Pater Charlet sein Onkel ist. Er lernt lateinische Grammatik, liest Ovids Metamorphosen, Lebensbeschreibungen großer Griechen und Römer, vielleicht eine Chrestomathie der Rhetorik und ein «Corpus Poetarum», das an der Wende seines Lebens noch eine Rolle zu spielen hat; später kann er Klassiker aus dem Gedächtnis zitieren. Vor allem lernt er ein wundervolles Latein, das allen Nuancen seiner Seele gehorcht und namentlich in der Jugend kräftig, knapp und lieblich klingt; Descartes gilt als ein Klassiker der französischen Sprache, aber sein Latein steht seinem Französisch wahrscheinlich nicht nach. Er lernt auch Philosophie – die Wis-

senschaft der Schulen, von der er im *Discours* in fast eben der Reihenfolge, in der er sie zu La Flèche gelernt hat, berichtet wird: im ersten
Jahre Logik und nebenher Moral, im zweiten Jahre Physik und nebenher Mathematik, im letzten Jahre Metaphysik. Er war ein guter Mathematiker, und es wird berichtet, daß er seine Lehrer gelegentlich in Ver-
wirrung brachte.

Die Patres weckten in ihren Schülern eine große Liebe zu Heinrich
IV., dem Gründer des Collège Royal, der 1610 zu La Flèche sein Herz
bestatten ließ. Der kleine Descartes hat an dieser Zeremonie teilgenom-
men und auch später eine Vorliebe für große monarchische Schauspiele
gezeigt; er erlebte die Kaiserkrönung Ferdinands in Frankfurt, die Ver-
mählung des Dogen von Venedig mit der Adria und in Rom die Eröffnung des Heiligen Jahres. Zu seinen frühen Eindrücken gehört das
Theater, denn in La Flèche führte man wie in allen Jesuitenhäusern Dra-
men auf. Merkwürdigerweise wird eine seiner letzten Schriften ein dra-
matisches Ballettlibretto sein, das er auf Befehl der Königin Christine
von Schweden verfaßt. Er lernt das Ballspiel, «jeu de paume», das seinen Schriften häufig die Metaphern liefern wird, desgleichen die Fecht-
kunst, über die er später eine Abhandlung verfaßt, nachdem er im Duell
und in der Selbstverteidigung seine Kenntnisse demonstriert hat. Die Jesuiten sind ein unverbrauchter und fortschrittlicher Orden; sie begei-
stern ihre Schüler für den astronomischen Fortschritt, vor allem für die
Entdeckungen des noch lange nicht verurteilten Galileo Galilei an Jupi-
ter und Saturn, und erklären die Gründe, die für das kopernikanische
Weltbild sprechen. Damals verändert das Teleskop genauso die Welt
wie achtzig Jahre später das Mikroskop, und nicht umsonst verfaßt der
größte Schüler von La Flèche gerade ein Lehrbuch der «Dioptrik», in
der die geometrische Optik der durchsichtigen Medien behandelt wird.
Als besondere Vergünstigung gestatten die großzügigen Patres dem auf-
geweckten Jungen die Lektüre «verbotener» Schriften; möglicherweise
hat er in La Flèche den Raimundus Lullus, Cornelius Agrippa und Por-
tas «Magia Naturalis» gelesen. Später bleibt er seinen ersten Lehrern
immer dankbar und äußert sich häufig mit Anerkennung über sie; auch
kommt er zunächst überhaupt nicht auf den Gedanken, sie könnten auf
der Seite der philosophischen und physikalischen Reaktion stehen, sondern traut ihnen so viel Scharfblick zu, daß er vermutet, sie würden die
Richtigkeit seiner Philosophie erkennen und sie zur offiziellen Ordens-
lehre erklären. Möglicherweise konnte er seine Lehrer überhaupt nicht
schöner ehren als durch diesen Irrtum.

Das Buch der Welt

Wir wissen aus dem *Discours*, daß Descartes eines Tages die Schule verließ, um im *Buche der Welt* zu studieren; aber über seinen Aufenthalt und seine Beschäftigungen in den Jahren 1612 bis 1618 ist wenig bekannt, wie Charles Adam, der Leiter der Descartes-Gesamtausgabe und Verfasser einer noch immer aktuellen Descartes-Biographie, entgegen den Angaben Baillets gezeigt hat. Blieb der junge Philosoph in La Flèche, war er in Paris oder hielt er sich an einem anderen Ort auf? Wir wissen es nicht; dagegen ist bekannt, daß sein Vater ihn 1618 zur militärischen Ausbildung nach Holland schickte, der Heimat eines neuen, beweglichen Stils der Kriegführung, mit dem man die vorher als unbesiegbar geltenden spanischen Armeen in die Knie gezwungen hatte. Die Spanier waren katholisch, die Niederländer calvinisch; aber Descartes scheint deswegen keine Skrupel empfunden zu haben: er wurde als «volontaire» bei Maurits von Nassau eingestellt. Ein «volontaire» mußte selbst für seine Ausrüstung und Bedienung sorgen, er erhielt zwar bei der Einstellung als symbolisches Handgeld eine Dublone (Descartes hat sie bis an sein Lebensende als Andenken verwahrt), empfing aber keinen Sold – und darauf war der Sieur du Perron allerdings nicht angewiesen, denn sein Vater hatte ihm durch den Verkauf von der Mutter mitgebrachter Liegenschaften ein mäßiges Kapital verschafft, von dem er unabhängig leben konnte.

In diesen ersten Aufenthalt in Holland, der von Anfang 1618 bis April 1619 gedauert haben muß, fällt die für seine weitere Entwicklung wichtige Begegnung mit dem hellsichtigen Physiker Isaac Beeckman aus Middelburg, der wie Descartes eine neue Naturwissenschaft erträumte: die Mathematik sollte nicht mehr ein unorganisch angefügter Appendix der Physik sein, sondern die Physik hatte mathematisch zu werden. Die beiden jungen Männer erkannten sich wie durch eine Erleuchtung als «Physico-Mathematici» und schlossen eine heftige und krisenreiche Freundschaft. Es ist das Verdienst des acht Jahre älteren Beeckman, daß Descartes im eher ungünstigen Milieu des Lebens in der Garnison seinen Weg nicht länger als einen Augenblick verlor. *Denn Sie allein haben mich Müßigen aufgeweckt*, bekennt er dem älteren Freund.[5]

Münster und Münsterplatz in Ulm. Stich, 1666

Aber es drängt ihn, weiter im *Buche der Welt* zu studieren; er segelt im April 1619 nach Kopenhagen und besucht der Überlieferung nach Danzig, Polen, Ungarn, Österreich und Böhmen; allerdings befindet er sich zwischen dem 20. Juli und 9. September desselben Jahres bereits in Frankfurt, um der Krönung Kaiser Ferdinands II. beizuwohnen. Den Winter verbringt er in Ulm oder in der Umgebung Ulms, einer Stadt, die damals ein bedeutendes Zentrum mathematischer Studien war. Er trat mit dem berühmten Mathematiker Johann Faulhaber in Verbindung, der zur geheimen Gesellschaft der Rosenkreuzer gehörte; und merkwür-

Deutsche Stube mit Kachelofen. Kupferstich aus den «Monatsgesprächen» von Thomasius. In einer solchen Stube verbrachte Descartes den entscheidenden Winter 1619/20

digerweise entsprechen bestimmende Verhaltensweisen Descartes' den wichtigsten Vorschriften dieser Gesellschaft: Pflege der Wissenschaft zum Besten der leidenden Menschheit und unentgeltliche Ausübung der Medizin; indessen lassen die bis heute vorgelegten Argumente die Behauptung, er sei ein Rosenkreuzer gewesen, als eine Hypothese erscheinen, die wahr sein könnte, aber nicht wahr sein muß. Nach einer Weile scheint der junge Reisende sich gänzlich an den Ofen seiner süddeutschen Stube («poèle») zurückgezogen zu haben, um seinen gärenden Ideen Gelegenheit zur Klärung und Reife zu geben. *Als ich von der Kaiserkrönung zur Armee zurückkehren wollte, hielt der Beginn des Winters mich in einem Flecken fest, in welchem ich keinen kurzweiligen Umgang fand und andererseits zum Glück keine Beschwer von Sorgen oder Leidenschaften hatte; und deshalb blieb ich den ganzen Tag in einer Ofenstube eingeschlossen, in der ich alle Muße hatte, mich mit meinen Gedanken zu beschäftigen.*[6] In dieser Stube erwartet ihn das Erlebnis, das sein Leben ändert: am Martinsabend 1619, in der Nacht vom 10. auf den 11. November, schaut er in einem Zustand höchster Erregung drei Träume, von denen Baillet berichtet.

Während er an einen bestimmten Ort gelangen will, schrecken ihn Phantome; er empfindet auf der rechten Seite eine große Schwäche, kann sich nicht aufrecht halten und sucht beschämt, sich wieder aufzurichten; aber ein Sturmwind läßt ihn mehrmals auf seinem linken Fuß herumwirbeln. Er kommt an ein Kolleg, dessen Türen offen stehen; «. . . er trat ein, um dort eine Zuflucht und eine Abhilfe für sein Unwohlsein zu finden. Er versuchte, die Kapelle des Kollegs zu erreichen, und sein erster Gedanke war, dort sein Gebet zu verrichten; aber er hatte bemerkt, daß er an einem Bekannten vorübergegangen war, ohne ihn zu grüßen, und wollte auf der Stelle umkehren, um seinen Hut zu ziehen, wurde aber von dem Sturm, der gegen die Kapelle wehte, heftig zurückgeschleudert. Gleichzeitig sah er mitten auf dem Hofe des Kollegs eine andere Person, die ihn höflich und verbindlich bei Namen nannte und ihm sagte, falls er zu Monsieur N. gehen wolle, habe er ihm etwas zu übergeben.» Descartes glaubt, eine Melone zu erblicken; der Mann und seine Begleiter stehen fest auf ihren Füßen, während er hin und her gerissen wird, obgleich der Sturm schon nachgelassen hat. Beim Erwachen empfindet er einen heftigen Schmerz und glaubt, ein böser Geist habe ihn verführen wollen; nachdem er zwei Stunden dem Guten und Bösen dieser Erde nachgesonnen hat, schläft er von neuem ein.

Diesmal träumt ihm, er höre einen Donnerschlag; die Angst macht ihn wach. Er öffnet die Augen und sieht Feuerfunken im Zimmer, die ihm die Gegenstände deutlich machen; aber so etwas ist seinen Augen schon häufiger begegnet, und er schläft sehr ruhig ein. Der dritte Traum ist nicht furchtbar; er findet auf seinem Tisch ein Wörterbuch und weiß nicht, wer es gebracht hat; daneben findet er ein «Corpus Poetarum», das ihm noch von La Flèche her gut bekannt ist. Er öffnet es, findet den Vers: «Quod vitae sectabor iter?» (Welchen Lebensweg soll ich einschlagen?) und erblickt einen Mann, den er nicht kennt und der ihm eine Dichtung mit den Anfangsworten «Est et non» rühmt, die im «Corpus Poetarum» unter den Idyllen des Ausonius stehen muß. Descartes kennt das Buch genau und will die Stelle aufschlagen, als der Mann ihn fragt, woher er das Buch bekommen habe. Er entgegnet, er wisse es nicht,

17

aber eben sei außerdem ein Wörterbuch dagewesen, das jetzt auf unbekannte Weise verschwunden sei. «Kaum hatte er geendet, als er das Buch am anderen Ende des Tisches wieder zum Vorschein kommen sah. Aber er fand, dieses Dictionnaire sei nicht mehr so vollständig, wie er es zum ersten Male gesehen hatte.» Weil er «Est et non» nicht finden kann, erklärt er, es gebe von demselben Dichter ein viel schöneres Gedicht, nämlich «Quod vitae sectabor iter»; aber dieses kann er ebenfalls nicht wiederfinden. Beim Blättern sieht er kleine Porträtstiche und bemerkt, dieses Buch sei zwar sehr schön, aber anders gedruckt als das ihm bekannte; da verschwinden plötzlich die Bücher und der Mann. «Als Besonderheit ist zu bemerken, daß er zweifelte, ob er einen Traum oder ein Gesicht erlebt hatte, und nicht allein im Schlafe entschied, es sei ein Traum gewesen, sondern außerdem eine Deutung desselben unternahm, bevor ihn der Schlummer dahintrug.»

Er glaubte, das Wörterbuch stelle die Gesamtheit der Wissenschaften, das «Corpus Poetarum» die Verbindung von Philosophie und Weisheit dar. «Er glaubte nicht, man müsse sich so sehr verwundern, wenn man sehe, wie die Dichter, selbst die, die bloße Possen treiben, voll ernsthafterer, vernünftigerer und besser ausgedrückter Sätze stehen, als man sie in den Schriften der Philosophen findet. Er schrieb dieses Wunder der Göttlichkeit der Begeisterung und der Stärke der Imagination zu, die die Samen der Weisheit (die sich im Geiste aller Menschen wie Feuerfunken in Kieselsteinen befinden) mit viel größerer Leichtigkeit und selbst viel größerem Glanze hervorspringen läßt, als die Vernunft es bei dem Philosophen vermag»; der alte Descartes scheint übrigens etwas anders darüber zu denken. Die Dichtung «Quod vitae sectabor iter?» bedeutete einen guten Rat oder gar die Moraltheologie; «. . . unter den in der Anthologie versammelten Dichtern verstand er Offenbarung und Begeisterung und gab die Hoffnung nicht auf, sich noch von diesen gesegnet zu sehen.» Unter «Est et non«, dem Ja und Nein des Pythagoras, verstand er Wahrheit und Falschheit der menschlichen Erkenntnis und der weltlichen Wissenschaft; er schloß, der Geist der Wahrheit habe ihm «durch diesen Traum die Schätze aller Wissenschaften eröffnen wollen». Der dritte Traum wies auf die Zukunft; die beiden ersten enthielten «drohende Warnungen bezüglich seines früheren Lebens, das vor Gott nicht so unschuldig gewesen sein durfte wie vor den Menschen». Die Melone versinnbildete den Zauber der Einsamkeit, sofern man ihn aus menschlichen Gründen sucht; der Wind, der ihn gegen die Kirche trieb, war ein Bild des bösen Geistes, «der versuchte, ihn mit Gewalt an einen Ort zu werfen, an den er freiwillig zu gehen beabsichtigte». Der Blitz «war das Zeichen des Geistes der Wahrheit, der auf ihn herniederstieg, ihn in Besitz zu nehmen».

Er bat, Gott möge ihm die Gnade geben, seinen Willen «ohne Rätsel» zu erkennen, und gelobte eine Wallfahrt zur Jungfrau von Loretto – ge-

Friedrich V., Kurfürst von der Pfalz und König von Böhmen, mit seiner Gattin, Prinzessin Elisabeth von England und Schottland. Gemälde von A. van der Venne

wiß ein Indiz für die Heftigkeit seiner Krise, denn der *Discours* empfiehlt als Lebensregel: *Besonders betrachtete ich alle Versprechen, durch die man seine Freiheit irgendwie beeinträchtigt, als Maßlosigkeiten.*[7] Er scheint sich in einem Zustand großer Erregung befunden zu haben, denn unmittelbar vor den drei Träumen hatte sich etwas Entscheidendes ereignet: *X Novembris 1619, cùm mirabilis scientiae fundamenta reperirem.*[8] Wir wissen nicht, für welche *wunderbare Wissenschaft* er damals die Fundamente entdeckt hat; aber daß sie mit der Mathematisierung der Erkenntnis zu tun hatte, ist sehr wahrscheinlich. Handelte es sich um die Mathesis universalis, fragt Charles Adam, um die Auffassung der Gesamtwissenschaft als einer Lehre von den Proportionen? Oder handelte es sich um den Ansatz zu einer Reform der Algebra? Später wird ja Descartes die Minuskeln a, b, c für Bekannte und die Minuskeln x, y, z für Unbekannte einführen, die Zeichen ⚹ , ⚹ , ℞ (R = Wurzel, Q = Quadrat, C = Kubik) durch die heute noch übliche Schreibung ersetzen, zum Beispiel ($x - 6x^2 + 2x^3$), statt P1⚹. M6⚹. P2 ℞ lesen, und dadurch bedeutende Erleichterungen des Verfahrens bringen. Oder handelte es sich um die Grundlagen der analytischen Geometrie, die später im berühmtesten und zeitlosesten der drei den *Discours* begleitenden Essays entwickelt wird? Wie dem auch immer sei, die drei im *Discours* mit keinem Wort erwähnten Träume, die auf die genannte Erfindung folgten und sich auf den Tag genau ein Jahr nach der Begegnung mit Isaac Beeckman ereigneten, scheinen für Descartes' Entwicklung und Selbstverständnis von einiger Bedeutung gewesen zu sein.

Er verläßt Ulm, noch ehe der Winter vorüber ist. Ein sonderbares Spiel des Zufalls fügt es, daß er als Freiwilliger in der Truppe des Herzogs von Bayern dient, die am 8. November 1620 in der Schlacht am Weißen Berge den böhmischen König Friedrich von der Pfalz um seine Krone bringt: Friedrichs Tochter, die Prinzessin Elisabeth von der Pfalz, wird zwanzig Jahre später Descartes' Freundin sein. Überliefert ist Descartes' Notiz: *Am 11. November 1620 begann ich, die Grundlagen einer wunderbaren Erfindung zu erkennen.*[9] Am 3. April 1622 befindet er sich in Rennes, Ende Mai im Poitou, im folgenden Winter in Paris. 1623 stirbt in Italien ein Verwandter, und er macht sich auf den Weg, um dessen Angelegenheiten zu ordnen. Am Himmelfahrtstag 1624 ist er in Venedig, danach wahrscheinlich zur Erfüllung seines Ulmer Gelübdes in Loretto; Herbst und Winter 1624 verbringt er vermutlich in Rom, wo gerade ein Heiliges Jahr begangen wird. Er kehrt durch die Toscana und den Piemont über den Monte Ceneri nach Frankreich zurück, ohne in Florenz (aus Gründen, die wir nicht kennen) Galilei zu besuchen; man sagt, er habe danach im heimatlichen Châtellerault Gelegenheit gehabt, Lieutenant général zu werden, aber der Preis sei ihm zu hoch gewesen. In diese Zeit fällt möglicherweise die Episode mit Madame du Rosay, von der Baillet berichtet: «Diese Dame hat später freimütig zugegeben, daß die Philosophie einen größeren Zauber auf M. Descartes ausgeübt habe als sie; obgleich sie ihm nicht häßlich vorkam, habe er ihr gesagt, daß er durchaus keine Schönheiten finde, die denen der Wahrheit zu vergleichen wären. Wie die Dame eines Tages dem Pater P... gesagt hat, befand sich unser Philosoph, als er noch jung war, in einer Gesellschaft lustiger Personen und erörterte ausführlich die Bindungen, die man mit dem Frauenzimmer eingeht. Nachdem er der Gesellschaft sein Staunen ausgedrückt hatte, daß man so viele Betrogene erblickt, versicherte er, er sei bislang noch unberührt, und seine eigene Erfahrung (um nicht zu sagen, die Feinheit seines Geschmackes) veranlasse ihn, eine schöne Frau, ein gutes Buch und einen vollkommenen Prediger zu den Dingen zu zählen, die man auf dieser Welt am schwersten trifft.»

Paris und Holland

Vom Sommer 1625 bis zu seiner Reise nach Holland scheint sich Descartes meist in der Hauptstadt aufgehalten zu haben; eine hübsche Episode, die Baillet erzählt, dürfte in diese Jahre fallen. «M. Descartes nahm bei einem Freund seines Vaters Wohnung, der auch in besonderer Weise sein eigener wurde und seiner Familie durch Verwandtschaft verbunden war. Dieser Freund war M. le Vasseur, Sieur d'Étioles, der Vater M. le Vasseurs, der noch heute lebt und Conseiller an der großen Kammer ist.» Descartes lebte sehr einfach, fühlte sich aber durch seine allzu vielen Bekannten am Nachdenken gestört und tauchte eines Tages unter, ohne von den Le Vasseurs, die ihm bald verziehen, vorher Abschied zu nehmen. «Er mietete sich in einem Viertel ein, in dem er sich seiner Bekanntschaft entziehen durfte und bloß einer ziemlich kleinen Zahl von Freunden sichtbar blieb, die sein Geheimnis besaßen. M. le Vasseur, den nicht zu unterrichten er vorgezogen hatte, war eine Zeitlang in Unruhe, fand er doch keinen, der ihm von ihm Nachricht bringen konnte. Aber als ihn der Zufall nach vier bis sechs Wochen seinem Kammerburschen auf der Straße begegnen ließ, hielt er ihn auf der Stelle fest und zwang ihn, ihm nach langem Widerstreben den Aufenthalt seines Herrn zu entdecken. Nachdem ihm also der Bursche sein Hauptgeheimnis offenbart hatte, sträubte er sich nicht länger, ihm auch das übrige zu erklären. Er erzählte ihm bis ins Kleinste, wie sich sein Herr in seiner Zuflucht führe, und sagte ihm unter anderem, er pflege ihn alle Morgen im Bette zu lassen, wenn er Aufträge erledigen gehe, und erwarte, ihn bei seiner Rückkehr noch daselbst zu finden. Es war fast elf Uhr, und M. le Vasseur, der vom Palais kam und sich auf der Stelle über M. Descartes' Aufenthalt vergewissern wollte, zwang den Burschen, sein Führer zu sein, und ließ sich zu M. Descartes geleiten. Als sie dort anlangten, beschlossen sie einzutreten, ohne einiges Geräusch zu machen, und nachdem der treue Führer M. le Vasseur die Tür des Vorzimmers sachte geöffnet hatte, verließ er ihn sogleich, um das Diner zu bestellen. M. le Vasseur schlich an die Tür von M. Descartes' Zimmer, blickte durch das Schlüsselloch und bemerkte ihn in seinem Bette; die Zimmerfenster standen offen, der Vorhang war hochgezogen, und ein Tischlein mit einigen Papieren stand am Ende des Bettes. Er hatte die Geduld, ihn

über eine beachtliche Zeit zu betrachten, und er sah, wie er sich von Zeit zu Zeit halb aufrichtete, um etwas niederzuschreiben, und sich danach wieder zurücklehnte, um nachzudenken. Der Wechsel dieser Stellungen dauerte vor den Augen M. le Vasseurs fast eine halbe Stunde. Als danach M. Descartes aufstand, sich anzukleiden, klopfte M. le Vasseur an die Zimmertür, als wäre er eben eingetroffen und die Treppe heraufgekommen. Der Bursche, der durch eine andere Tür eingetreten war, machte auf und stellte sich erstaunt. M. Descartes nahm es völlig gut auf, als er die Person erblickte, die er am wenigsten erwartet hatte.»
Spät aufzustehen scheint für Descartes ein vitales Bedürfnis zu sein; er tat es bereits als Knabe in La Flèche, und als Königin Christine von Schweden begann, ihn auf fünf Uhr morgens in den Palast zu bestellen, starb er nach wenigen Tagen.

In den meisten Dingen verhält sich der Sieur du Perron, wie ein junger Mann seiner Herkunft sich eben verhält: er liebt Musik und Spiel und mag Romane, vor allem den «Amadis von Gallien»[10]; und noch lange wird er die Vorstellung haben, ein wissenschaftliches Werk müsse wie ein Roman zu lesen sein. Er schreckt nicht vor Duellen zurück und ist «amoureux de la poésie»: der Dichter Guez de Balzac ist sein Freund – einst der «bienaimé» des gewaltigen Libertin Théophile de Viau, dessen Verse Descartes noch 1647 in einem Brief an den Botschafter Chanut zu zitieren weiß.[11] Ferner beschäftigt er sich mit «curiosités» – ein Wort, das damals einen gefährlichen und finsteren Klang hat, denn es steht für die Optik nicht weniger als etwa für die Chiromantik und Magie. Der Skandal vom 25. August 1624 ist ihm wegen seiner Italien-Reise entgangen, als drei junge Männer, ein gewisser Jean Bitault, der «médecin chymiste» Étienne de Claves und der «soldat philosophe» (so etwas war auch Descartes) Antoine Villon, den schönsten Saal von ganz Paris mieteten, um vor beinahe tausend Zuhörern eine antiaristotelische Philosophie vorzutragen; der Premier Président verfügte die Räumung des Saales, bevor die Disputation beginnen konnte; die drei Veranstalter wurden verbannt, und das Parlement von Paris stellte jedermann, der in Zukunft nichtaristotelisch zu philosophieren wagte, die Todesstrafe in Aussicht; man wird Descartes nach seiner Rückkehr aus Italien davon berichtet haben. Er liebt die Dioptrik oder Lehre vom Verhalten des Lichtes in durchsichtigen Medien, während sein geehrter Freund Mydorge eine Vorliebe für die Katoptrik oder Spiegellehre zeigt; die Liebe zur Mathematik verbindet sie beide. Der Minderbruder Mersenne, bei dem gleichsam die Fäden der neuen europäischen Wissenschaft zusammenliefen, weil er in einer unendlich ausgedehnten Korrespondenz Nachrichten aller Art sammelte und weitervermittelte, wird sein Vermittler und Vertrauter; er möchte der versagenden Theologie zur Hilfe eilen und mittels der neuen Wissenschaft Atheisten, Libertins, Deisten, Skeptikern und Pyrrhonikern das Handwerk legen; während 1626 Descartes'

Bekannter Silhon «Die beiden Wahrheiten, die eine von Gott und seiner Vorsehung, die andere von der Unsterblichkeit der Seele» erscheinen läßt – beides ein Vorgeschmack der *Meditationen*. Auch wird Descartes mit dem Oratorianer Pater Gibieuf bekannt, der vom freien Willen des Menschen fast fasziniert ist und später die Meditationen an der Sorbonne vertreten (oder nicht vertreten) wird; desgleichen bei der Disputation mit dem Sieur de Chandoux, von der im folgenden noch zu berichten ist, mit Gibieufs wissenschaftsfreundlichem Vorgesetzten, dem Kardinal Pierre de Bérulle.

In dieser Zeit mag Descartes' *provisorische Moral* entstanden sein, die er zehn Jahre später im *Discours* in vier Grundsätzen darlegt. *Der erste war, den Gesetzen und Gewohnheiten meines Landes zu gehorchen und standhaft die Religion zu behalten, in der mich Gott aus Gnade seit meiner Kindheit unterweisen ließ, in allem anderen aber den gemessensten und der Maßlosigkeit fernsten Meinungen zu folgen, welche die besonnensten Menschen, unter denen ich zu leben hatte, einmütig in die Praxis*

Teleskop. Aus der «Dioptrique»

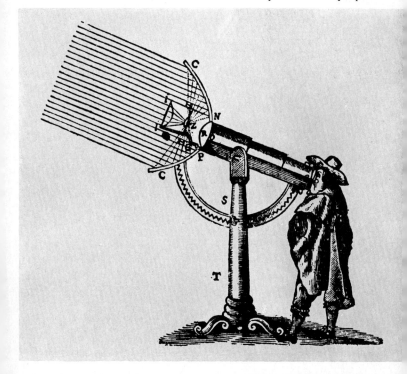

Descartes. Anonymes Gemälde

übernahmen.[12] *Meine zweite Maxime war, in meinem Handeln möglichst fest und entschieden zu sein und den zweifelhaftesten Meinungen, wenn ich mich erst einmal zu ihnen entschlossen hätte, nicht weniger standhaft zu folgen, als wären sie überaus gesichert gewesen. Darin ahmte ich den Wanderern nach: haben sie sich in einem Walde verirrt, so dürfen sie nicht umherirren und einmal diese, einmal jene Richtung einschlagen, noch weniger aber an einer Stelle haltmachen, sondern müssen immer möglichst geradeaus in einer und derselben Richtung wandern und sie durchaus nicht wegen schwacher Gründe ändern, auch wenn es zu Anfang vielleicht allein der Zufall war, der sie zu ihrer Wahl bestimmte; auf diese Weise kommen sie nämlich, sofern sie nicht gerade dahin gelangen, wohin sie wollen, zumindest am Ende an irgendeinen Ort, an dem es ihnen wahrscheinlich besser geht als mitten im Wald. Und deshalb ist es, weil oft die Handlungen des Lebens durchaus keinen Aufschub dulden, eine sehr gewisse Weisheit, daß wir uns an die wahrscheinlichsten Meinungen halten müssen, sofern es nicht in unserer Macht steht, die wahrsten zu erkennen; und wir müssen uns sogar, obgleich wir bei den einen nicht mehr Wahrscheinlichkeit bemerken als bei den anderen, für irgend welche entscheiden und sie danach nicht länger für zweifelhaft, soferne sie sich auf die Praxis beziehen, sondern für überaus wahr und sicher erachten, denn gerade so ist der Grund, der uns zu unserer Entscheidung für sie gebracht hat. Und dies vermochte mich fortan von allen Reuegefühlen und Gewissensbissen zu befreien, die gemeinhin das Gewissen schwacher und unsteter Geister erregen; ich meine Leute, die sich aus Unbeständigkeit dazu herbeilassen, Dinge zunächst wie gute zu praktizieren, die sie später für schlecht erklären.*[13]

Dies sind Grundsätze eines Edelmanns, der weiß, was Unabhängigkeit wert ist und der etwas von seinen Entscheidungen hält; aber es sind auch die Grundsätze eines Mannes mit einem außerordentlich geschärften Sinn für das Faktische, der weiß, daß in jedem Falle das Leben weiterlaufen muß und daß es sich empfiehlt, es keineswegs unnötig zu komplizieren, sondern sich so zu verhalten, daß es reibungslos ablaufen kann und nicht durch die Reflexionen eines einzelnen gestört wird. Wie schließlich der dritte Grundsatz zeigt, ist er schon damals überlegen genug, um Weltverbesserer und Wirklichkeitsfremde zu verachten – ein Zug, den wir auch später beobachten werden: schon Regius war ihm zuviel. *Meine dritte Maxime war, stets zu versuchen, eher mich selbst als das Schicksal zu überwinden und eher meine Wünsche als die Ordnung der Welt zu verändern; und mich allgemein an die Überzeugung zu gewöhnen, daß außer unseren Gedanken durchaus nichts gänzlich in unserer Macht steht; nachdem wir also bei den Dingen außer uns unser Bestes getan haben, ist alles, was uns noch zum Gelingen fehlt, schlechthin für uns unmöglich. Und ich meinte, nur dieses möchte mich daran hindern, für die Zukunft irgend etwas zu wünschen, das ich nicht zu erreichen ver-*

möchte, und mich auf diese Weise zufrieden machen. Denn unser Wille begehrt an sich bloß Dinge, die unser Verstand ihm irgendwie als möglich darstellt; und wenn wir deshalb alle Güter außer uns als ebenmäßig unserer Macht entzogen denken, beklagen wir es sicherlich nicht heftiger, daß wir solcher entraten, die unserer Geburt anscheinend geschuldet sind, sofern wir ihrer ohne eigene Verfehlung verlustig gehen, als daß wir nicht die Reiche Chinas oder Mexikos besitzen; und verlangen, indem wir gleichsam aus der Not eine Tugend machen, in der Krankheit gerade so wenig, gesund zu sein, oder im Gefängnis gerade so wenig, frei zu sein, wie wir augenblicklich Leiber aus einem so wenig vergänglichen Stoffe wie Diamanten oder Schwingen zum Fliegen wie die Vögel verlangen.[14]

Das ist die Weisheit vieler Jahrhunderte, die den Menschen geholfen hat, das Leben zu ertragen; und wie gut der Sieur du Perron es ertragen hat, ist an folgendem zu sehen: bei der Betrachtung der Welt und des Treibens der Menschen fällt ihm nichts Wichtigeres ein, als daß er sich richtig verhalten hat:

Die Börse in Amsterdam. Kupferstich von J. Visscher d. J., 1612

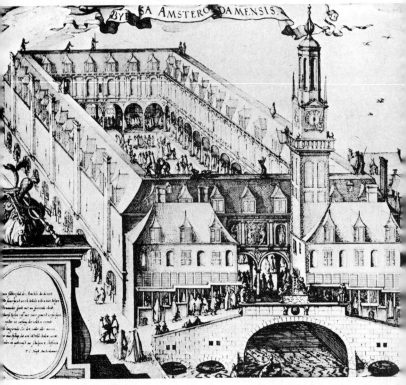

Endlich bequemte ich mich zum Abschluß dieser Moral zu einer Muste-rung der unterschiedlichen Geschäfte der Menschen in diesem Leben, um möglichst das beste zu wählen; und ohne daß ich über die der anderen etwas sagen möchte, dachte ich, ich könnte nichts Besseres tun, als bei meinem eigenen zu bleiben, das heißt, mein ganzes Leben auf die Pflege meines Verstandes zu verwenden und bei der Erkenntnis der Wahrheit nach Kräften fortzuschreiten; mich aber dabei an die Methode zu halten, die ich mir vorgeschrieben hatte.[15]

Im Herbst 1628 emigriert der Sieur du Perron in die Niederlande, in denen er bis 1649 leben wird; diese sind damals die hohe Schule der Kriegskunst und ein Zentrum des westeuropäischen Handels. Hier blüht die Wissenschaft; seit 1575 besteht die Universität zu Leiden; 1632 wird die Akademie zu Amsterdam und 1634 die hohe Schule zu Utrecht ge-gründet. In diesem Land gibt es vorbildliche Bibliotheken und Philolo-gen; Verleger wie die Elzeviers sind richtungweisend für Europa, und in «vrij Nederland», wo die Leute sagen: «Vrijheid is blijheid!» – «Wer frei ist, ist froh» – dürfen viele Werke erscheinen, die im übrigen Europa verboten sind. Die niederländische Malerei steht auf ihrem Höhepunkt; kein Geringerer als Frans Hals in Haarlem porträtiert den Sieur du Per-ron. In diesem Land treffen sich die geflohenen Hugenotten und sam-meln neue Kraft und setzen neue Leistungen, wie etwa das Beispiel Sau-maises oder Bayles zeigt; aber auf der anderen Seite hindert fast nie-mand Descartes daran, gewissenhaft seinen «Papismus» zu praktizieren. Er wünscht sich Ruhe, Zurückgezogenheit und Sicherheit; und deshalb geht er nach Holland. *In dieser großen Stadt,* heißt es in einem Brief aus Amsterdam an Guez de Balzac, *in der es außer mir niemanden gibt, der nicht Handel treibt, ist jedermann so scharf auf seinen Profit, daß ich mein ganzes Leben dort verweilen könnte, ohne jemals von irgend jeman-dem bemerkt zu werden. Ich spaziere alle Tage mit eben so viel Freude und Behagen durch das Gewoge einer großen Menge wie Sie durch Ihre Alleen, und ich betrachte die Menschen, die ich dort sehe, nicht anders, als ich die Bäume in Ihren Wäldern oder die Tiere betrachte, die dort vor-überziehen.*[16]

In Wirklichkeit findet er in den Niederlanden Männer, die ihn mehr interessieren als Bäume und Wild. Er kennt bereits Beeckman, und nun-mehr trifft er den großen Mathematiker und Orientalisten Golius, auch Schooten, dessen Sohn Frans ihm vorzügliche Illustrationen liefert; den frommen Theologieprofessor Heidanus, der einmal seine Hand über den Flüchtling Arnold Geulincx halten wird, und den jähzornigen Philo-sophieprofessor Adrian Heereboord, der viel zu eigensinnig ist, als daß er ein Cartesianer werden könnte, und sich darauf beschränkt, vor der neuen Philosophie auf das Artigste den Hut zu ziehen; es scheint biswei-len, als ob ihm die Freiheit des Philosophierens noch mehr am Herzen läge als das Philosophieren selbst. Der katholische Medizinprofessor

Abraham Heidanus, Professor der Theologie in Leiden und Freund von Descartes. Er stammte aus der Kolonie flämischer Reformierter zu Frankenthal in der Pfalz. Kupferstich von A. Blooteling

Cornelius van Hoogeland wird Descartes' vertrauter Freund; er ist gütig und fortschrittlich, lehrt, ohne daß Descartes es recht bemerkt, eine Art gereinigter Alchimie und behandelt die Leute unentgeltlich, wie es sich für einen guten Rosenkreuzbruder geziemt. Der Utrechter Medizinprofessor Regius wird sein Jünger; und es wird viel Mühe kosten, bis er es nicht mehr ist; ferner schließt Descartes Bekanntschaft mit dem Philosophen Regnier, der seinerseits die Beziehung zu P. C. Hooft vermittelt, dem größten und noch heute unvergessenen Prosaisten der Niederlande.

Doch werden nicht nur Wissenschaftler seine Freunde. Seit 1632 kennt er den mächtigen Constantin Huygens, Sekretär des Prinzen von Oranien; und später liebt er besonders Huygens' Sohn Christiaan, den er bisweilen als seinen Sohn bezeichnet und der ihn mehr als einen Vater verehrt. Als Descartes in Schweden stirbt, ist der begabte Junge tief erschüttert, und die Trauer legt ihm ein so ergreifendes Klagegedicht in den Mund, wie es wahrscheinlich selten auf das Hinscheiden eines Gelehrten verfaßt worden ist. Ich möchte es genau so zitieren, wie es damals geschrieben wurde, denn es zu übersetzen, scheint nicht leicht.

> Sous le climat glacé de ces terres chagrines,
> où l'hiver est suivi de l'arriere-saison,
> te voici sur le lieu que couvrent les ruines
> d'un fameux bastiment qu'habita la Raison.
>
> Par la rigueur du sort et de la Parque infame,
> cy gist Descartes au regret de l'Univers.
> Ce qui servoit jadis d'interprete a son ame,
> sert de matiere aux pleurs et de pâture aux vers.
>
> Cette ame qui tousjours, en sagesse feconde,
> faisoit voir aux esprits ce qui se cache aux yeux,
> après avoir produit le modele du monde,
> s'informe desormais du mystere des cieux.

Die Anatomie des Doktor Joan Deyman.
Gemälde von Rembrandt. Amsterdam, Rijksmuseum

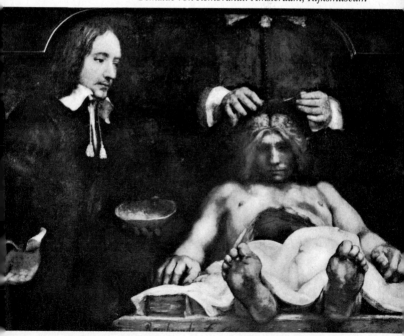

Nature, prens le deuil, viens plaindre la premiere
le grand Descartes, et monstre ton desespoir;
quand il perdit le jour, tu perdis la lumiere:
ce n'est qu'a ce flambeau que nous t'avons pu voir.

Diese Zeilen entbehren nicht der Tragik; ihr Dichter wird bald der schärfste und überlegenste Gegner der Physik des «großen Descartes», den er sehr geliebt hat; und vielleicht ist eine solche Auseinandersetzung am ehesten bei so viel Liebe möglich.

Descartes lernt Huygens' Schwager David de Leeuw van Wilhelm kennen, einen gebürtigen Hamburger, dessen krankes Töchterchen er zusammen mit Hoogeland behandeln wird; außerdem den Kapitän Alphonse Pollot, einen reformierten Flüchtling aus dem Piemont, der später die Beziehung zur Prinzessin Elisabeth knüpft. In Egmond wird der Jonkheer Anthonie Studler van Zurck, Heer van Berghen, sein Nachbar und Freund. Er wird die Mächtigen brauchen, denn er wird Schutz brauchen. Natürlich kennt er die Botschafter Frankreichs – erst Charnacé, der bei der Belagerung von Breda fällt, dann Gaspard Coignet de la Thuillerie, der ihn während seiner Groninger Affäre beschützt, und schließlich Abel Servien, der bei seiner Utrechter Affäre die Hand über ihn hält. Brasset, der Sekretär der Botschaft, ist sein Freund; sein bezauberndes Familienleben zieht Descartes immer wieder an; ihm schreibt er 1649 von den grünen «Gärten der Touraine».

Er pflegt nicht lange an einem Ort zu verweilen. In Amsterdam logiert er in der Kalverstraat, gewöhnlich aber lebt er in kleinen Landhäusern außerhalb der Städte und seziert Fische und Hunde, Hasen und Kälber. Gelegentlich macht er Skandal, ohne es recht zu wollen. In Holland verfaßt er seine Werke; vielleicht die *Regulae ad directionem ingenii*, sicher *Le Monde*; dann den *Discours*, die *Meditationen*, die *Prinzipien der Philosophie* und die *Passionen der Seele*. Aber in demselben Land zeugt er auch bei einer Magd sein einziges Kind; Francine wurde im Sommer 1635 geboren und ging zeitig wieder dahin. Wir kennen noch die Eintragung im Taufregister der reformierten Kirche zu Deventer vom 29. Juli 1635, in der René Descartes, der Sohn Joachim Descartes', als «Reyner Jochems» geführt wird: «Vader. Reyner Jochems/Moeder. Hijlena Jans. Kint Fransintge». In diesem großen kleinen Land verbringt er den wichtigsten Abschnitt seines Lebens; er verläßt es erst nach mehr als zwanzig Jahren, als er nach Schweden gerufen wird, um zu sterben.

Verhältnis zur Theologie

Descartes ist wahrscheinlich ein frommer und gewissenhafter Anhänger seiner Kirche gewesen; und wenn man über sein Verhältnis zur Theologie sprechen will, muß man dies vor allen Dingen sagen. Er hatte dagegen Schwierigkeiten gegenüber der Theologie, die die christliche Überlieferung mit dem Aristotelismus verquickt hatte und nun so tat, als sei das eine so wichtig wie das andere; demgegenüber erklärt Descartes: *Mir scheint, man muß sehr sorgfältig die von der Kirche verkündeten Meinungen von denjenigen unterscheiden, die allgemein von den Doctores rezipiert worden sind und sich auf eine schlecht gesicherte Physik stützen.*[17] Die Theologen haben die Aufgabe, die christliche Überlieferung zu bewahren, und da sie einmal am Bewahren sind, bewahren sie mehr, als sie sollten, nämlich nicht nur die Überlieferung, sondern auch ihre «ideologische» Einkleidung; und im Interesse dieser Bewahrung einer Ideologie, meint Descartes, mißbrauchen sie die kirchliche Lehrgewalt und erklären die Ideologie zur «Überlieferung», sich selber aber zum Lehramt. Gewiß gibt es für Descartes eine christliche Überlieferung und eine christliche Lehrgewalt, die unantastbar ist; aber nicht von ihr, sondern von einer vorgeblichen Überlieferung und von einer usurpierten Lehrgewalt ist im folgenden die Rede; gegen diese richtet sich Descartes' Auseinandersetzung mit den Theologen, und wenn man in diesem Zusammenhang die beiden Termini anders versteht, ist man im Irrtum.

Die Zeit nach dem Konzil von Trient hatte eine Anzahl großer und kühner scholastischer Systeme hervorgebracht; die Initiative ging von Spanien aus, wo Francisco de Vitoria, der vielen als der Begründer des modernen Völkerrechts gilt, eine Behandlung der Texte des heiligen Thomas von Aquin eingeführt hatte, die vom Humanismus die historische Methode und die Eleganz der Rede übernahm und sich auch in ihrer Fragestellung der Situation anzupassen suchte. Aus seiner Schule gingen berühmte Thomisten hervor, Männer wie Domingo de Soto und Melchor Cano; und in ihr empfingen auch die Lehrer des jungen Jesuitenordens ein entscheidendes Stück ihrer Ausbildung, obgleich sie sich weniger an die thomistische als an die späteren franziskanischen Traditionen anschlossen. Dieser Linie entstammt Francisco Suárez, der Verfasser des in Europa erfolgreichsten Lehrbuchs der Metaphysik, und ihr

Das Konzil von Trient. Stich, 1565. Hier wurde die nachreformatorische Linie der katholischen Theologie entwickelt

entstammten die Conimbricenses, die einen wegen seiner Eleganz und naturwissenschaftlichen Aufgeschlossenheit berühmten Kommentar zu den aristotelischen Schriften verfaßten; sie sind nach dem Sitz ihrer Schule in Coimbra in Portugal benannt. In der Astronomie übernahmen sie zum Beispiel das System Tycho Brahes. Die Conimbricenses und Suárez sind Autoren aus demselben Orden, dem auch die Patres zu La Flèche angehörten; so blieben sie Descartes nicht unbekannt.

Trotz aller Anpassung waren freilich diese Autoren traditionalistisch, und gleichgültig, wie nah oder fern sie den Thesen standen, die damals als Inbegriff christlicher Überlieferung galten – sie formulierten ihre Aussagen im Hinblick auf diese Thesen. Das war nicht schwer, sooft eine Übereinstimmung durch den Wortlaut gegeben war. Es konnte schwer werden, wenn inhaltliche Differenzen bestanden, und was man in solchen Fällen an Treue und Scharfsinn bewiesen hat, um die neue Aussage mit einer traditionellen Aussage zu versöhnen, verdient selbst dann Bewunderung, wenn es nicht überzeugt. Sooft jedoch der Versuch einer Versöhnung aussichtslos erschien, hatten die Autoren ihre Aussage gegenüber dem Anspruch der Überlieferung Wort für Wort zu verteidigen – eine Mühsal, die man je nach Temperament gern oder ungern auf sich nahm, der sich zu entziehen jedoch undenkbar schien.

Dies alles liegt im Rahmen der Ausdrucksformen eines geistigen Gemeinwesens von traditionell begründeter Legitimität wie der römischen Kirche, und man muß sich hüten, die Gewohnheit eines selbständigen Geistes wie des Jesuiten Francisco Suárez, durch sich einleuchtende und von niemandem bezweifelte Vernunftwahrheiten mit ganzen Reihen von Autoritäten zu belegen, einfach als Ironie zu deuten; denn wichtiger dürfte es sein, daß an solchen Stellen ein frommer Mann der traditionell bestimmten «Verfassung» seines Gemeinwesens Ehre erweist.

Die Verfassungswirklichkeit der römischen Kirche war elastisch genug, um nach dem Tridentinum eine Anzahl von Generationen unangefochten zu überdauern; denn sie gestattete die Übernahme fast jeder neuen Lehre, sofern deren Neuheit nicht betont und sofern sie unpolemisch mit der «Überlieferung» harmonisiert wurde. In der Scholastik, der Descartes gegenübertrat, war nicht unbedingt entscheidend, ob eine These dieses oder jenes besagte, sondern ob ihre Verfechter genügend Diskretion, Loyalität und Verschwiegenheit besaßen, sie zu vertreten, ohne Aufsehen zu erregen und ohne die Verfassungswirklichkeit anzutasten. Denn in den Generationen vor dem Dreißigjährigen Krieg war naturgemäß der leitende Gesichtspunkt der Schulautoren die Wahrung der Geschlossenheit und geistigen Stabilität der Gesellschaft mit Hilfe einer «geschlossenen Ideologie», und daß dieser Versuch gescheitert ist, beweist nicht, daß er töricht war. Wer sagt, die Schulautoren seien durchaus Feinde der Wahrheit gewesen, verleumdet sie; im Gegenteil, sie pflegten aufgeschlossen und gewissenhaft zu sein. Aber sie waren erfüllt von einem Pathos der öffentlichen Ruhe und Sicherheit, das indiskrete Schroffheiten und harte Übergänge verabscheute und keineswegs ein unedles Pathos war. Genau deswegen mußten sie vor Männern überfordert sein, die ohne Rücksicht auf Verfassungsformen von keinem anderen Pathos getrieben waren als dem der Forschung.

Zum Symbol des Gerichtstags ist die Verurteilung Galileis geworden, den die Neuzeit – zu Recht oder zu Unrecht – als Stephanus ihrer Vernunft verehrt. Es ist im abstrakten Sinn verwunderlich, daß jemand zum Märtyrer einer mathematischen oder physikalischen Hypothese werden kann, und Galilei wurde es in der Tat nur indirekt, weil er die von der ungeschriebenen Verfassung vorgeschriebenen Spielregeln nicht beachtete. Deshalb schritten die Wahrer der Verfassung gegen ihn ein und unterdrückten seine Hypothese, genauso wie sie vorher andere abenteuerliche und unruhestiftende Hypothesen unterdrückt hatten. Man muß betonen, daß sie berechtigte Interessen wahrten; ihr Unglück war, daß sie, indem sie das sachliche Gewicht und die geschichtliche Opportunität der galileischen Hypothese ahnten und gleichzeitig ihre Auswirkungen auf die «etablierte Ideologie» (wie wir heute sagen wür-

Galileo Galilei. Gemälde von J. Sustermans

den) und damit auf die geistige Stabilität der katholischen Gesellschaft fürchteten, sich voll Mißtrauen gegen die synthetische Kraft der Geschichte für die Furcht entschieden, und zwar, wie sich bald zeigen sollte, mit Mißerfolg. Natürlich wollte man nicht gegen die Wahrheit, sondern für die öffentliche Sicherheit sein; daß man dabei das Interesse der Wahrheit verletzte, war eine keineswegs erwünschte Nebenfolge. An Konfliktsituationen, die dieser gleichen, ist die Geschichte nicht arm;

34

nach einigen Generationen sieht man sehr klar, was eigentlich zu tun gewesen wäre; die Betroffenen aber müssen entscheiden.

Ein sehr besonnener Beobachter konnte, wenn er den Prozeß gegen Galilei erlebte, vielleicht folgendes sagen: Galilei hatte recht und seine Gegner hatten recht. Galileis Fehler lag in seinem Mangel an Gemeinsinn; der Fehler seiner Gegner lag im unbedingten Willen zur Erhaltung einer ihnen gut erscheinenden Ordnung gegen den Willen und auf Kosten der Fachleute. Etwa seit dieser Zeit gab es unter diesen das Phänomen des «Laizismus», den keineswegs nur Laien vertraten; der Fall Galilei wurde zum Geburtsmythos einer von der kompromittierten klerikalen Philosophie sich emanzipierenden Intelligenz, und zwar, wie die Reaktion im Frankreich von 1633 zeigt, mit einem gewissen Recht. Gleichzeitig wurde er zum lähmenden Trauma der erfolglos schuldig gewordenen Bewahrer, die sich selber trotz des Bewußtseins eines guten Rechts

Thomas von Aquin als Inbegriff der kirchlichen Tradition. Titelkupfer der Summa-Ausgabe, Pavia, 1698. Oben thront Ecclesia als Sitz der Weisheit

Thomas von Aquin als Hort der Kirche gegen die Reformation. Aus der Pavianer Summa-Ausgabe von 1698. Die linke Hand des Heiligen liegt auf den Werken des Reformators Bucer, denen sich eine Schlange und ein Spruchband mit der Bucer zugeschriebenen Äußerung entwindet: «Hebe Thomas aus den Angeln, und ich zerschlage die Kirche.»

und ihrer guten Absicht in die Defensive verbannten. Ihre imposante Philosophie wurde von den Avantgardisten der Neuzeit endgültig verworfen, weil man sie mit Gewalttätigkeit befleckt hatte, statt sie dem Wettstreit der Argumente auszusetzen, dessen Stunde gekommen war.

Vor diesem Hintergrund entstand das Unternehmen Descartes', eine systematische Offensive für «Wahrheit» gegen «Opinio». Das klingt harmlos und wäre es auch, wenn Descartes nur wie andere Lehrer versucht hätte, vage «Meinungen» durch auf Evidenz gegründete Erkenntnis zu ersetzen. Aber die Meinungen, um die es hier ging, waren keineswegs etwas Vages, wie wir zunächst meinen könnten, sondern eine konkrete Macht. «Opinio» ist in der späten Scholastik gleichbedeutend mit «Sententia» und bedeutet «Lehrautorität». Wenn Descartes gegen Meinungen kämpfte, so meinte er die vom philosophierenden Lehramt der Kirche geschützte Opinio Aristotelis oder Opinio Divi Thomae. Das aber war eine vom Staat mit der Todesstrafe bedrohte Rebellion: der Versuch, die in der Kirche herrschende Legitimität durch eine andere zu ersetzen. Schon der Verzicht darauf, in philosophischen Schriften Autoritäten zu zitieren, war eine Provokation.

Wir müssen annehmen, daß Descartes wußte, was er tat. Er war Jesuitenschüler, er war Soldat und er war Jurist – drei Beschäftigungen, bei denen man lernt, was Loyalität bedeutet. Daß er dennoch von Jugend an handelte, ohne sich als Verräter zu fühlen, scheint einem Sendungsbewußtsein zu danken zu sein, das ihn sein Leben lang stärkte; sein Gewissen gab ihm unbeirrbar den Auftrag zur Rebellion. Auch war es letztlich sein Gewissen, das bestimmte, was wissenschaftliche Wahrheit ist; sein Wahrheitskriterium der unbezweifelbaren Überzeugung könnte aus vielen Gründen als das Kriterium eines Illegalen gedeutet werden, den sein Gewissen legitimiert. Es ist kein Zufall, daß der wegen seiner Bosheit berühmte Mathematiker Roberval, der den angesehenen Lehrstuhl des Petrus Ramus innehatte, schon 1638 die Situation erfaßte: «Er deduziert

Petrus Gassendi. Kupferstich von Nanteuil. Gassendi gehört wegen seines Einflusses auf Hobbes und Locke zu den bedeutendsten Autoren der frühen Neuzeit

seine Privatmeinungen mit ziemlicher Klarheit . . . Ob sie wahr sind oder nicht, weiß ausschließlich der, der alles weiß. Was uns betrifft, so haben wir keinerlei Beweise, weder dafür noch dagegen; und vielleicht besitzt sogar der Autor selber keine. Denn wie wir glauben, befände er sich in ziemlicher Verlegenheit, wenn er seine Obersätze beweisen sollte.»[18]

Hier liegt wahrscheinlich der Grund dafür, daß Descartes nicht zu disputieren liebte. Er scheint Einwände als kränkende Zweifel an seiner Sendung und jedenfalls als Ungehörigkeiten aufgefaßt zu haben, sofern er nicht aus ihnen die Frage des Schülers heraushörte; und seine Auseinandersetzungen mit Männern wie Fermat, Hobbes, Gassendi oder Pascal (Vater und Sohn) sind keineswegs von Entgleisungen frei. Andererseits dürfte sein schönes Verhältnis zu dem Minderbruder Mersenne, das in vieler Hinsicht zum Nachdenken Anlaß gibt, nicht zuletzt damit zu erklären sein, daß er ihn menschlich schätzte, weil er ihn wissenschaftlich weniger ernst nahm, als die Wissenschaftsgeschichte unserer Zeit es tut. Auch ist es kein Zufall, daß die überzeugendsten Dokumente seiner Menschlichkeit, die Briefe an Prinzessin Elisabeth, einer gleichsam kindlichen Seele gewidmet waren, die seine Sendung verehrte.

Die Zeitgenossen haben solche Besonderheiten verschieden gedeutet. Im Jahre 1660 erschien ein Buch des Mediziners Sorbière, in dem er über einen Besuch bei Descartes berichtete: «Ich merkte an seinem Tonfall und seiner Argumentation, daß Herr Descartes ein etwas ehrgeiziger Philosoph war und Berühmtheit erlangen oder sogar das Haupt einer Schule werden wollte . . . Ich gestehe, daß mir das mißfiel, und hätte gern gesehen, daß er nur philosophierte, um zu philosophieren – allein im Interesse der Wahrheit, zu seiner eigenen Freude und mit gänzlicher Gleichgültigkeit gegenüber dem Ruf und dem Namen, den man an Akademien gewinnt.»[19] Diese Darstellung ist nicht eben freundlich und konnte es auch nicht sein, denn Sorbière war ganz entschieden ein Freund des Thomas Hobbes, den Descartes nicht liebte; aber sie zeigt, daß die Zeitgenossen es weniger leicht mit Descartes gehabt haben müssen als die späteren Philosophiehistoriker. Natürlich wird die Auslegung Descartes nicht gerecht. Zwar kommt Sorbière, wo er von einer Schule spricht, der Wahrheit ziemlich nahe; aber die Motivierung mit Ehrgeiz und Eitelkeit verfehlt das Wesen der Sache, weil sie Descartes' Sendung verkennt. Ein Brief des Arztes Bonnel an Mersenne, der im Sommer 1646 geschrieben wurde, verrät nicht nur größere Diskretion, sondern auch einen tieferen Blick: «Ich besitze auch seine Metaphysik; aber ich sah sie bereits zu Toulouse, als Sie das Manuskript an Herrn Fermat schickten, damit er Ihnen sein Urteil sagte. Das tat er freilich durchaus nicht, denn er befürchtete eine verdrießliche Antwort, wie sie Herr Gassendi und einige andere inzwischen erhalten haben, weil sie ihre Mei-

38

*Der Mathematiker
Pierre de Fermat.
Zeitgenössischer Kupferstich*

nung freimütig äußerten. Ich las sie mit Pater Bonaventura, derzeit Superior und Guardian des Kapuzinerklosters zu Toulouse, einer Persönlichkeit von vorzüglichem Wissen und seltener Tugend, die mir die Ehre erweist, mich zu schätzen. Wir kamen beide übereinstimmend zu dem Schluß, man müsse diesen Autor in aller Freiheit seine Gedanken entwickeln lassen, ohne ihn zu verstören und ohne ihm zu widersprechen, um ihn nicht unnötig zu beunruhigen. Denn jeder muß die Freiheit haben, das Talent zu nutzen, das Gott ihm gegeben hat.»[20] Diese Zeilen lassen die Möglichkeit einer Sendung offen; sie präjudizieren nichts, sondern überlassen das Urteil der Geschichte, und schwerlich kann man sich besser verhalten.

Wenn allerdings Descartes ein Gesendeter war, entfällt das Argument, er sei der philosophische Höhepunkt der sogenannten Gegenreformation gewesen und verkörpere das Bestreben des Katholizismus, dem 17. Jahrhundert eine akzeptable katholische Philosophie zu bieten. Denn weshalb sollte der Katholizismus sich dieser Mühe unterziehen, solange er in Suárez einen an den protestantischen Akademien Europas als «Princeps Metaphysicorum» gefeierten Meister besaß? Wichtiger ist der Umstand, daß Descartes' Verkündigung nicht etwa gegen bestimmte

Teile der Tradition, sondern gegen die Tradition als Prinzip gerichtet war; damit ist eine der wichtigsten Tendenzen des Tridentinums und der Gegenreformation verneint, und indem Descartes in seinen einschlägigen Äußerungen energisch den Vorbehalt machte, er rede selbstverständlich nur von der Philosophie, während im Bereich der Theologie und der Religion andere und eigene Gesetzlichkeiten gälten, bestritt er den Theologen auf unverdächtige Weise den einzig vertretbaren Grund ihres Mitspracherechts bei philosophischen Entscheidungen und tat so, als wäre die Verquickung von «Aristotelismus» und christlicher Theologie bereits de facto überholt. – Schließlich müßte man fragen, wer denn Descartes gesendet hat. Wenn es tatsächlich, wie es scheint, sein Gewissen war, kann man ihn schwerlich einer historischen Bewegung zuordnen, der wenige Gedanken so fern lagen wie der, es könne jemand im Namen der Kirche handeln, der nur von seinem Gewissen und nicht von kirchlichen Oberen gesendet ist.

So scheint Descartes auch dem besseren Instinkt gefolgt zu sein, als er in die protestantischen Niederlande emigrierte, in denen man mit dem Experiment der Freiheit begann; er wußte wohl, welchem Feind er Paroli bot. In einem Brief vom 31. März 1641 behauptet er, durch seine Philosophie sei das Abendmahl verständlicher interpretierbar als durch die der Scholastiker, und fügt hinzu: *Ich habe das nicht verschweigen wollen, um Männer mit ihren eigenen Waffen zu schlagen, die Aristoteles mit der Bibel vermengen und die Autorität der Kirche zur Befriedigung ihrer Leidenschaften mißbrauchen; ich meine die, die Galilei verurteilen ließen und es gerne mit meinen Meinungen ebenso machten, wenn sie nur könnten.*[21] Wollte Descartes tatsächlich die repräsentative Philosophie des Katholizismus schreiben, so hat er es auf eigene Faust und eigene Gefahr gewollt. Der Erfolg seines Alleingangs, gleichgültig, in welcher Absicht er unternommen worden sein mag, hat mittlerweile einiges an Aktualität verloren; aber Descartes' Aktion gegen die von Kirche und Staat geschützte Scholastik wirkt noch heute erregend.

Descartes hat gelegentlich Versuche gemacht, die Übernahme seiner Philosophie durch die Kirche auf dem Weg über die Sorbonne oder den Jesuitenorden zu erreichen; indessen war er zu verständig, alles auf diese Karte zu setzen, und es scheint, daß er als die geeignete Methode der Aktion gegen ein nicht cartesisch philosophierendes Lehramt ein Verfahren ansah, das ich «Unterwanderung» nennen möchte und bei dem es darauf ankam, die neue Philosophie so diskret in die Kirche einzuschmuggeln, daß die Theologen Cartesianer waren, ehe sie es merkten; und dadurch gleichsam automatisch eine Verfassungsänderung herbeizuführen, die erst sichtbar wurde, wenn sie unwiderruflich vollzogen war. In solchem Sinne heißt es in einem Brief an Mersenne vom 28. Januar 1641: *Diese sechs Meditationen enthalten die gesamten Grundlagen meiner Physik. Aber sagen Sie das bitte nicht, weil es sonst den Anhän-*

gern des Aristoteles vielleicht schwerer fiele, sie zu billigen; und ich hoffe, daß die, welche sie lesen, sich unmerklich an meine Prinzipien gewöhnen und ihre Wahrheit anerkennen, bevor sie merken, daß sie die des Aristoteles zerstören.[22] Vielleicht war es diese Methode, derer sich ein Edelmann am besten bedienen konnte, der der Kirche und dem König Loyalität schuldig war: sie war diskret und gestattete einen lautlosen Umsturz, bei dem alle gleich schuldig wurden und daher solidarisch blieben.

Es ist nicht leicht zu sagen, ob Descartes' Erwartungen in Erfüllung gegangen wären, wenn sein Temperament es ihm gestattet hätte, die Unterwanderungstaktik konsequent anzuwenden. Die Kirchengeschichte kennt Beispiele ihrer Zweckmäßigkeit; der Erfolg Francisco Suárez' beruhte auf dem Gelingen einer «ockhamistischen» Unterwanderung. Aber Suárez war von so beispielhafter Loyalität und so intensiver Liebe zur sichtbaren Kirche, daß es absurd gewesen wäre, an seinen Absichten zu zweifeln. Descartes war kein Heiliger, und seine Einstellung zur sichtbaren Kirche entbehrte, wie wir sehen werden, nicht aller Reserven; verständlicherweise erweckten seine gelegentlichen Loyalitätserklärungen nicht das Vertrauen kluger Theologen. Es kam hinzu, daß Descartes von einem reformierten Land aus die römische «Ideologie» unterwandern wollte; und man kann nicht unterwandern, wenn man draußen bleibt. Noch schlimmer war es, daß er sich nicht entschließen konnte, seine Thesen mit Autoritäten zu belegen und damit der Kirchenverfassung ein Minimum an wenn auch nur äußerlichem Respekt zu bezeigen. Freunde waren klug genug, ihn dazu zu ermuntern und ihm geeignete Stellen aus Augustinus und Anselm von Canterbury zu schikken; doch sie erregten nur schwaches Interesse. Am schlimmsten war jedenfalls, daß Descartes gleichzeitig unterwandern und freimütig, ja boshaft sein wollte; denn er vermochte seinen Witz nicht zu beherrschen. Der den Meditationen vorausgehende Brief an die Sorbonne ist ein Kabinettstück anzüglicher Zweideutigkeit; aber offenbar war es zu viel verlangt, zu erwarten, daß ihm die Theologen Dank dafür wußten. Wer unterwandern will, steht vor der Wahl des Scheiterns oder der Selbstentäußerung; und weil Descartes nicht gänzlich sich selber vergaß, ist seine Unterwanderung gescheitert. Ein Revolutionär hat schwache Augenblicke, wenn ihn die Reflexion auf seine Lage fesselt; und das Leben Descartes' war an solchen Augenblicken nicht arm.

So blieb ihm eine dritte Möglichkeit, der offene Kampf. Es scheint, daß diese Methode ihm noch am besten lag; sie brachte ihm allerdings gelegentlich ernsthafte Schwierigkeiten. Die gefährlichste Auseinandersetzung galt nicht dem Katholizismus, sondern der reformierten Orthodoxie, die sich der römischen Kirche in der Einheit des Glaubens an «Aristoteles» verbunden wußte; und man muß beachten, daß es Descartes nicht im Land seines Königs, sondern in einem fremden Land zur Kraftprobe kommen ließ. Der mächtige Prediger Gisbert Voetius,

41

Der reformierte Theologieprofessor Gisbert Voetius. Kupferstich von J. Suyderhoef. Die Distichen stammen von der berühmten Philologin A. M. Schurman, die sich aus Parteinahme für Voetius mit Descartes verfeindete

Wortführer der reformierten Kirche in Utrecht, bezog Descartes in seinen Kampf gegen Henricus Regius ein, jenen Schüler Descartes', der den Kampf gegen die Scholastik in einer etwas indiskreten Weise führte und so den Theologen Angriffsflächen bot, die Descartes zu verdecken pflegte. Wenn man dessen Briefen an hochgestellte holländische Freunde Glauben schenken darf, hat er die Nerven verloren, als ihm von Utrecht aus gerichtliche Schritte drohten; man darf jedoch die Möglichkeit nicht übersehen, daß er die Schilderung seiner Ängste und Befürchtungen bewußt übertrieb, um Wilhem, Zurck, Pollot und Huygens zum Handeln zu zwingen. Tatsache ist, daß er sich an die einzig vernünftigen Ratschläge des erfahrenen Huygens, der Sekretär des Prinzen von Oranien war, nicht hielt und dadurch den Utrechter Behörden gegenüber in eine Situation geriet, aus der ihn nur das Eingreifen des Prinzen rettete.

Bei alldem hatte Descartes nicht die Absicht, zum Märtyrer seiner Philosophie zu werden; er schrieb in einem Brief an Kapitän Pollot vom 23. Oktober 1643: *Sie teilen mir mit, man habe Mittel gefunden, mein Verfahren nicht bis zur Urteilsverkündigung gedeihen zu lassen. Was mich betrifft, so wäre es mir bei meiner Veranlagung lieber, sie verurteilten mich und täten mir das Schlimmste an, was sie können – vorausgesetzt, daß ich mich nicht in ihren Händen befinde.*[23] Danach am 7. November in einem Brief an Huygens' Schwager, den prinzlichen Rat Wilhem: *Es geht nicht darum, zu disputieren, was recht ist; sondern es kommt allein darauf an, daß ich mich vor Gewaltakten schütze und für meine Sicherheit Sorge trage.*[24] Und nach dem Eingreifen des Prinzen in einem Brief an Pollot vom 30. November 1643: *Nur der Huld Seiner Hoheit verdanke ich jetzt meine Ruhe und Sicherheit – die Güter, die ich auf der Welt am meisten schätze.*[25] Dies ist keine Reaktion der Furcht; ein Edelmann ist nicht nur tapfer, sondern auch klug. Was war erreicht, wenn sich Descartes vernichten ließ? Er hatte anderes zu tun, als in Haft zu sitzen oder zu sterben – er hatte eine Mission zu erfüllen, von der er überzeugt war, daß nur er sie erfüllen konnte. Im übrigen ist niemand gehalten, ein Märtyrer seiner Philosophie zu werden, und niemand, der es nicht werden will, verdient deswegen Tadel. Es war mit einem Fall Galilei genug.

Wer mehr darüber sagt, begibt sich auf zweifelhaften Grund. Er muß daran erinnern, daß oft in der Geschichte Scheitern und Sieg nicht zu trennen sind. Der absolute Triumph Galileis war, wie wir heute wissen, ohne sein Scheitern nicht denkbar, aber kein Mitlebender kann entscheiden, was Scheitern und was Triumph ist. Wer wie Descartes den Kampf mit einem so mächtigen Feind wie dem philosophierenden Lehramt der Kirche eröffnet, hat möglicherweise größere Gewinnchancen, wenn er bereit ist, in seinem persönlichen Einsatz ziemlich weit zu gehen. Es steht fest, daß Descartes das, was man unter Menschen Scheitern nennt, vermeiden wollte und daß er Risiken nicht eben suchte; und es war eine besonders gütige Fügung, daß er das scheinbare Scheitern seiner Aktion gegen die Scholastik, die kirchliche Verurteilung seiner Schriften im Jahre 1663, nicht mehr erleben mußte.

Freilich, auch dieses Scheitern selbst war möglicherweise eine gütige Fügung. Die Verurteilung durch das Heilige Offizium in Rom kam für

43

*Jacques-Bénigne Bossuet, Bischof von Meaux.
Zeitgenössischer Kupferstich*

Holland einer Empfehlung gleich, und die Verfolgung durch die Jesuiten, die in Frankreich gelegentlich zu behördlichen Schritten führte, war eher förderlich; Mairan spricht in seiner Lobrede auf Privat de Molières von dem «Zauber, den eine ungerechte Verfolgung dem Cartesianismus verlieh – fesselnder als der Zauber der Jugend». In der Tat hieß der Sieger Descartes. Was ihm in der seiner Liebe zur Gesellschaft und vielleicht auch zur Kirche entsprungenen Aktion des Unterwanderns und des Kampfes versagt blieb, gelang ihm indirekt durch den Druck der Gesellschaft. Der öffentliche Beifall für die cartesische Philosophie war so groß, daß die Theologen nicht umhin konnten, ihr Konzessionen zu machen. Diese erfolgten schweigend, wie es die traditionelle Legitimität der römischen Kirche erfordert; das änderte nichts daran, daß sie tiefgreifend waren. Selbst Bischof Bossuet, der den Cartesianismus bitter bekämpft hatte, schrieb eine Philosophie, die cartesianisch strukturiert ist, denn er konnte nicht anders. Auf solche Weise wurde Descartes ganz ohne sein Zutun geschenkt, was ihm als Erfolg der Unterwanderung vielleicht beschieden gewesen wäre, wenn er sich auf das Unterwandern besser verstanden hätte: seine Lehre drang heimlich und namenlos ein, und die Theologen wurden Cartesianer, ohne es zu merken, zumindest, ohne es zuzugeben; die Begriffe änderten ohne großes Aufheben ihren Inhalt: Altes wurde schweigend der Vergangenheit anheimgegeben, und vom Neuen verschwieg man, daß es neu war. Die Verurteilung seines Namens brauchte Descartes nicht zu kränken: sie war gleichsam ein Sühneopfer für eine gewonnene Schlacht, wie man es manchmal entrichten muß.

So hat denn Descartes einen der Fälle herbeigeführt, in denen der Druck der öffentlichen Meinung die Theologen zu Kompromissen gezwungen hat; man änderte zwar nicht die traditionalistische «Verfassung», wohl aber den Inhalt der Variablen «Tradition». Descartes' Bemühungen hatten ein Nachspiel, das seinen kühnsten Erwartungen sehr nahe kam: die Neuscholastik des 19. Jahrhunderts war in wesentlichen Zügen vom Cartesianismus und nicht von der alten Scholastik geprägt, wie Étienne Gilson gezeigt hat; und diese cartesianische Philosophie durfte nun selber auf ausdrücklichen Wunsch der Päpste den Anspruch erheben, die einzig legitime Bewahrerin christlicher Überlieferung zu sein. Die Geschichte kann ironisch sein; und sicher war sie es bei ihrer Antwort auf Descartes' Verhältnis zur Theologie.

Wiederherstellung des Friedens

Wir haben Descartes' Aktion gegen die Scholastik beobachtet, aber wir haben noch nicht gefragt, weshalb sie unternommen wurde. Darüber ist später noch manches zu sagen; vorerst muß allerdings von zwei Punkten in Descartes' Programm die Rede sein, die den Zustand der von Kriegen und schwerer körperlicher Arbeit gebeugten Menschheit zu ändern trachten: der Wiederherstellung des Friedens und der Bekämpfung von Krankheit und schwerer Arbeit; gleichgültig, ob Descartes ein Rosenkreuzer war oder nicht – hier handelte es sich um zwei Zielsetzungen, die auch den Rosenkreuzern ausdrücklich vorgeschrieben waren. Die Bemühung um den Frieden, von der zuerst die Rede sein soll, ist eine politische Bemühung, und obgleich Descartes seiner Ausbildung nach Jurist war, hat er sich über Politik nur selten geäußert. Aber seine Philosophie ist wahrscheinlich durchaus politisch: seine Agitation gegen die vom Traditionsprinzip des Konzils von Trient geförderte und von der protestantischen Orthodoxie nicht weniger eifrig verfochtene spätscholastische Schulphilosophie war ein politisch folgenreiches Faktum, weil die Behörden die stabilisierende Kraft einer von drei Kirchen geschützten Philosophie zu schätzen wußten; und wenn ihr Eifer einmal nachließ, riefen die Theologen sich sogleich in Erinnerung. Im Juni 1643 schreibt Constantin Huygens dem von der Utrechter Kirche bedrängten Descartes ein grobes Trostwort, das auf die urbanen Lippen dieses Vertrauten des Prinzen von Oranien nicht recht zu passen scheint: «Die Theologen sind wie Schweine: zieht man eins am Schwanz, so schreien alle.»[26] Im übrigen hatten die so erbetenen Eingriffe der Obrigkeit durchaus ihr Positives. «Die Parlamenter», meint Pierre Bayle, der es wissen mußte, in seinem Aristoteles-Artikel, «die alle Philosophien außer der aristotelischen verboten, sind sehr zu entschuldigen, auch wenn sie an deren besondere Vortrefflichkeit nicht glaubten; das Gemeinwohl hat sie zur Verurteilung der neuen Lehren geführt, aus Furcht, es möchten die akademischen Spaltungen ihre bösen Einflüsse auch über die Ruhe des Staates erstrecken» (nach Gottscheds Ausgabe). In der Tat schreibt 1675 der König an den Rektor der Universität Angers: «Uns ist unlängst zu Ohren gekommen, daß an der Universität Unserer Stadt Angers die Meinungen und Ansichten Descartes' gelehrt worden sind;

*Constantin Huygens d. Ä.
Gemälde von A. Hanneman. Den Haag, Mauritshuis*

und da dieses in der Folge in Unserem Königreiche gewisse Unordnungen hervorrufen könnte . . .» Daß es zu derartigen Schritten kommen konnte, war Descartes kaum unbekannt, denn am 4. September 1624 hatte das Parlement zu Paris im Anschluß an die erwähnte Disputation Bitaults, de Claves' und Villons verordnet: «Verboten wird jedermann bei Strafe des Todes, irgend welche Grundsätze gegen die alten approbierten Autoren zu vertreten oder zu lehren oder andere Disputationen zu veranstalten als solche, die durch die Doctores der Sorbonne gebilligt sind.» Zwar wurde diese Verordnung nicht rigoros gehandhabt, aber sie war in der Welt, konnte jederzeit gefährlich werden und bot Stoff zu Meditationen über die Vorzüge der Emigration.

Wahrscheinlich versteht man Descartes' Philosophie sogar falsch, wenn man sie nicht auch politisch versteht. Wenn man manchen Lehrbüchern glauben darf, verhält es sich mit diesem Philosophen folgendermaßen: er hatte etwas gegen Scholastik, weil «cogito ergo sum» ihm richtiger erschien; und weil er beim «cogito ergo sum» nicht gestört werden

Descartes. Stich von C. Hellemans. Der Philosoph stützt seinen rechten Fuß auf die Werke des Aristoteles

mochte, verreiste er nach Holland. Diese Version mag sympathisch klingen und vielleicht sogar dem einen oder anderen Berufsphilosophen, für dessen bürgerlichen Status eine Feinheit wie das «cogito» nicht ohne Bedeutung ist, auch einleuchten; aber Descartes war kein Berufsphilosoph, und den gewöhnlichen Verstand, der früher oder später ebenfalls sein Recht verlangt, befriedigen solche Erklärungen nicht; er findet leicht, daß ein wohlreputierter, von einer Rente lebender Edelmann, der seine Verwandten, seine Freunde und sein Land verläßt, nur weil die Behörden in einer erkenntnistheoretischen Frage anders denken, an einer sonderbaren Krankheit leidet. Dieser Einwand des gewöhnlichen Verstandes kann immerhin das Vehikel der Frage sein, ob dem bloßen «cogito» in Descartes' Leben wirklich die Rolle zukommt, die manche ihm zu geben scheinen, ohne seine konkreten Folgen zu beachten; und diese Frage ist möglicherweise beantwortet, wenn man erinnert, daß Descartes langes Metaphysiktreiben als gesundheitsschädlich verurteilt hat. Er verwandte ja bedeutend mehr Zeit auf anatomische, mechanische und optische Versuche als auf das, was man heute «Philosophie» nennt; und wer sich den sechsten Teil des *Discours* vergegenwärtigt, erkennt, daß es dort bei der Kritik an der Scholastik um wesentlich konkretere Dinge geht: um das gesellschaftliche Ziel einer medizinisch und technisch manipulierbaren Natur, deren «maître & possesseur» der Mensch sein soll.

Dies alles ist richtig, aber darüber hinaus ist Descartes' Philosophie in sich politisch; Texte beweisen, daß er sich den auch in Holland bestehenden Gefahren des Kampfes gegen die spätaristotelische Theologenphilosophie aus einem durchaus politischen Interesse ausgesetzt hat: er hielt das Ende der durch sie verursachten konfessionellen Bürgerkriege für eine Voraussetzung des zivilisatorischen Fortschritts. Schon Descartes' erste Veröffentlichung, der *Discours de la méthode*, bemerkt an der Scholastik keinen weiteren Vorzug, als daß sie es ermöglicht, über alle Dinge etwas Wahrscheinliches zu sagen und sich dafür von weniger gescheiten Leuten bewundern zu lassen.[27] Gerade in dieser Nur-Wahrscheinlichkeit, meint Descartes, liegt aber die Brisanz der Scholastik, denn über Wahrscheinlichkeiten läßt sich trefflich streiten. *Ich möchte von der Philosophie nur soviel sagen: ich habe gesehen, daß die hervorragendsten Geister, die auf Erden lebten, sich seit mehreren Jahrhunderten darum bemühten, und daß es nichtsdestoweniger noch immer nichts Unbestrittenes und folglich Unzweifelhaftes darin gibt*, heißt es bereits zwei Seiten später.[28] Dispute kann man für mehr oder weniger gefährlich halten; die frühen *Regulae* sagen: *Wir verdammen nicht diejenige Art des Philosophierens, die die übrigen bisher erfunden haben, und die zum Kriege überaus geeigneten Syllogismushaubitzen der Scholastiker: denn sie üben den Verstand von Knaben.*[29] In dem Interview, das Descartes einem jungen calvinischen Theologen und späteren Hauptvertreter der

49

niederländischen Cartesianierschule namens Burman gab, herrscht allerdings ein anderer Ton: *Die Mönche haben zu allen Sekten und Häresien Anlaß gegeben, und zwar durch ihre scholastische Theologie, die vor allem zu beseitigen wäre. Und wieso ist ein solcher Aufwand nötig, da wir doch sehen, daß einfache Leute und Bauern genauso den Himmel erwerben können wie wir? Das müßte uns sicher eine Mahnung sein, daß es völlig ausreicht, eine so einfache Theologie zu haben wie sie, statt sie mit vielen Kontroversen zu Tode zu reiten und dadurch zu verderben, und zu Zank, Streit, Kriegen und dergleichen Anlaß zu geben.*[30] Wenn wir uns vergegenwärtigen, daß das Gespräch mit Burman (das von Johannes Clauberg, wenig später einem der berühmtesten deutschen Philosophen, den noch Leibniz außerordentlich schätzte, redigiert wurde) am 16. April 1648 und damit am Ende des Dreißigjährigen Krieges stattfand, so ist nicht schwer zu erraten, was «dergleichen» bedeuten soll. Immerhin könnte man den Verdacht haben, hier würden durch eifrige junge Calvinisten Descartes antirömische Äußerungen unterschoben, die dieser überhaupt nicht oder mindestens nicht in solcher Schärfe formuliert hat; doch der Verdacht ist schwer zu halten, denn schon ein Jahr früher heißt es in einem Brief an den befreundeten Abbé Picot (der 1647 als Vorrede zu Picots Überzeugung der *Principia Philosophiae* ins Französische erschien): *Die Wahrheiten, die meine Prinzipien enthalten, sind sehr klar und sehr gewiß und werden deshalb jeden Anlaß zu Disputen beheben und die Geister zu Freundlichkeit und Eintracht stimmen: ganz im Gegensatz zu den Kontroversen der Scholastik, die diejenigen, die sie lernen, unmerklich immer pedantischer und rechthaberischer machen und vielleicht die erste Ursache der Häresien und Auseinandersetzungen sind, die gegenwärtig die Welt verheeren.*[31]

Der Sinn solcher Stellen liegt im demokratischen Zeitalter scheinbar auf der Hand. Es scheint Descartes' Meinung gewesen zu sein, daß gerade die Scholastik für die Übelstände verantwortlich war, die die Behörden durch ihr Verbot der neuen Philosophie vergeblich fernzuhalten suchten, und daß allein die neue Philosophie Abhilfe schaffen konnte, die durch ihre Klarheit zu einem Consensus omnium führte – ein gut demokratischer Gedanke. Die scholastische Theorie der Theologen gibt nämlich durch ihre Unklarheit Stoff zu Disputen, und wenn man mit Syllogismen nicht zur Entscheidung kommt, zieht man die Fürsten in die Sache hinein, die den ideologischen Streit zum Schaden der Menschen durch Soldaten entscheiden lassen, weil er durch Argumente nicht entscheidbar ist. Deshalb ist die Scholastik als eine öffentliche Gefahr zu beseitigen, und überhaupt ist Philosophie nur dann keine öffentliche Gefahr, wenn sie so klar und deutlich ist, daß sie einen Streit überhaupt nicht mehr zuläßt; so geartet ist aber allein die cartesische, die dadurch zum geeigneten Mittel wird, die konfessionellen Bürgerkriege aus der Welt zu schaffen. Ein Sieg der cartesischen Philosophie, auf die sich un-

50

*Der Theologieprofessor Frans Burman.
Stich von J. Tangena*

verdorbene Menschen wegen ihrer Klarheit gar nicht erst zu einigen brauchen, über die streitträchtige Scholastik wäre als Bedingung des Friedens ein politisches Ereignis und ein Glück für die vom Dreißigjährigen Krieg erschütterte Menschheit.

Wer an die Staatsphilosophie des Hobbes glaubt, wird schnell vermuten, daß eine solche Ansicht eher töricht als weise ist. Gegen die Klarheit des Cartesianismus kann nämlich etwas Theoretisches und etwas Praktisches eingewendet werden. Nach Descartes ist eine Erkenntnis deutlich, wenn man nicht mehr an ihr zweifeln kann; aber eine so bestimmte philosophische Klarheit, die nach Descartes den Frieden bringen muß, ist in Wirklichkeit ein anarchisches Prinzip, weil nicht alle Köpfe so gleichmäßig zur Zufriedenheit neigen, daß sie ihr Zweifeln gleichzeitig einstellen. Außerdem gibt es in jeder Gesellschaft intelligente Individuen, die auch dann, wenn alles geklärt ist und ein Zweifel eigentlich nicht mehr bestehen kann, unbeirrbar weiterstreiten, weil ihnen das Streiten Vergnügen macht. Andererseits hat sich in der Praxis erwiesen, daß Descartes' Darlegungen häufig auch nicht-reaktionäre Männer im Zweifel ließen; seine zahlreichen Kontroversen sprechen hier eine deutliche Sprache, aus der Descartes die Folgerung ziehen konnte, daß

entweder seine Prinzipien falsch oder seine Partner boshaft waren; verständlicherweise zog er das zweite vor. Es hat den Anschein, daß er sein fast demokratisches Projekt «Frieden durch Eintracht und Eintracht durch philosophische Klarheit» nicht verwirklichen konnte, weil es mit der philosophischen Klarheit nun einmal seine Schwierigkeiten hat; und da Descartes offenbar diese Schwierigkeiten nicht bemerken wollte und noch in den letzten Lebensjahren gläubig an seinem demokratisch auf dem Consensus omnium aufbauenden «politischen Intellektualismus» festhielt, muß man, wenn man ihn mit einem politischen Denker wie Thomas Hobbes vergleicht, seine politische Theorie als Ausgeburt eines «reinen Toren» ansehen, wobei es eine Frage des Temperaments bleibt, ob man den Ton auf «rein» oder «Tor» legen möchte. Oder ist diese Lösung zu einfach? Sollte unser Urteil zu voreilig sein und eine Torheit, die in so enger Nachbarschaft mit bleibenden wissenschaftlichen Leistungen bestürzend wirkt, in Wirklichkeit nicht die Torheit Descartes', sondern die eines oberflächlichen Beobachters sein? Anders gefragt: Ist bei dem Slogan «Consensus omnium» (wenn man ihn schon unvorsichtigerweise

*Der Überfall (Szene aus dem Dreißigjährigen Krieg).
Stich von Jacques Callot, 1633*

eingeführt hat) mit «omnes» etwa gar nicht der Vulgus (oder das, was man damals so nannte) gemeint, sondern eine Minorität?

Ehe ich versuche, darauf eine Antwort zu geben, möchte ich von einer Episode berichten, die Descartes in einem etwas anderen Licht erscheinen läßt. Im Jahre 1642 erschien in Paris ein erregendes Anonymon mit dem Titel «Elementorum Philosophiae sectio tertia DE CIVE», und der uns bereits bekannte Sorbière, der nicht nur einer der informiertesten Kolporteure von Intellektuellengeklatsch, sondern auch einer der schärfsten Beobachter seiner Zeit war, schrieb im Februar 1643 an Thomas Martell: «Ich vermute in Descartes den Verfasser.» Längst ist erwiesen, daß Sorbière irrte; aber es bleibt eine Frage, ob seine Vermutung nicht vielleicht doch motiviert war. Der Inkriminierte selbst, der im *Discours* von sich berichtet hatte: *Ich war verliebt in die Poesie*, erkannte mit einem ganz erstaunlichen Stilempfinden, was den meisten Zeitgenossen zunächst durchaus nicht klar war: es mußte sich bei dem Verfasser um Thomas Hobbes handeln. Er konzedierte in einem Brief an einen unbekannten Jesuiten, wahrscheinlich aus dem Jahre 1643, er finde *l'Anglois* in der Moral viel geschickter als in der Metaphysik und Physik; . . . *nichtsdestoweniger kann ich seine Prinzipien und Maximen in keiner Hinsicht billigen; sie sind sehr schlecht und sehr gefährlich, sofern er unterstellt, daß alle Menschen böse sind, oder ihnen zumindest Anlaß gibt, es zu sein. Sein ganzes Ziel ist, zum Vorteil der Monarchie zu schreiben, was man aber besser und überzeugender tun kann, als es dort geschieht, indem man Maximen von größerer Sittlichkeit und Gediegenheit nimmt.*[32] Jedenfalls muß man sich fragen, welchen Grund ein so wohlinformierter Autor wie Sorbière zu der Vermutung hatte, daß Descartes politisch keineswegs ein reiner Tor, sondern im Gegenteil der Urheber der zumindest weltklugen These war, daß die Menschen in ideologischen Bürgerkriegen einander zerfleischen, solange nicht der Staat entscheidet, was wahr sein soll und was nicht. Ich vermute, daß es solcher Gründe nicht wenige gibt.

In den ersten Zeilen des *Discours* hatte Descartes mit Worten Montaignes von dem zum Consensus führenden gesunden Verstand erklärt: *Der gesunde Verstand ist die bestverteilte Sache der Welt,* was übrigens aus der Annahme folgt, daß allen Menschen allgemeine Urteile eingeschaffen sind. Diese nicht ohne Ironie vorgetragene «demokratische»

Die Sorbonne in Paris. Stich von Aveline

These (*ein jeder denkt ja, er sei damit so wohl versehen, daß sogar Leute, die man bei jeder anderen Gelegenheit nur ziemlich schwer zufriedenstellen kann, durchaus nicht mehr davon zu wünschen pflegen, als sie haben*) blieb praktisch ohne Folgen, weil wenige Zeilen später behauptet wurde: *Das Vermögen, gut zu urteilen und das Wahre vom Falschen zu unterscheiden, das eigentlich gesunder Verstand oder Vernunft heißt, ist an sich bei allen Menschen gleich; und ebenso kommt die Verschiedenheit unserer Ansichten nicht daher, daß die einen vernünftiger als die anderen sind, sondern allein daher, daß wir unsere Gedanken über verschiedene Wege führen und nicht das Nämliche bedenken. Es ist ja nicht genug, einen guten Geist zu haben, sondern es kommt darauf an, ihn gut zu benützen.* Schon deshalb kann der Consensus omnium, nach dem hier gefragt ist, schwerlich durch bloße Einsicht der Bürger entstehen. Auf die Frage, wie er aber sonst entstehen soll, gibt der den *Meditationen* vorausgeschickte Brief an die theologische Fakultät der Sorbonne bündige Auskunft und macht zugleich Sorbières Verdacht vernünftig. *Weil aber meine Argumente etwas mit Philosophie zu schaffen haben, kann ich nicht hoffen, mit ihrer Hilfe etwas Großes oder der Mühe Wertes zu erreichen, sofern Sie mir mit Ihrer Schirmherrschaft nicht zur Hilfe eilen. Weil aber alle Menschen von Ihrer Fakultät eine solche Meinung hegen und der Name SORBONNE eine solche Autorität besitzt, daß nicht allein in Glaubensdingen nächst den heiligen Konzilien je eine Sozietät soviel Ansehen genossen hat wie die Ihre, sondern daß man glaubt, auch in der weltlichen Philosophie sei nirgends größere Helle und Gediegenheit oder größere Integrität beim Urteilen nebst Weisheit: bezweifle ich nicht, falls Sie die Obsorge für diese Schrift auf sich zu nehmen geruhen . . . daß Sie, sobald die darin enthaltenen Argumente zum Beweise der Existenz Gottes und der Andersheit von Geist und Leib zu derjenigen Helle entwickelt sind, zu welcher man sie nach meiner Überzeugung entwickeln kann: gerade dies erklären und öffentlich bezeugen möchten; ich sage, dann bezweifle ich nicht, daß in einem solchen Falle sämtliche Irrtümer, die über diese Frage je bestanden haben, binnen kurzem im Geiste der Menschen ausgerottet sind. Die Wahrheit wird nämlich leicht bewirken, daß die übrigen Begabten und Gelehrten Ihr Urteil unterschreiben; die Autorität dagegen, daß die Atheisten, die für gewöhnlich eher vorwitzig als begabt oder gelehrt sind, ihren Widerspruchsgeist fahren lassen . . . um nicht den Eindruck zu erwecken, daß sie die Sache nicht verstehen.* Was Descartes von der Sorbonne hielt, konnte jedermann im *Discours* nachlesen; auch in diesem Brief macht er sich die Laudatio der Leute nicht ausdrücklich zu eigen, sondern referiert sie mit einiger Distanz. Es handelt sich um ein zweifelhaftes Kompliment mit der wenig freundlichen Bitte, die Sorbonne, die immerhin glaubte, auch etwas von der Wahrheit zu verstehen, möge zum gemeinen Wohl ihre Autorität beisteuern; für die Wahrheit werde Descartes schon selber sorgen. Die Herren von der Sorbonne

55

zeigten wenig Interesse für einen Privatmann, der nicht etwa insgeheim, sondern öffentlich in einem obendrein an sie selber gerichteten Bittbrief die Meinung äußerte, ihr die indirekte Gewalt repräsentierendes Institut sei vornehmlich zur Beschwichtigung von vorwitzigen Leuten geeignet.

Was hat es nach allem mit dem von Descartes in Aussicht gestellten Consensus omnium auf sich? *Sicherlich findet man auf der Welt nicht mehr für metaphysische als für geometrische Forschungen geeignete Leute.* Ich meine, daraus läßt sich dies entnehmen: wenn Philosophie einen zum Frieden führenden Consensus schaffen kann, so kann sie es immerhin nur bei den wenigen Leuten, die sich auf Metaphysik verstehen; zur Befriedung der vielen bedarf es der Autorität, die feststellt, was richtig ist. Descartes läßt keinen Zweifel an der zuständigen Instanz; im *Discours* wird mehrfach ausgesprochen, daß es durchaus nicht sinnvoll ist, *wenn ein Privater sich vornimmt, einen Staat zu reformieren, indem er*

Hinrichtung Karls I. von England unter Cromwell am 30. Januar 1649. Zeitgenössischer Stich

alles von Grund auf verändert und das Unterste zuoberst kehrt, um ihn neu zu ordnen; wenig später wird ein einleuchtender Grund genannt: *Diese großen Körper sind allzu schwer wieder aufzustellen, wenn man sie umgeworfen hat, oder selbst zu halten, wenn sie schwanken, und ihr Stürzen muß ziemlich grausam sein.*[33] *Ich könnte durchaus nicht jene wirren und unruhigen Temperamente billigen, die weder durch ihre Geburt noch durch ihre Fortune zur Führung der Staatsangelegenheiten berufen sind und trotzdem immer unablässig in Gedanken eine neue Reformation derselben vollführen.*[34] Das Reformieren steht allein den Souveränen und den Propheten zu; der Kontext zeigt, daß Descartes die Gabe der Prophetie nicht für sich in Anspruch nimmt; und daß der Sieur du Perron die Rechte seines Königs respektiert, versteht sich von selbst. *In Sittenfragen hält sich ein jeder für so kompetent, daß man gerade so viele Reformatoren wie Köpfe finden könnte, wenn andere als diejenigen, die Gott als Souveräne über ihre Völker stellte oder denen er genügend Gnade und Eifer schenkte, Propheten zu sein, dort irgendeine Veränderung in Angriff nehmen dürften.*[35] Aber diese Meinung findet sich keineswegs nur in einer so frühen Schrift wie dem *Discours*, bei dessen Erscheinen Descartes immerhin schon 41 Jahre alt war.

Es kann als wahrscheinlich gelten, daß Descartes' politische Anschauungen bei aller möglichen Verschiedenheit der Motivierung in diesem Punkte denen von Hobbes gar nicht widersprechen. Der französische Denker hütet sich, allgemeine Aussagen über die Natur des Menschen zu machen, und erklärt keineswegs, der Staat könne nach Gutdünken etwas zur Wahrheit erklären; aber seine sorgfältig gepflegten Kontakte zu Huygens und in den letzten Jahren seines Lebens zu der Königin Christine von Schweden zeigen, daß er als Philosoph am Zugang zum Machthaber nicht uninteressiert war; desgleichen die anfängliche Intention seiner Kontakte zu den Jesuiten und zur Sorbonne, bei denen es sich zwar nicht um Propheten handelte, aber um Ratgeber und Beauftragte des Souveräns; und eben diese traten später für Descartes an die Stelle, die im *Discours* die *Propheten* einnehmen.[36] Diesen Philosophen beeindruckte das die Hobbessche These bereits als Faktum bestätigende Ereignis, daß von Machthabern etwas Falsches zur verbindlichen Wahrheit erklärt werden kann; die Parlementsentscheidung von 1624 war ihm kaum unbekannt, und der Fall Galilei, der seine literarischen Pläne von Grund auf veränderte, hat ihn immer wieder erregt. In dem oben zitierten Brief an Mersenne vom 31. März 1641 (nicht weniger als neun Jahre nach der Verurteilung) erklärt er, er wolle die Leute mit ihren eigenen Waffen schlagen, die Galilei mißbräuchlich verurteilen ließen und ihn gern ebenfalls verurteilen möchten. Das könnte unter anderem bedeuten, daß er sich nun seinerseits an die Souveräne oder ihre Beauftragten halten wird. Man mag einwenden, daß Descartes immer wieder seine Zuversicht in die allgemein zwingende Überzeugungskraft seiner Phi-

*Thomas Hobbes.
Crayonstich von
Jean Charles François
nach Pierre*

losophie zum Ausdruck bringt; aber man kann dem entgegenhalten, daß er sich im Ernstfall nie darauf verlassen hat, wie seine Verhandlungen mit der Sorbonne und dem Jesuitenorden beweisen. Obendrein hat er im Jahre 1643 einen eindrucksvollen und durchaus symbolischen Anschauungsunterricht erteilt. Er erhielt wegen seiner zunächst philosophischen Kontroverse mit dem mächtigen calvinischen Theologen Gisbert Voetius eine Vorladung nach Utrecht und dachte nicht daran, zum Termin zu erscheinen und sich auf die so häufig gepriesene Überzeugungskraft der Wahrheit zu verlassen, sondern ließ den Prozeß durch den Prinzen von Oranien niederschlagen.

Der Philosoph Descartes fand es im Interesse der Wiederherstellung des durch die konfessionellen Bürgerkriege zerstörten Friedens durchaus vernünftig, daß der Souverän eine Philosophie für verbindlich erklärt; was ihn erregte war die Torheit, ausgerechnet eine durch die neuen Entdeckungen «absolut zerstörte» und durch das Schicksal Galileis befleckte Philosophie wie die scholastische für verbindlich zu erklären, konkret gesprochen, eine Philosophie, die nicht cartesisch war. Das niederländische Experiment mit dem liberalen Staat, der die Tendenz hat, sich um die Meinungen seiner Bürger nicht zu kümmern und lediglich einzugreifen, wenn ideologische Wölfe einander zu zerfleischen drohen, scheint ihn nicht beeindruckt zu haben, obwohl es ihm 1643 nützlich wurde; die Texte lassen vermuten, daß er wie Hobbes glaubte, eine Dezision des Souveräns über die Wahrheit müsse den bürgerlichen Frieden befördern; und die Äußerung, die Philosophie werde die Gemüter zu Frieden und Eintracht stimmen, versteht man falsch, wenn man sie demokratisch versteht: natürlich wird der Cartesianismus die Bürger zum Frieden stimmen, auf der anderen Seite wird ihnen die Wahl nicht bleiben, zum Unfrieden gestimmt zu sein, weil inzwischen der Staat den Cartesianismus verordnet hat, nachdem er die weisen und mächtigen Vertreter der Potestas directa und indirecta zu Frieden und Eintracht stimmte, das heißt, von ihnen oder ihrer Mehrheit für wahr und geeignet befunden wurde, den Streit über Ideologien ein für allemal zu beenden. Daß für eine solche Entwicklung Chancen bestanden, steht außer Frage, und geschichtliche Erfahrungen, die gegen diese Art von Absolutismus sprachen, waren erst noch zu sammeln.

Das ändert nichts an den Unterschieden zu Hobbes in Motiv und Methode; aber welcher Unterschied bleibt in der angeschnittenen Frage? Dadurch ist eine Abhängigkeit weder erwiesen noch wahrscheinlich gemacht; aber die Analogie beweist soviel, wie sie beweisen soll: daß es für vernünftige und besonnene Männer nahelag, politisch so zu denken, wie Descartes gedacht hat. Er hat nicht sehr offen und freimütig gesprochen; erst eine Zusammenstellung mehrerer zerstreuter Äußerungen und Fakten hat uns zu unserer Vermutung geführt; und deswegen könnte eingewendet werden, Hobbes habe immerhin so viel Achtung vor der Würde des Menschen bewiesen, daß er ihm seine Karten offenlegte, während Descartes auch hier der Philosoph mit der Maske blieb, der in den Jugendaufzeichnungen *Olympica* von sich gesagt hatte: *Larvatus prodeo – ich trete mit der Maske auf.* Ist möglicherweise genau das Gegenteil unserer ersten Vermutung richtig: ist Hobbes der reine Tor, und sind für Descartes' «scheindemokratische» Äußerungen Bezeichnungen wie Zynismus oder Machiavellismus am Platze? Ich würde glauben, daß weder das eine noch das andere zutrifft und daß man Descartes gegenüber so unfreundlich nicht sein muß. Hobbes kam von einer Insel, auf der man nicht unbedingt gegen die gesellschaftlichen Spielregeln verstieß, wenn man ungeniert sagte, was man meinte. Descartes, der Hobbes haßte, war weniger grob als ein englischer Junggeselle; er kam aus einem Land, in dem Diskretion und Klugheit die Inbegriffe gesellschaftlicher Tugend waren, und hatte einen ausgeprägten Sinn für Anmut: ein Kavalier aus der Touraine verliert nicht sein Gesicht, selbst wenn es nur eine Maske wäre.

Hindernisse des Fortschritts

Mit Descartes' Aktion gegen die Scholastik verbindet sich das Ziel der Wiederherstellung des durch die Ideologen zerstörten Friedens. Der philosophische Zweifel hat eine politische Dimension: in einer Welt einander blutig bekämpfender Scholastiken kommt es darauf an, die Fragwürdigkeit der scheinbar so gewissen Ideologien aufzudecken und die Menschen vom Irrtum zu befreien, damit ihnen die Wahrheit oder der Cartesianismus einen dauerhaften und unbestrittenen Frieden schenken kann. Mit diesem politischen Ziel verbindet sich aber ein gesellschaftliches: es geht um eine Methode zur Verbesserung der Technik und Medizin.

Descartes' Brief an Picot, den dieser im Jahre 1647 seiner französischen Übersetzung der *Prinzipien* voranstellt, enthält die Metapher vom Baume der Wissenschaft: *Die Philosophie als ganze ist wie ein Baum, dessen Wurzeln die Metaphysik sind; der Stamm ist die Physik, und die Zweige, die von diesem Stamme ausgehen, sind alle anderen Wissenschaften, die auf drei Hauptwissenschaften reduzierbar sind, nämlich Medizin, Mechanik und Moral; ich meine die höchste und vollkommenste Moral, die eine vollständige Kenntnis der anderen Wissenschaften voraussetzt und deshalb die oberste Stufe der Weisheit ist. Da man aber weder von den Wurzeln noch vom Stamme der Bäume die Früchte pflückt, sondern von den Spitzen ihrer Zweige, so hängt der Hauptnutzen der Philosophie von eben den Teilen derselben ab, welche man erst zuletzt erlernen kann.*

Das Interesse an den *Früchten* oder an dem *Nutzen der Philosophie* (und «Philosophie» meint zu jener Zeit noch immer das mit, was heute «Physik» heißt) läßt sich bei Descartes frühzeitig nachweisen. Im Jahre 1628 hielt vor Guidi di Bagno, dem päpstlichen Nuntius zu Paris, der Sieur de Chandoux (den man später als Falschmünzer aufhängen mußte) einen Vortrag über ein Projekt zur Neubegründung der Philosophie, und bei dieser Gelegenheit versetzte der zweiunddreißigjährige Sieur du Perron die Zuhörer durch seine vernichtenden, wenngleich Chandoux persönlich schonenden Argumente in Erstaunen. Der einflußreiche Kardinal Pierre de Bérulle wurde auf den jungen Herrn aufmerksam, der ihm wenige Tage später einen Besuch abstattete. Bérulle war der Gründer des Oratoriums von Saint-Sulpice und der Stifter der sogenannten «französischen Schule» des Betens, der Henri Bremond in der «Histoire littéraire du sentiment religieux en France» ein Denkmal gesetzt hat und deren Mystik der Einwohnung Jesu ganz verschiedene Geister wie Monsieur Vincent, den Apostel der Armen, und Nicolas de Malebranche, den letzten Großen des Cartesianismus, so unverkennbar prägte. Gelegentlich kann man die Ansicht hören, jenes Gespräch, in dessen Verlauf der Kardinal Descartes im Gewissen verpflichtet haben soll, seine Talente ernsthaft zu nutzen, komme einer Sendung durch die Kirche gleich – eine Ansicht, die sich schwer halten läßt; hätte Descartes sie selber geteilt, so hätte er etwas wie eine «Vollzugsmeldung» erstatten müssen; und davon ist nichts bekannt. Zwar starb der Kardinal ein Jahr darauf, aber Descartes stand auch später mit dem Oratorium in Verbindung.

In dem Gespräch, über das der Biograph Baillet unter Verwendung einer Notiz Clerseliers, des Nachlaßverwalters Descartes', berichtet, war von Philosophie in einem sehr konkreten Sinne die Rede. «Er ließ die Folgen durchblicken, die seine Gedanken bei guter Durchführung zeitigen könnten, desgleichen den Nutzen, der dem gemeinen Wesen erwachsen könnte, wenn man seine Art zu philosophieren auf die Medizin und auf die Mechanik übertrüge, deren eine die Wiederherstellung und Erhaltung der Gesundheit, die andere die Verringerung und Erleichterung der körperlichen Arbeit des Menschen hervorbringen müßte. Dem Kardinal fiel es nicht schwer, die Wichtigkeit des Planes zu begreifen.» Zehn Jahre später nimmt eine der großartigsten Stellen des *Discours*, die im folgenden noch zu betrachten ist, dasselbe Motiv wieder auf.

Man sollte sich klarmachen, daß eine solche Zielsetzung zur Bekämpfung der späten Scholastik führen muß, denn diese steht einer für die Menschen im genannten Sinne nützlichen Wissenschaft dreifach im Wege. Zahlreiche Äußerungen Descartes' bekommen Relief und verweisen auf eine konkrete Situation, wenn man sie auf diesem Hintergrund versteht. Die späte Scholastik philosophiert aus der Tradition, und Tradition kann hilfreich sein, sofern sie es den Späteren ermöglicht, auf den Schultern der Früheren zu stehen; aber Tradition kann auch lähmen und tut es immer dann, wenn einer Gesellschaft das Bewahren wichtiger erscheint als das Überleben. Wer Bewahrung und Fortschritt als Alternative versteht (und das tut eine Philosophie, die jeder Neuerung mit Mißtrauen gegenübertritt, sofern sie Neuerung ist) und sich angesichts dieser Alternative für Bewahrung entscheidet, setzt schweigend voraus, daß das bereits Geleistete wertvoller ist als alles, was man vom Fortschritt noch erwarten kann; er setzt mit mehr oder weniger Strenge voraus, daß vor langer Zeit während einer kurzen, begnadeten Zeitspanne das «schöpferische Denken» ein für allemal abgeleistet wurde und daß seitdem jeder, der «schöpferisch» denken möchte, zu spät geboren ist, weil im Grunde nichts zu entdecken übrigblieb. Dies hängt möglicherweise damit zusammen, daß die Scholastik eine Philosophie von Theolo-

Lehrer und Schüler. Kupferstich, 1680

gen ist, die leicht in Gefahr geraten, ihren Begriff der Offenbarung auf die Wissenschaft zu übertragen; ähnlich wie in der Theologie die Offenbarung mit dem Tode des letzten Apostels abgeschlossen sein soll, scheint ihnen in der Philosophie der Fortschritt mit dem Tode der letzten großen Autorität abgeschlossen zu sein. Aber die Gewißheit, ein Erbe und nichts als ein Erbe zu sein, wird lähmend und drückend; und diesen Krampf zu lösen und diesen Druck fortzunehmen, scheint Descartes' Interesse zu sein, wenn er im ersten Teil des *Discours* erklärt: *Unser Jahrhundert schien mir genau so blühend und genau so reich an guten Köpfen zu sein wie irgend eines der vorhergehenden.*[37] Immer wieder begegnet man in seinen Schriften dem Hinweis, daß heute viele Dinge besser verstanden werden als in der alten Zeit; und daß es ihm erforderlich scheint, etwas scheinbar so Selbstverständliches eigens zu betonen, ist ein Beweis dafür, daß es eben nichts Selbstverständliches ist; man muß einer resignierten Intelligenz viel Mut und Selbstvertrauen einflößen, wenn sie sich aufraffen, von ihren Traditionen lösen und neue Wege beschreiten soll.

Freilich soll der Kampf gegen den «Aristotelismus» nicht Aristoteles selber treffen, denn der ist besser als seine Schüler. *Ich bin sicher,* heißt es im sechsten Teil des *Discours, daß die leidenschaftlichsten unter den gegenwärtigen Jüngern des Aristoteles sich glücklich schätzten, wenn sie eben so viel Kenntnis der Natur besäßen, wie er davon besessen hat, selbst wenn es unter der Bedingung geschähe, daß sie nie mehr etwas dazubekämen. Sie sind wie der Efeu, der überhaupt nicht höher zu klettern trachtet als die Bäume, die ihn stützen, und der sich sogar kräftig wieder nach unten windet, sobald er bis zum Gipfel gelangt ist; es scheint mir nämlich, daß diese sich ebenfalls wieder nach unten winden, das heißt, gewissermaßen weniger wissend werden, als wenn sie sich des Lernens enthalten hätten.*[38]

Die Scholastik ist freilich nicht nur ein Hindernis des Fortschritts, weil sie die Initiative lähmt, sondern weil sie unnütz ist und kostbare Zeit verschlingt, die besser zu verwenden dringend wäre. *Ich habe noch niemals bemerkt, sagt der sechste Teil, daß man mittels der Disputationen, die man in den Schulen pflegt, irgendeine Wahrheit entdeckt hat, die man zuvor nicht kannte; während ein jeder nämlich zu gewinnen trachtet, übt man sich weitaus mehr darin, die Wahrscheinlichkeit zur Geltung zu bringen, als die Gründe für und wider abzuwägen; und wer lange ein guter Advokat war, ist deswegen hernach kein besserer Richter.*[39] Es ist einem keineswegs freigestellt, ob man eine so unnütze Advokatenphilosophie, bei der es mehr darauf ankommt, das letzte Wort zu behalten als die Wahrheit zu sagen, vertritt oder nicht; denn wer sie vertritt, verschafft sich Ehren, für die die Gesellschaft zahlen muß: *Ihre Weise zu philosophieren ist für diejenigen, die nur einen ziemlich mittelmäßigen Geist besitzen, ziemlich bequem; die Dunkelheit der von ihnen benützten Distinktionen und Prinzipien ist nämlich der Grund, weshalb sie über alle Dinge gerade so unbekümmert reden können, als wenn sie etwas davon verständen, und alles, was sie dazu sagen, gegen die scharfsinnigsten und fähigsten Männer zu vertreten vermögen, ohne daß man ein Mittel besitzt, sie zu überführen. Darin scheinen sie mir einem Blinden zu gleichen, der einen Sehenden, um sich ohne Nachteil mit ihm schlagen zu können, bis ans Ende eines ziemlich dunklen Verlieses gehen läßt; und ich kann sagen, diese haben ein Interesse daran, daß ich von der Veröffentlichung der Prinzipien meiner Philosophie absehe; weil sie nämlich in der Tat sehr einfach und sehr klar sind, würde ich durch ihre Veröffentlichung geradezu einige Fenster aufreißen und Licht in dieses Verlies hineinlassen, in das sie hinabgestiegen sind, um sich zu schlagen.*[40]

Darüber hinaus ist die unnütze Schulwissenschaft von Schaden, weil sie die, die sie betreiben, schlechter macht; weil sie meinen, schon alles zu wissen, warten sie auf niemanden mehr, sind eitel und pedantisch und können nicht zuhören; es ist besser, man tritt der neuen Philosophie völlig ungebildet gegenüber, denn wer in den Schulen gelernt hat, ist schon verdorben. Erst wenn man dies erkennt, begreift man die Pointe, die in der Geschichte von dem holländischen Seilergesellen Dirk Rembrandts liegt, der Descartes besuchte, freundlich aufgenommen wurde und nach

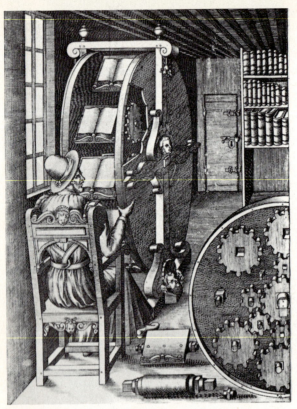

Lesemaschine von Ramelli. Stich, 1588

kurzer Zeit der führende Astronom Nordhollands war. In derselben Linie liegt Descartes' Bestreben, im Gegensatz zu den schwierigen, umfänglichen und anspruchsvollen Lehrbüchern der Schulphilosophie kurze und leichte Lehrbücher herzustellen, in denen Laien ohne allzu viele Mühe lernen können, was man an Wissen braucht, um etwas Nützliches zu tun, und die eher wie Romane als wie Schulbücher geschrieben sind. So erklärt sich Descartes' Vorliebe für das scholastische Kurzlehrbuch des P. Eustache de St. Paul, das er im Gegensatz zu den Conimbricenses und zu Suárez außerordentlich lobt, obgleich es nichts anderes als eine ihre Vorlagen fast verstümmelnde Kompilation aus diesen Autoren ist, die auf den gesamten historischen Apparat verzichtet; es scheint Descartes empfehlenswert, weil es kurz und übersichtlich ist und weniger Zeit verschlingt als die großen Lehrbücher für Spezialisten, an die sich der *Discours* gerade nicht wenden will; so ist er denn auch nicht in der Sprache der Gelehrten, sondern in der der unverbildeten Laien verfaßt: *Und wenn ich lieber Französisch schreibe . . . so deshalb, weil ich hoffe, daß Menschen, die sich allein ihrer ganz reinen natürlichen Vernunft bedienen, richtiger über meine Meinungen urteilen werden als Menschen, die bloß an die Bücher der Alten glauben. Diejenigen aber, die einen gesunden Verstand mit Studien verbinden und die ich allein als meine Richter wünsche, sind sicherlich für das Lateinische nicht so voreingenommen, daß sie meine Argumente anzuhören verschmähen, weil ich sie in der Volkssprache entwickle.*[41]

Die selbstgefälligen Schulgelehrten, die meinen, es sei in der Wissenschaft schon alles geleistet, werden mit der neuen Philosophie nichts anzufangen wissen, und das ist gut für sie; wenn sie sie verständen, müßten sie sich selber aufgeben, denn allein dadurch ist ihre Philosophie vollkommen zerstört, daß die von Descartes in die Welt getreten ist: *Sogar die besten Geister haben keinen Anlaß, nach ihrer Kenntnis zu verlangen: sofern sie nämlich über alle Dinge zu reden wissen und den Anschein von Gelehrtheit erwecken wollen, gelangen sie leichter an ihr Ziel, indem sie sich mit der Wahrscheinlichkeit begnügen, die man bei allerlei Materien ohne viel Mühe finden kann, als wenn sie die Wahrheit suchen, die sich allein bei einigen allmählich entdeckt und uns, sobald es von den anderen zu reden gilt, freimütig zu bekennen zwingt, daß wir es nicht wissen.*[42]

Diese Schulphilosophie, die sicher nicht nützt und gelegentlich schadet, tritt nichtsdestoweniger mit dem Anspruch auf, dem Menschen eine Hilfe zu sein; und vielleicht muß man sie betreiben, um ihre wahre Natur und die Haltlosigkeit ihres Anspruchs zu durchschauen. *Von Kindheit an habe ich wissenschaftliche Bildung genossen, und da man mir einredete, daß man sich mit Hilfe der Wissenschaften eine klare und gesicherte Kenntnis alles für das Leben Nützlichen aneignen könne, so wünschte ich sehnlich, sie zu erlernen. Doch sobald ich den ganzen Studiengang durchlaufen hatte, an dessen Ende man für gewöhnlich unter die Gelehrten aufgenommen wird, änderte sich völlig meine Meinung. Denn ich fand mich verstrickt in soviel Zweifel und Irrtümer, daß es mir schien, als hätte ich aus dem Bemühen, mich zu unterrichten, keinen anderen Nutzen gezogen, als mehr und mehr meine Unwissenheit zu entdecken.*[43] Man darf nicht übersehen, daß dieses im Grunde ein positives Ergebnis ist, denn es bildet eine der wesentlichsten Voraussetzungen für das, was man «methodischen Zweifel» nennen wird: wer die Schulphilosophie mit dem Willen zur Wahrheit betreibt, kann nicht umhin, sie zu überwinden, denn sie trägt ihr eigenes Korrektiv in sich. Die Philosophie Descartes' ist in diesem Sinne eine Frucht der Beschäftigung mit der Schulphilosophie, aus der sie vieles übernimmt, wie in unserem Jahrhundert Étienne Gilson gezeigt hat; nur weil der junge Descartes die Schulphilosophie erlernen mußte, konnte er so genau erkennen, wessen

Alchimisches Laboratorium. Stich, 17. Jahrhundert

er bedurfte. *Sobald das Alter mir erlaubte, das Joch meiner Lehrer abzulegen, verzichtete ich gänzlich auf das Studium der Wissenschaften. Ich entschloß mich, fortan nach keinem Wissen zu trachten als nach jenem, das sich in mir selber oder allenfalls in dem großen Buche der Welt befindet, und verwendete deshalb den Rest meiner Jugend darauf, zu reisen, Residenzen und Armeen anzuschauen, Menschen verschiedener Temperamente und Arten aufzusuchen, unterschiedliche Erfahrungen zu sammeln, mich selber in Gelegenheiten zu prüfen, die mir das Schicksal bot, und überhaupt die sich ergebenden Dinge so zu überdenken, daß ich einigen Nutzen daraus ziehen möchte. Es schien mir nämlich, ich könnte viel mehr Wahrheit in jenen Überlegungen finden, die ein jeder wegen ihm wichtiger Dinge anstellt und deren Ausgang ihn hernach bald strafen wird, sofern er falsch geurteilt hat, als in solchen, die ein Mann der Wissenschaft in seinem Kämmerlein über Spekulationen ohne alle Wirkung*

*anstellt und die für ihn selber keine andere Folge haben, als daß er ihret-
wegen um so eitler wird, je ferner sie dem gesunden Verstande liegen, weil
er um so mehr Geist und Kunst auf den Versuch verwenden mußte, dieselben wahrscheinlich zu machen.*[44]

Auf das unnütze Studium in den papierenen Büchern der Schulen
folgt also das nützliche Studium im «Buche der Welt» – eine Metapher,
die Descartes bei Montaigne fand – und führt am Ende zum Übergang in
das «Studium über sich selbst», das es endlich erlaubt, die Wissenschaft
auf einen festen Grund zu stellen.

Freilich, daß die Schulphilosophie die Geister lähmt und daß sie unnütz ist, stellt noch zwei relativ harmlose Nachteile dar und erklärt keineswegs die Härte des Kampfes, den Descartes geführt hat. Diese wird
erst verständlich, wenn man sich klarmacht, daß die Scholastik für Descartes als ein System des Irrtums der Wahrheit, die allein fruchtbar ist
und allein den leidenden Menschen helfen kann, im Wege steht, gleichgültig, ob sie sie bekämpft oder nicht. Hier gibt es keine Konzession und
keine Toleranz; wer nachgibt, tut es auf Kosten der Gesellschaft. In diesem Sinne muß man viele Äußerungen Descartes' gegen Irrtum oder
Meinung für Wahrheit verstehen; hier ist die Situation, in der sie anset-
zen. *Es heißt Schlachten liefern, wenn man versucht, all die Schwierigkeiten und Irrtümer zu besiegen, die uns daran hindern, zur Erkenntnis der
Wahrheit vorzudringen, und es heißt eine Schlacht verlieren, wenn man
sich in einer Sache von einer gewissen Allgemeinheit und Wichtigkeit eine
falsche Ansicht zu eigen macht; hinterher braucht man weit mehr Ge-
schick, um sich wieder auf denselben Stand zurückzubringen, den man
vorher eingenommen hatte, als man braucht, um große Fortschritte zu
machen, wenn man bereits sichere Prinzipien besitzt.*[45] Der Anspruch der
Scholastik beruht, grob gesagt, darauf, daß in ihrem Überlieferungs-
schatz bereits alle Weisheit enthalten sein soll; deshalb muß sie auf alles
eine Antwort geben, die häufig nur ungeeignet sein kann, aber trotzdem
autoritativ den Platz besetzt, der der wahren Antwort zusteht. *Nicht zufrieden, all das zu wissen, was bei ihrem Autor verständlich ist, wollen sie
bei ihm außerdem die Lösung vieler Probleme finden, über die er nichts
sagt und über die er vielleicht niemals nachgedacht hat.*[46] Es mag viele
Nachteile haben, gegen die Schulphilosophie zu kämpfen, sowohl für
den, der kämpft, als auch für die Gesellschaft; aber gerade, weil nur dieser Kampf den Fortschritt ermöglichen kann, muß er geführt werden,
wie unbequem er auch sein mag; er ist eine Aufgabe, deren Erfüllung
man den Enkeln schuldig ist und die letzten Einsatz verlangt: *So wahr es
sein mag, daß jedermann verpflichtet ist, soviel an ihm liegt, das Wohl der
andern zu fördern, und keinem nützen soviel heißt wie nichts wert sein, so
ist es dennoch ebenso wahr, daß unsere Sorge sich über die Gegenwart
hinaus erstrecken sollte, und daß es gut ist zu unterlassen, was den Zeitgenossen vielleicht nützt, wenn dies in der Absicht geschieht, anderes zu lei-*

67

sten, was unseren Enkeln um so mehr einbringt[47] – vielleicht darf man diese Sätze auf den geschilderten Zusammenhang anwenden.

Was freilich immer über den Kampf Descartes' gegen die Scholastik zu sagen ist – man darf nicht vergessen, daß es eine Ehre bedeutet, der Feind Descartes' zu sein. Die Alchimie wird des Kampfes nicht für würdig gefunden, sondern mit einigen Bemerkungen abgetan, für die Descartes Leibnizens Tadel treffen wird. *Was die okkulten Lehren angeht, so glaubte ich schon hinlänglich zu wissen, was sie wert sind, um nicht mehr getäuscht zu werden, weder von den Verheißungen eines Alchimisten noch den Vorhersagen eines Astrologen, den Betrügereien eines Zauberers oder von den Kniffen und Prahlereien eines jener Scharlatane, die vorgeben, mehr zu wissen, als sie wissen.*[48]

Bei der Scholastik ist es anders; sie ist ein ernsthafter Feind und wird im Grunde mit dem Respekt behandelt, den ein Feind bei aller Schärfe verdient. Aber diese Feindschaft ist gefährlich, weil die scholastische Physik – vor allem in der Sakramentenlehre – aufs innigste mit der Theologie verbunden ist; diese operiert mit Substanzen, Dimensionen, Quantitäten und realen Qualitäten, und deshalb ist der Philosoph, der solche Begriffe einer überholten Physik in Frage stellt, eines Angriffs auf die Theologie selber verdächtig, obgleich ein solcher Verdacht kaum berechtigt ist: *Mir scheint, man muß sehr darauf achten, die von der Kirche definierten Meinungen von denen zu unterscheiden, die die Doctores gewöhnlich rezipieren und die auf einer schlecht gesicherten Physik beruhen.*[49] Der Verdacht gegen die neue Physik schadet der neuen Gesellschaft, die von Laien geprägt ist; im Grunde aber schadet er auch den Kirchen, und vielleicht kommt letzten Endes daher Descartes' Abneigung gegen die Theologie. Die Theologen haben Furcht, ihre Scholastik aufzugeben, denn sie fürchten, die von ihr geprägten theologischen Formulierungen aufzugeben und dadurch in eine nicht nur terminologische Unsicherheit zu geraten, die ihrerseits politisch gefährlich wäre; sie sind mithin Feinde, denn sie wollen nicht eingestehen, daß die Stunde der Scholastik geschlagen hat. Geständen sie es ein, so müßten sie sich selbst aufgeben und wären keine Feinde: aber wer möchte solche Größe erwarten oder wer hat das Recht, sie zu verlangen? Der Widerstand der Scholastiker gegen die neue Philosophie war für beide Seiten verhängnisvoll, aber er hatte auch etwas Imponierendes und verdient (ohne Rücksicht auf die Mittel, mit denen er geführt worden ist) die Sympathie, die jeder Widerstand ohne Hoffnung verdient, weil er mutig ist – damals wie heute.

Verbesserung der Technik und Medizin

Ohne den Hintergrund, den ich geschildert habe, kann man wahrscheinlich die Tapferkeit des Sieur du Perron nicht würdigen, ja, nicht einmal die besondere Art von Loyalität, die dieser wahrscheinlich fromme Mann seiner Kirche entgegenbrachte. Die Zielsetzung seines Kampfes aber, soweit sie Technik und Medizin betrifft, läßt sich auch verstehen, wenn man auf die Hypothese verzichtet, daß das Rosenkreuzertum Einfluß ausgeübt hat: die Welt ist von Kriegen und Seuchen verwüstet, und die Stunde verlangt auf jeden Fall eine Verbesserung der Technik und Medizin; gerade deshalb aber verlangt sie eine Abkehr von der im Grunde mörderischen Scholastik, die von den Obrigkeiten und Kirchen geschützt wird und zwar das eine oder andere erklärt, deren Erklärungsprinzipien aber durchaus unpraktisch sind und im Gegensatz zu denen Descartes' weder die Herstellung von Maschinen noch die mechanische Interpretation der Organismen oder die bescheidenste Manipulierung der Natur erlauben. Denn hier liegt das praktische Programm des Cartesianismus; und es wird auf dem Höhepunkt des *Discours* in einem ungewöhnlich feierlichen Abschnitt verkündet, der ein letztes Mal die alten zweitausendjährigen Elemente beschwört. *Sobald ich einige physikalische Begriffe gewonnen hatte und bei dem Versuche, sie an unterschiedlichen Einzelfragen zu erproben, bemerken konnte, zu welchem Ende sie zu führen vermögen und wie verschieden sie von den Prinzipien sind, deren man sich bislang bediente: habe ich geglaubt, ich dürfe dieselben nicht länger verbergen, ohne groß gegen jenes Gesetz zu verstoßen, das uns befiehlt, nach Möglichkeit das gemeine Wohl aller Menschen zu befördern. Sie haben mich nämlich einsehen lassen, daß man zu Kenntnissen gelangen kann, die für das Leben ziemlich nützlich sind, und daß man anstelle der spekulativen Philosophie, die in den Schulen gelehrt wird, eine praktische finden könnte; sobald wir durch diese die Kraft und das Wirken von Feuer, Wasser, Luft, Sternen, Sphären und allerlei anderen uns umgebenden Körpern gerade so deutlich erkennen, wie wir die unterschiedlichen Geschäfte unserer Handwerker erkennen, vermöchten wir sie also für alle Zwecke zu verwenden, für welche sie geeignet sind, und würden dadurch zu Herren und Meistern der Natur.*[50]

Die Menschen werden nicht von selber «*maîtres & possesseurs de la nature»*; sie müssen Opfer bringen und vor allem auf die ihnen so lieb gewordene Vorstellung verzichten, sie seien Mittelpunkt und Ziel der Schöpfung: *Soferne jedes Geschöpf den anderen dient, kann jedes für sich den Anspruch erheben, daß alle, die ihm zu etwas dienen, für es geschaffen sind.*[51] Die physikalische Anthropozentrik ermuntert gerade zur Resignation, sofern sie den falschen Eindruck vermittelt, was erst zu leisten ist, sei bereits Wirklichkeit: noch dient die Natur dem Menschen nicht, wie jedermann zu seinem Schaden erfahren kann; dann hilft ihm die abstrakte Behauptung wenig, er sei der Zweck der Natur. Dagegen besteht eine Möglichkeit, die Natur in den Dienst des Menschen zu z w i n g e n : man muß – und das heißt «Zweifel» – bedingungslos alles aufgeben, was man über sie zu wissen glaubt, weil es sich nicht bewährt hat; und in einer neuen Anstrengung und einem bisher unerhörten Ansatz die Sprache der Natur enträtseln, damit man ihr präzise Befehle geben kann. *Dieses ist nicht allein wegen der Erfindung einer unendlichen Zahl von Maschinen zu wünschen, die uns ohne alle Mühe die Früchte der Erde und alle auf ihr befindlichen Annehmlichkeiten genießen lassen, sondern auch und hauptsächlich wegen der Erhaltung der Gesundheit, die wahrscheinlich das oberste Gut und die Grundlage aller anderen Güter dieses Lebens ist; sogar der Geist hängt ja so stark vom Temperamente und vom Zustand der körperlichen Organe ab, daß ich glaube, wenn man ein Mittel finden könnte, das die Menschen gemeinhin klüger und geschickter*

Landschaft mit cartesischen Elementarteilchen. Aus den «Meteoren»

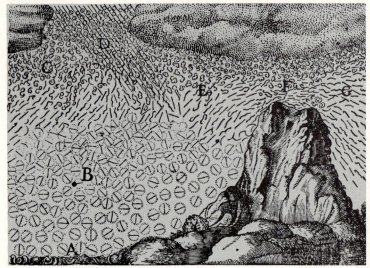

macht, als sie bislang gewesen sind, müßte man es nirgendwo anders als in der Heilkunde suchen.[52]

Was hier zum Vorschein kommt, ist alte Weisheit in einer neuen Situation: der Mensch kann die Sprache der Natur verstehen, weil er selbst zur Natur gehört. Mehr noch: Gott hat ihm die Sprache der Natur in sein Herz geschrieben; er braucht allein in sich hineinzuschauen, um sie zu erkennen – das alte augustinische Motiv: «Geh nicht vor die Tür, schau in dich selbst: in dir ist Wahrheit». Der Innenschau enthüllen sich die Gesetze, *die Gott in der Natur erlassen und von denen er unserer Seele Begriffe eingeprägt hat; sobald wir genügend darüber nachgedacht haben, können wir deswegen nicht bezweifeln, daß sie bei allem, was in der Welt existiert oder entsteht, exakt beobachtet werden. Auch scheint mir, daß ich bei der Betrachtung der Abfolge dieser Gesetze mehrere Wahrheiten entdeckte, die nützlicher und bedeutender sind als alles, was ich vorher erlernte oder gar zu erlernen hoffte.*[53] So wird eines der großen Themen des niederländischen Cartesianismus (und auch Malebranches) angeschnitten: der Mensch steht unter der Knechtschaft der Natur, weil er übermütig ist: er lauscht nicht demütig auf die Stimme Gottes in seinem Innern, sondern baut hoffärtig auf die Menschenweisheit seiner Schulbücher und glaubt alles zu wissen; die Verblendung durch Aristoteles, der ihn nicht erretten kann, zieht er der innerlichen Wahrheit vor, die ihn erretten könnte. Diese fast heilsgeschichtliche Deutung der philosophischen Situation führt zu dramatischen Konsequenzen; sie erklären zur Genüge die Bitterkeit des Kampfes um den Cartesianismus, der unter den niederländischen Reformierten fast fünfzig Jahre lang gewütet hat.

Abgesehen von kleineren technischen Verbesserungen hat Descartes selber nur eine einzige Maschine entwickelt; sie sollte das mühelose Schleifen hyperbolischer Gläser erlauben und war keineswegs ein Erfolg; und überhaupt scheint die Entwicklung des technischen Fortschritts zu den vielen Kleinarbeiten zu gehören, die Descartes, nachdem er einmal die erforderlichen Methoden und Prinzipien entwickelt zu haben glaubte, recht gern den Enkeln überließ, *indem sie, ein jeder nach seiner Neigung und seinem Vermögen, zu den Experimenten beitragen, die man anstellen müßte, und desgleichen dem Publikum alle ihre Fortschritte mitteilen, damit die letzten dort anfangen können, wo die Vorgänger aufgehört haben, und auf solche Art das Leben und die Bemühungen mehrerer verbinden; dadurch aber gelangen wir alle zusammen viel weiter, als es ein jeder privatim könnte*[54].

Dagegen galt sein innerstes Interesse der Medizin. *In der Tat enthält die gegenwärtig übliche Medizin nur wenig, dessen Nutzen so bemerkenswert ist; aber ohne daß ich die Absicht habe, sie gering zu schätzen, räumt meiner Meinung nach selbst unter denen, die sie berufsmäßig betreiben, durchaus ein jeder ein, daß alles, was man davon weiß, beinahe nichts im*

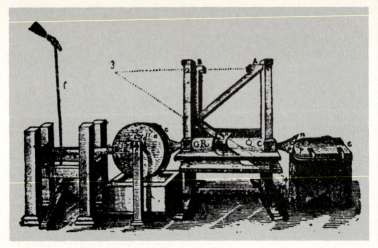

*Aufriß der Schleifmaschine für hyperbolische Linsen.
Stich nach einem Entwurf von Descartes*

Vergleiche dazu ist, was zu erforschen bleibt, und daß man von einer unendlichen Anzahl Krankheiten des Körpers und des Geistes und möglicherweise sogar von der Altersschwäche befreit werden könnte, sofern man eine ausreichende Kenntnis der Mittel besäße, mit welchen die Natur uns versehen hat.[55] Dieses Interesse erscheint bereits in dem Gespräch mit Bérulle, und ein gutes Jahr später bittet Descartes in einem Brief aus Amsterdam seinen erkrankten Freund Mersenne, sich so lange zu erhalten, *bis ich weiß, ob eine auf unfehlbaren Beweisen erbaute Medizin gefunden werden kann, wie ich sie gegenwärtig suche*[56]. Jahrzehntelang beschäftigt er sich mit Anatomie, und zwar so intensiv, daß bei den Nachbarn finstere Gerüchte über Vivisektionen und unaussprechliche Scheußlichkeiten im Hause des «jonkheer Reyner Jochems» von Mund zu Munde gehen. In Wirklichkeit ist Descartes der Autor, der gegen die Schulmediziner das Prinzip der Harveyschen Blutkreislauflehre auf unserem Kontinent durchgesetzt hat. Unermüdlich gibt er seinen Freunden medizinische Ratschläge auf dem Boden der neuen Prinzipien, Mersenne nicht weniger als der Prinzessin Elisabeth. Mit seinem Freund, dem Leidener Medizinprofessor Cornelius van Hoogeland, der in schweren Fällen auf die Alchimie seines Vaters zurückgreift und eine kostenlose Praxis für die armen Leute ausübt, wacht er am Lager eines von ihm geliebten Kindes, und mit großem Schmerz muß er nach jahrelangen Bemühungen erkennen, daß sein Versuch der Begründung einer mechanistischen Physiologie noch immer nicht gelungen ist.[57]

Sein Interesse am Leib ist im Grunde ein praktisches Interesse; die Einfachheit der cartesischen Physiologie, was immer es sonst mit ihr auf sich hat, ist die Einfachheit der technischen Beschreibung einer Apparatur für denjenigen, der sie bedienen und reparieren soll. Die mechanistische Biologie ist nicht aus abstrakter scientistischer Vermessenheit erfunden worden, wie einige Konservative uns heute glauben machen, sondern aus einer höchst konkreten Liebe zum Menschen: sie wuchs aus der Hoffnung, man könne dessen komplizierten und gefährdeten Organismus so meisterlich in den Griff bekommen, wie ein Uhrmacher den komplizierten und gefährdeten Mechanismus einer Uhr im Griff hat, und dadurch den Krankheiten steuern und das Leben verlängern. Wer so etwas erdenken kann, ist uns nicht fremd oder ferne; er träumt einen Traum, der in unseren Tagen zweideutig Wirklichkeit wird. Descartes weist die Richtung, aber noch fehlen die Mittel, und möglicherweise ist in unserer Geschichte der Mann, der die Mittel findet, geringer als der Mann, der den Mut hat, so zu träumen: er weist die Wünsche auf den Weg, und sie ruhen nicht bis zur Erfüllung.

Das Interesse am Leib hat Descartes nie verlassen und wahrscheinlich sein Bild bei den Zeitgenossen viel nachhaltiger geprägt als irgendeine philosophische Bemühung. Er ist für die Leute nicht der Metaphysiker (denn woher sollen die Leute wissen, was Metaphysik ist?), sondern der

Krankenstube. Holzschnitt, 16. Jahrhundert

Der Physiker Christiaan Huygens. Stich von J. A. Blooteling

phantasiebegabte Heilkundige, der unkonventionelle Methoden und Prinzipien vertritt und sich wie viele Neuerer in der Medizin eines eher zweifelhaften Rufes erfreut. Nach seinem jähen Tod in Stockholm verstummen denn auch die Gerüchte nicht, er habe die Hilfe bietenden Schulmediziner barsch zurückgewiesen, auf eigene Faust sich neue Lebensgeister (spiritus vitales) zuführen wollen und dabei infolge einer Überdosis Branntweins das Leben aufgegeben; dergleichen klingt noch bei Leibniz an: «Durch ein großes Unglück für die Physik und Medizin hat Herr Descartes das Leben verloren, da er sich in der Medizin allzu geschickt fand und verzog, auf andere zu hören und sich behandeln zu lassen, als er in Schweden erkrankte.»[58] Nicht als Gelehrter, sondern geradezu als medizinischer Scharlatan geht Descartes in das Bewußtsein der Öffentlichkeit ein. Ein Vierteljahr nach seinem Tode, am 12. April 1650, schreibt der junge Christiaan Huygens, der wenige Jahre später als der größte Physiker Europas die cartesische Physik überwinden wird und wenige Jahre vorher auf den Knien des sehr von ihm geliebten Herrn Descartes gespielt hat («lequel feu Monsr. des Cartes disoit estre de son sang»[59]), in flammender Empörung an seinen Bruder Constantin: «Ich will Ihnen berichten, was ich in der Gazette gelesen habe. In der von Antwerpen stand am vergangenen Sonntag: ‹Dat in Suede een geck gestorven was, die seyde dat hij soo lang leven kon als hij wilde›. Beachten Sie, daß damit M. des Cartes gemeint ist!»

Solche Stellen erklären vieles; zum Beispiel werfen sie ein Licht auf Descartes' Beziehungen zum Abbé Picot, der, seit er ihn kannte, sein lustiges Leben aufgab und in Speise und Trank die von Descartes empfohlene Diät einhielt, weil er den Wunsch verspürte, vierhundert Jahre alt zu werden. Nicht der Philosoph des *Cogito* und nicht der Schöpfer der analytischen Geometrie, sondern der Diätgläubige, «der Geck, der sagte, daß er so lange leben könne, wie er wolle», hat den Leuten Eindruck gemacht. Sie haben in ihm einen Paracelsus oder van Helmont gesehen, obgleich sein Anspruch größer und seine Methode fruchtbarer war; und obschon ihr Urteil «sub specie aeternitatis» völlig nebensächlich ist, mag es uns immerhin davor bewahren, Descartes als Philosophieprofessor zu verstehen. Er ist einer von den etwa zwanzig Privatleuten in Europa, die einander kennen und unabhängig von den Schulen und etablierten Institutionen auf eigene Faust und teils unter persönlichen Opfern und in persönlicher Feindschaft die neue Wissenschaft aufbauen – nicht von Amtes wegen, sondern aus «curiosité» und aus Liebe zu Gott oder den Menschen; und auch nicht für die Schulen, sondern (wenn eine so häufig gebrauchte Sentenz noch erlaubt sein mag) für das Leben.

Die Methode

Man mag Descartes verschiedene politische, gesellschaftliche und religiöse Motive unterstellen, wie wir es auf den vergangenen Seiten taten. Das ändert nichts daran, daß er ein Philosoph gewesen ist und daß man sein Bild verfälscht, wenn man davon schweigt. Natürlich schöpft ein Philosoph, der wie Descartes das Angesicht der Erde verändert, nicht aus dem Nichts, sondern geht von einer konkreten Situation aus. Wir haben den Versuch gemacht, uns in Descartes' konkrete Situation hineinzuversetzen; aber wir haben nun zu überlegen, wie er diese Situation philosophisch zu übersetzen suchte. Wie wir gesehen haben, lebte er in einer Zeit, die geradezu nach neuen Philosophien schrie und in der die neuen Philosophien wie Pilze aus der Erde schossen; nicht eine Handvoll übrigens hat überlebt.

Inmitten dieser Inflation von Neubegründungen der Philosophie zeichnet der Ansatz Descartes' sich schon dadurch aus, daß er auf einer bestimmten Methode und nicht auf Einzelwissen insistiert. Descartes legt weniger Wert darauf, seinen Lesern bis in die Einzelheiten zu erklären, wie es sich mit der Lichtbrechung im Regenbogen, der Entstehung der Planetensysteme, der Bildung der tierischen Embryonen, dem Blutkreislauf oder dem Zustandekommen der Sinneswahrnehmungen verhält, als darauf, ihnen eine Methode mitzuteilen, die man nur anzuwenden braucht, um dieses alles und noch mehr herauszufinden. Die «wunderbare Methode» (admiranda methodus), die Descartes zuerst in den von ihm nicht mehr veröffentlichten *Regulae ad directionem ingenii* privatim ausgearbeitet hat, ist der grundlegende Bestandteil seiner Philosophie, gleichsam ihre Verfassung; ihr ist denn auch Descartes' erste Publikation gewidmet, der 1637 bei Ian Maire in Leiden mit Privileg und anonym erschienene *Discours de la méthode pour bien conduire sa raison, & chercher la vérité dans les sciences – Abhandlung über die Methode, seine Vernunft gut zu leiten und die Wahrheit in den Wissenschaften zu suchen;* ihm folgt ein berühmter Anhang, die drei Essays über *Dioptrik, Meteorologie* und *Geometrie, Qui sont des essais de cete MÉTHODE,* die Versuche mit dieser Methode sind. Sie sind nicht mehr als Essays, und es ist entscheidend wichtig, darauf hinzuweisen, daß Descartes weniger daran liegt, der Öffentlichkeit mitzuteilen, wie man Meteore erklären muß oder wie sich Licht in durchsichtigen Medien verhält, als daran, auf drei besonders «kuriosen» Gebieten, die stellvertretend für alle anderen stehen, den Nachweis zu erbringen, daß diese Methode allen anderen überlegen ist, denn sie ist eine Universalmethode. *Tatsächlich wage ich zu sagen, daß die genaue Befolgung dieser wenigen Vorschriften mir eine solche Behendigkeit bei der Lösung aller Fragen schenkte, auf welche diese beiden Wissenschaften* (Analyse und Algebra) *sich erstrecken, daß ich im Laufe zweier oder dreier auf ihre Untersuchung verwendeter Monate (da ich bei den einfachsten und allgemeinsten begann und jede Wahrheit, die ich fand, eine Regel war, die mir hernach zum Finden anderer diente) nicht allein Mehreres zu Ende führte, das ich zuvor für ziemlich schwierig gehalten hatte, sondern offensichtlich gegen Ende sogar bei dem, was ich nicht konnte, zu bestimmen verstand, mit welchen Mitteln und in welchem Maße es gelöst werden konnte. Dabei scheine ich Ihnen möglicherweise nicht besonders eitel, soferne Sie betrachten, daß es für jedes Ding nur eine Wahrheit gibt und daß infolgedessen ein jeder, der sie findet, soviel davon versteht, wie man verstehen kann.*[60]

Die neue Methode ist universal, weil sie nicht nur, wie dort geschildert, auf Analyse und Algebra, sondern auf alle möglichen Gegenstände

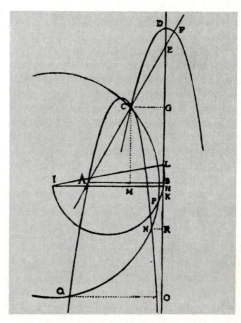

Figur aus der «Géométrie» des Descartes

unseres Wissens angewendet werden kann; daher bietet sie die ungeheure Chance einer homogenen Gesamtwissenschaft, die sich in allen ihren Zweigen derselben Prinzipien bedient und daher leicht erlernbar ist, das heißt konkret: einen wenig mühsamen Weg zur Beherrschung der Natur eröffnet. Eben das ist das große Problem der Zeit, und schon hier zeigt sich die Überlegenheit der neuen Philosophie, die zielstrebig und rationell geplant ist, gegenüber der überlieferten, die mit dem Handicap ihrer Geschichtlichkeit in die Konkurrenz zu gehen hat. *Ich dachte, daß die Bücherwissenschaften, zumindest jene, deren Argumente nur wahrscheinlich sind und die nicht irgend welche Beweise besitzen, allmählich aus den Meinungen mehrerer unterschiedlicher Personen zusammengewachsen und angeschwollen sind und keineswegs der Wahrheit so nahe kommen wie die einfachen Überlegungen, die ein Mann von gutem Verstande ganz ungezwungen über sich ihm bietende Gegenstände anstellen kann.*[61] Die unhomogene und unfruchtbare überlieferte Philosophie, deren Erlernung ein Übermaß an Kraft und Energie verschlingt, weil sie nicht etwa wenige Prinzipien rationell einsetzt, sondern für jedes Einzelgebiet eine Vielzahl besonderer Prinzipien verwendet, ist das Ergebnis

Eine Bibliothek des 17. Jahrhunderts. Stich, 1686

eines geschichtlichen Entwicklungsprozesses, der sich mit der Entwicklung des Einzelmenschen vergleichen läßt: *Und ebenso dachte ich, da wir alle Kinder waren, bevor wir Männer wurden, und uns lange von unserem Verlangen und unseren Lehrern mußten steuern lassen, die oft einander widerstritten und uns möglicherweise ebenmäßig nicht immer zum Besten rieten: könnten wir beinahe unmöglich so reine oder so gediegene Urteile haben, wie sie gewesen wären, wenn wir seit unserer Geburtsstunde den völligen Gebrauch unserer Vernunft besessen hätten und immer allein von ihr geleitet worden wären.*[62]

Von seinem ersten Tage an bekämpft der Cartesianismus das Werk der Geschichte; er ist in seinem Innersten geschichtsfeindlich, und Descartes' Abneigung gegen die «unnützen Wissenschaften» Philologie und Historie ergibt sich folgerichtig aus seinen wissenschaftlichen Voraussetzungen und wird von ihnen her verständlich. Die Menschheit erstrebte von Anfang an ein einziges Ziel, die Beherrschung der Natur; und weil sie nicht wußte, wo es zu finden war, versuchte sie, sich ihm auf den abenteuerlichen Irrwegen der Geschichte zu nähern. Nun hat sie es endlich gefunden, der kürzeste Weg ist ihr bekannt; da sollte sie nicht so

Logisches Quadrat. Aus dem Petrus-Hispanus-Kommentar der Kölner Bursa de Monte, 1501

töricht sein, die Irrwege pedantisch aufzuzeichnen und Kindern zum Auswendiglernen zu geben, die weiß Gott etwas Besseres zu tun hätten, als Dinge zu erfahren, die abgetan sind. In dieser Frage vergißt der Sieur du Perron sogar die Regeln der Artigkeit; er scheut sich nicht, Personen, die ihr Leben der Erforschung der Geschichte widmen, schonungslos seine Meinung zu sagen, und zieht sich dadurch nicht wenige Feindschaften zu. Ein Gerücht, das nach seinem Tod in Stockholm die Runde macht, spricht Bände: man munkelt, die Hofphilologen hätten Descartes vergiftet, weil er mit seinen vernichtenden Äußerungen über ihre Wissenschaft die Königin Christine zu überzeugen und dadurch die Existenzgrundlage der Philologen am Hofe zu vernichten drohte.[63]

Wenn Descartes betont, er denke nicht an eine öffentliche Reform der Wissenschaft, sondern nur an eine Prüfung seiner privaten Ansichten, so hat er gute Gründe, über die wir bereits nachgedacht haben. *Niemals erstreckte sich meine Absicht auf mehr als den Versuch, meine eigenen Gedanken zu verbessern und auf ein Fundament zu bauen, das gänz-*

lich mir gehört.[64] *Ich überzeugte mich, es wäre überhaupt nicht sinnvoll, wenn ein Privater die Absicht faßte, einen Staat zu reformieren, indem er dort alles von Grund auf verändert und das Unterste nach oben kehrt, um ihn neu zu ordnen; noch auch ebenso das Feld der Wissenschaften oder die in den Schulen eingeführte Lehrordnung zu reformieren; aber wegen aller der Meinungen, die ich bislang in meinen Glauben eingeschlossen hatte, könnte ich nichts Besseres tun, als sie womöglich alle daraus zu verstoßen, um hernach entweder bessere andere oder auch dieselben hereinzulassen, sobald ich sie dem Niveau der Vernunft angepaßt hatte. Und ich glaubte fest, ich möchte dadurch mein Leben viel besser führen können, als wenn ich allein auf alte Fundamente baute und mich allein auf Prinzipien stützte, die ich mir während meiner Jugend hatte einreden lassen, ohne sie je auf ihre Wahrheit zu untersuchen.*[65] Jetzt ist die Menschheit den Kinderschuhen entwachsen. Jetzt muß sie den Nachteilen steuern, die ihr aus dem planlosen Zickzackkurs der Geschichte erwachsen sind; sie muß die zufällig entstandene Überlieferung vergessen und mittels der Methode ein neues und sicheres Wissen begründen. Dabei muß einer beginnen, und zwar mit Diskretion und Takt; er wird persönlichen Erfolg haben, und dieser Erfolg wird für das Weitere sorgen.

Natürlich kann nicht jeder beginnen, und man kann nicht wahllos jedem Individuum raten, eine Revision seiner Meinungen vorzunehmen; die meisten Menschen halten sich entweder für klüger, als sie sind, und entbehren daher der zur wahren Wissenschaftsbegründung erforderlichen Selbstkritik; oder sie schätzen ihre Fähigkeiten richtig ein und trauen sich daher die selbständige Auffindung einer gegründeten Wissenschaft nicht zu. *Ich wäre ohne Zweifel bei diesen letzteren gewesen, wenn ich niemals mehr als einen einzigen Lehrer gehabt oder die Unterschiede, die jederzeit zwischen den Meinungen der gelehrtesten Männer bestanden haben, nicht gekannt hätte. Weil ich aber bereits seit meiner Schulzeit gelernt hatte, keine Einbildung sei so sonderbar und so wenig glaubhaft, daß sie irgend ein Philosoph nicht vertreten hätte . . . konnte ich niemanden wählen, dessen Meinungen ich anscheinend denen der anderen vorziehen mußte, und war gleichsam gezwungen, für meine Leitung selber aufzukommen.*

Wer sich derart entschließt, die Geschichte zu transzendieren und eine durchgeplante Wissenschaft zu begründen, ist gefährdeter als die anderen, die immer noch an der Barriere der Tradition einen letzten Halt finden können, um vor dem Sturz in den Abgrund des völligen Irrtums bewahrt zu bleiben – während der Überwinder der Tradition einer ganz besonderen Vorsicht bedarf. *Ich entschloß mich aber wie ein Mensch, der allein im Finsteren wandelt, so langsam zu gehen und bei allen Dingen soviel Umsicht zu gebrauchen, daß ich zumindest, und wenn ich auch nur ziemlich langsam weiter kam, mich vor dem Fallen in acht nahm. Ich wollte sogar durchaus nicht damit beginnen, irgend eine von meinen Mei-*

81

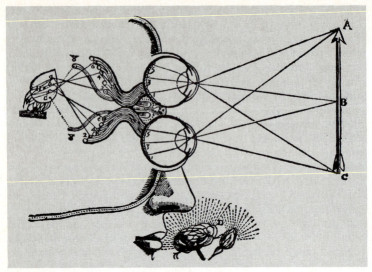

*Darstellung des Sehens und Riechens nach Descartes.
Aus dem «Traité de l'Homme»*

nungen gänzlich zu verwerfen, die sich zuvor in meinen Glauben hatte einschleichen können, ohne daß die Vernunft sie einführte: bevor ich genügend Zeit auf die Fertigstellung des Planes für mein Unternehmen verwendet und nach der wahren Methode gesucht hatte, mit deren Hilfe ich zur Erkenntnis aller für meinen Geist erfaßbaren Dinge zu gelangen vermochte.[66] Diese Methode ist sicherlich mit der hergebrachten Logik nicht identisch, noch folgt sie aus ihr; denn Logik ist lediglich eine Wissenschaft, die in schon Gewußtes Ordnung bringt und mit ihm zu hantieren lehrt (wenngleich nicht immer in unbedenklicher Form), die aber nun einmal nichts erfindet. *Ich bemerkte, daß bei der Logik ihre Syllogismen und die Mehrzahl ihrer anderen Regeln eher dazu dienen, einem anderen Dinge zu erklären, die man selber weiß, oder wie die lullische Kunst sogar dazu, ohne Urteil über Dinge zu reden, die man nicht weiß, als dazu, dieselben zu lernen. Und mag sie auch in Wirklichkeit viele überaus wahre und überaus gute Vorschriften enthalten, sind dessenungeachtet so viele schädliche oder überflüssige darunter gemengt, daß es beinahe gerade so schwierig ist, sie auszusondern, wie eine Diana oder Minerva aus einem noch unbearbeiteten Marmorblock herauszuhauen.*[67]

Nicht nur die Logik muß vor der neuen Aufgabe versagen, sondern auch die von den Mathematikern des Altertums überlieferte «Analysis» und die Algebra oder Lehre von den Gleichungen, die dem Altertum noch nicht bekannt war.[68] *Aus eben diesem Grunde dachte ich, man*

müsse irgend eine andere Methode suchen, welche die Vorteile dieser drei in sich begreift und trotzdem nicht an ihren Fehlern krankt. Und ebenso, wie die Vielzahl der Gesetze häufig den Lastern Entschuldigungen bietet, so daß ein Staat viel besser geordnet ist, wenn er nur ziemlich wenige besitzt, die freilich überaus streng beobachtet werden: glaubte ich, ich hätte statt der großen Anzahl Vorschriften, aus denen die Logik besteht, an den folgenden vier genug, sofern ich den festen und unabänderlichen Entschluß faßte, nicht ein einziges Mal von ihrer Beobachtung abzusehen.[69]
Die selbständige Suche nach einer Universalmethode der Wissenschaft führt nicht etwa zu einem umfangreichen Codex neuer Gesetze, sondern im Gegensatz zu dem Beispiel der schwer erlernbaren alten Wissenschaft zu nur vier knappen Regeln, die für die Entdeckung zuverlässiger Erkenntnisse auf allen Gebieten ausreichend sind. *Die erste war, niemals irgend etwas für wahr anzunehmen, von dem ich nicht evident erkenne, daß es wahr ist: das heißt, sorgfältig die Überstürzung und Voreingenommenheit zu vermeiden; und nicht mehreres in meine Urteile einzubegreifen, als was sich meinem Geiste derart klar und deutlich vorstellt, daß ich durchaus keinen Anlaß habe, es in Zweifel zu ziehen.*[70] Diese Regel enthält die triviale Meinung, daß eine zuverlässige Wissenschaft sich nicht auf ungesicherten Grundlagen errichten läßt; sie bietet aber zugleich ein elegantes Verfahren, die überlieferte Wissenschaft auszuschalten, ohne daß man mit ihren Vertretern lange disputieren oder sich der Verfolgung durch Kirchen und Behörden aussetzen müßte: der unverfängliche Hinweis darauf, daß gegenüber den meisten Sätzen der Schulweisheit ein Zweifel zumindest nicht unmöglich ist, schließt sie ohne großen Lärm aus der Klasse des Diskutierbaren aus. *Die zweite, jede Schwierigkeit, die ich untersuche, in so viele Unterteile aufzulösen, wie es möglich und zu ihrer besseren Lösung erforderlich ist. Die dritte, meine Gedanken zu ordnen, indem ich mit den einfachsten und am leichtesten zu erkennenden Objekten beginne, um allmählich und gleichsam stufenweise zur Erkenntnis der zusammengesetzteren aufzusteigen, und selbst zwischen denen Ordnung vorauszusetzen, bei denen an sich die einen nicht auf die anderen folgen. Die letzte aber, überall so vollständige Aufzählungen und so allgemeine Überblicke zu schaffen, daß ich sicher sein möchte, ich hätte nichts übergangen.*[71] Diese Regeln verlangen den Rückgang auf einfachste Elemente – zum Beispiel in der Physik auf Korpuskeln und in der Seelenlehre auf Gedanken; und zugleich die Benützung eines Verfahrens, das von Verstehensschritt zu Verstehensschritt zum Verständnis des Ganzen führen muß und Descartes' Bedeutung für die Pädagogik begründet. Es dürfen nicht wie in der Scholastik an dieser oder jener Stelle Lücken des Verständnisses klaffen (die man mit Wörtern wie «qualitas occulta» bezeichnet oder auch nicht) und alle folgenden Sätze der Gewißheit berauben, so daß das Gesamtsystem unsicher und zur Beherrschung der Natur ungeeignet wird.

Dies ist die Methode, die die Wissenschaft auf eine noch uns Heutige betreffende Weise revolutioniert hat; sie führte zur Trennung von Leib und Seele, sie förderte die Subjekt-Objekt-Scheidung, setzte auf dem Kontinent die Blutkreislauflehre durch, begründete den Physikalismus in der Biologie, die analytische Geometrie und vielleicht die geometrische Optik in ihrer klassischen Form. So glaubten es wenigstens Descartes und die Cartesianer. Leibniz war anderer Meinung; er erklärte, zur Methode der Wissenschaft habe Descartes nichts beigesteuert, sondern nur nach Galilei die Leute in Erregung gebracht; nach ihm habe kein Cartesianer etwas Nennenswertes erfunden, und dies sei ein Beweis dafür, daß Descartes' ausgezeichnete Gedanken keineswegs irgendeiner Methode, sondern seinem natürlichen Scharfsinn und seinen Geistesgaben zu danken seien.[72] Wir können diese Frage nicht entscheiden, und es genügt in diesem Zusammenhang, zu wissen, wie Descartes sie selber verstanden hat: *Es befriedigte mich an dieser Methode am meisten, daß ich durch sie versichert war, in allem meine Vernunft zu gebrauchen, wenn nicht vollständig, so doch zumindest, soweit es in meinem Vermögen stand; desgleichen, daß ich bei ihrer Anwendung bemerkte, wie mein Geist sich allmählich gewöhnte, seine Objekte sauberer und deutlicher zu denken; und daß ich mir schließlich, weil ich sie keiner besonderen Materie unterworfen hatte, versprechen konnte, ich möchte sie mit eben so viel Nutzen auf die Schwierigkeiten der anderen Wissenschaften anwenden, wie ich es auf diejenigen der Algebra getan hatte. Nicht, daß ich deshalb wagte, gleich anfangs mich an die Untersuchung aller derer zu machen, die sich bieten sollten; gerade dieses wäre ja der Ordnung entgegen gewesen, die sie vorschreibt. Weil ich aber bemerkt hatte, daß alle ihre Prinzipien der Philosophie entlehnt sein müssen, in welcher ich durchaus noch keine sicheren fand, dachte ich, ich müsse dort vor allem sichere Prinzipien aufzustellen suchen und dürfe damit (denn dieses ist die wichtigste Sache der Welt, bei welcher die Überstürzung und Voreingenommenheit am meisten zu fürchten ist) durchaus nicht zu Ende kommen, ohne ein viel höheres Alter als das von dreiundzwanzig Jahren erreicht zu haben, die ich damals zählte; und ohne zuvor viel Zeit auf meine entsprechende Vorbereitung zu verwenden, sowohl mit der Ausrottung aller schädlichen Meinungen, die ich vor dieser Zeit übernommen hatte, als auch mit der Sammlung mehrerer Erfahrungen, die später den Stoff meiner Überlegungen bilden sollten; und schließlich mit der ständigen Übung in der Methode, die ich mir vorgeschrieben hatte, damit ich darin eine immer größere Sicherheit bekam.*[73]

Begründung der Gewißheit

Die erste methodische Regel befiehlt, an allem zu zweifeln, was nicht klar und deutlich erkannt wird. Diese scheinbar so destruktive Regel weist den Weg zur Begründung der Gewißheit auf dem Wege über den «methodischen Zweifel». Der methodische Zweifel ist ein Zweifel, der nur deshalb geübt wird, weil man über den Zweifel hinauskommen will; und er hat seine Aufgabe erfüllt, wenn er an etwas angesetzt worden ist, das ihm unerschütterlich widersteht und sich dadurch als gewiß erweist. Auf dieses Gewisse aber muß sich eine Wissenschaft gründen lassen, die von klarer Erkenntnis zu klarer Erkenntnis schreitet und die Beherrschung der Natur erlaubt. Die Disziplin, in der man über den Zweifel zur Gewißheit gelangt, ist das Fundament der Gesamtwissenschaft und heißt «Erste Philosophie». *Nichts außer einem festen und unbeweglichen Punkte verlangte Archimedes, um die ganze Erde von der Stelle zu bewegen; und ebenfalls ist Großes zu erhoffen, sofern ich etwas noch so Kleines finde, das fest und unerschüttert ist.*[74] Der Zweifel der ersten Regel, so radikal er angesetzt werden mag, hat also überhaupt nichts mit Skeptizismus oder «Pyrrhonismus» zu tun (die eher durch die Schulphilosophie befördert werden), sondern dient im Gegenteil ihrer völligen Zerstörung durch den Aufweis des Realunterschiedes von Leib und Seele der Menschen sowie den Aufweis der Existenz Gottes. *Ich habe immer gemeint, die beiden Fragen nach Gott und der Seele seien die vorzüglichsten unter denen, welche eher mit Hilfe der Philosophie als der Theologie zu beweisen sind. Obgleich es nämlich uns Gläubigen genügt, die beiden Wahrheiten, daß die menschliche Seele mit dem körperlichen Leibe nicht vergeht und daß Gott existiert, mit dem Glauben zu erfassen, scheint man dennoch die Ungläubigen sicherlich zu keiner Religion und beinahe sogar zu keiner sittlichen Tugend überreden zu können, bevor man ihnen nicht diese beiden mit der natürlichen Vernunft beweist. Und weil in diesem Leben oftmals das Laster besser belohnt wird als die Tugenden, möchten wenige das Rechte dem Nützlichen vorziehen, wenn sie Gott weder fürchteten noch auf ein anderes Leben hofften.*[75]

Die Begründung der Gewißheit erfolgt am ausführlichsten in den sechs *Meditationen über die Erste Philosophie*, die erstmals 1641 in Paris erscheinen; auf den folgenden Seiten werden sie nur deshalb nicht immer herangezogen, weil der Anfang der *Principia* eine knappere Darstellung bietet. Die *Meditationen* sind die dritte Auferstehung Augustinus'; in schrittweiser Ablösung von den Dingen kehrt die Seele zu sich zurück und findet sich am Ende allein mit Gott. *Jetzt schließe ich meine Augen, stopfe meine Ohren zu, rufe alle Sinne zurück und tilge ebenfalls alle Abbilder körperlicher Dinge aus meinem Denken oder erachte sie wenigstens wegen ihres eitlen Truges für nichts, weil das andere schwerlich möglich ist; indem ich aber mit mir alleine spreche und mich genauer anschaue, versuche ich, allmählich mir selber bekannter und vertrauter zu werden.*[76] Die Seele erkennt dadurch, daß sie in sich hineinschaut, die Existenz, die Größe und Güte Gottes. Aber diese Erkenntnis, deren die Seele gewisser ist als aller Dinge, gibt ihr zugleich die Sicherheit, daß eine Erkenntnis, sofern sie nur klar und deutlich ist, sie nicht betrügen kann; dadurch ist eine wahre Wissenschaft metaphysisch ermöglicht. *Anscheinend ist keine sichere Erkenntnis möglich, solange man nicht den Urheber seines Daseins kennt.*[77]

In Frage gestellt wird Gott, Gemüt und Welt. Wie ist der Gang der Vernunft auf dem Wege zur Begründung ihrer Gewißheit; was kann sie alles in Zweifel ziehen? *Was ich bislang für das Wahrste hielt, empfing ich entweder von den Sinnen oder über die Sinne, diese aber ertappte ich manchmal, wenn sie mich täuschten; und es gehört zur Klugheit, niemals denen schlicht zu trauen, die uns getäuscht haben, und wäre es auch nur ein einziges Mal.*[78] Freilich, es gibt auch Dinge, die wir zwar über die Sinne empfangen, an denen wir aber nicht zweifeln: *Zum Beispiel, daß ich nunmehr hier bin* (wir müssen an die Ulmer Stube denken), *mit einem Winterrock am Ofen sitze, dieses Papier mit meinen Händen berühre und dergleichen; daß aber eben diese Hände und hier mein ganzer Körper existieren, mit welchem Argumente möchte das bestritten werden?*[79] Allerdings, ich könnte ebensogut einem Irrtum zum Opfer gefallen sein, hervorgerufen durch krankhafte Halluzinationen oder auch durch einen Traum: dann bliebe nur der Trost, *was man beim Ruhen sieht, gleiche gewissen gemalten Bildern, die man allein nach dem Ebenbilde von Wirklichem machen kann; und deswegen existiere wenigstens dieses Allgemeine wie Augen, Kopf, Hände und der ganze Leib keineswegs als etwas Eingebildetes, sondern als etwas Wirkliches*[80]. Und selbst wenn dieses nicht mehr standhält, *muß man immerhin noch eingestehen, daß notwendig zumindest einiges noch Einfacheres und Allgemeineres für wahr erkannt werden muß, aus welchem wie mit wahren Farben alle wahren wie falschen Bilder der Dinge gebildet sind, die sich in unserem Denken befinden. Solcher Art scheinen die körperliche Natur im allgemeinen und ihre Ausdehnung zu sein; desgleichen die Gestalt der ausgedehnten Dinge, desgleichen ihre Quantität oder Größe und Zahl; desgleichen der Ort, an dem sie existieren, die Zeit, die sie dauern, und dergleichen. Deswegen möchten wir daraus möglicherweise nicht übel schließen, daß Physik,*

Descartes. Stich von G. Edelinck nach Frans Hals

Astronomie, Medizin und alle anderen Disziplinen, die von der Betrachtung zusammengesetzter Dinge abhängig sind, zwar Zweifel dulden, wogegen Arithmetik, Geometrie und die anderen dieser Art, die allein von den einfachsten und allgemeinsten Dingen handeln und wenig danach fragen, ob sie real sind oder nicht, etwas Gewisses und Unbezweifelbares enthalten: denn ob ich wach bin oder schlafe, zwei plus drei ist fünf, und ein Quadrat hat nicht mehr als vier Seiten; auch scheint es unmöglich, daß derart durchsichtige Wahrheiten unter den Verdacht der Falschheit fallen.[81]

Dabei möchte die Seele sich gern beruhigen, aber auch hier täuscht sie sich: selbst die Mathematik bietet aus sich keine letzte Gewißheit und ist nicht der gesuchte archimedische Punkt, denn ihre Sätze können bezweifelt werden: wenn Gott allmächtig ist, vermag er mich auch über die Summe von 2 und 3 zu täuschen, ohne daß seine Güte ihn daran hindern müßte. *Widerstreitet es seiner Güte, wenn er mich so geschaffen hat, daß ich mich immer täusche, so scheint es derselben ebenfalls ferne zu liegen, wenn er zuläßt, daß ich mich manchmal täusche; das Letztere kann man allerdings nicht sagen.*[82] Ein solcher Gedanke fällt schwer; aber der Meditierende muß sogar noch einen Schritt weitergehen; um sich des Willens zum Zweifel gänzlich zu versichern, muß er eine schreckliche Möglichkeit setzen: *Ich will annehmen, daß nicht ein überaus guter Gott als Quelle der Wahrheit, sondern irgend ein überaus mächtiger und verschlagener böser Genius seinen ganzen Fleiß darauf verwendet, mich zu täuschen; ich will glauben, daß Himmel, Luft, Erde, Farben, Gestalten, Klänge und alles Äußere nichts anderes ist als ein Gaukelspiel von Träumen, womit er meiner Gutgläubigkeit Fallen stellt; ich will mich selber betrachten, als hätte ich keine Hände, keine Augen, kein Fleisch, kein Blut und kein Sinnesorgan, sondern wähnte bloß, all dieses zu haben; ich will mich hartnäckig auf diese Meditation versteifen; und sollte es denn also keineswegs in meiner Macht stehen, etwas Wahres zu erkennen, so steht es doch gewiß darin, daß ich dem Falschen nach Möglichkeit meine Zustimmung versage, und ich will mich starrköpfig hüten, daß dieser Betrüger, er sei so mächtig und verschlagen, wie er wolle, mich irgendwie beeinflussen kann.*[83]

Fast alles scheinbar Gewisse fällt also dieser Fiktion zum Opfer: die innere und äußere Sinneserfahrung, durch die Körper und Außenwelt gegeben sind, die Erfahrungswissenschaften und selbst die Mathematik. Übrig bleibt das denkende Subjekt, des Körpers und der Situation entblößt, durch einen Abgrund von allem Äußeren getrennt; die bloße Seele, den Objekten entfremdet und nicht einmal ihrer selbst gewiß, bis sie erkennt, daß e i n e Gewißheit sich als felsenfest erweist: diejenige ihrer eigenen Existenz: *Täusche mich, wer immer kann, er wird doch nie bewirken, daß ich nichts bin, solange ich denke, daß ich etwas bin, oder daß es eines Tages wahr ist, ich sei niemals gewesen, wenn es in diesem Augen-*

blick wahr ist, daß ich bin.[84] Man kann das Ich durch Zweifel des Körpers und seiner raumzeitlichen Situation berauben; aber eine Bestim-
mung widersteht jeder Auflösung: *Das Denken ist, nur dies kann man
mir nicht entwinden; «ich bin, ich existiere» ist gewiß. Wie lange aber?
nun, solange ich denke.*[85] Dieses Wort *denken* muß man in einem sehr
weiten Sinne verstehen – so weit, wie wir heute das Wort «psychischer
Akt» verstehen würden. *Was bin ich also? ein denkendes Ding; was ist
das? nun, ein zweifelndes, erkennendes, bejahendes, verneinendes, wollendes, nicht wollendes, auch einbildendes und empfindendes Ding.*[86]
Wenn ich getäuscht werde und mich irre, habe ich zumindest, indem ich
das tue, einen psychischen Akt gesetzt: gedacht; und wenn ich angesichts meines Irrtums verzweifle, setze ich eben dadurch einen weiteren
psychischen Akt und denke abermals; indes, was denken kann, muß sein
– *cogito, ergo sum, je pense, donc je suis*[87]. Das ist die letzte Gewißheit,
der archimedische Punkt des Denkens.

Wahrscheinlich müßte an dieser Stelle der Zweifel am cartesischen
Zweifel beginnen. Dort wird gedacht und existiert – aber was berechtigt
mich zu sagen, daß «ich» bin und «ich» denke; und was bedeutet «sein»?
Gewiß, es handelt sich um nicht mehr als um Fragen der sprachlichen
Konvention; aber gerade durch die Hintertür der Sprache kehrt die Geschichtlichkeit mit all ihrem Elend in die scheinbar vom Zweifel gerei-
nigte Philosophie zurück. Der Zweifel wird mit dem Instrument einer
Sprache vollzogen, die durch und durch geschichtlich ist; das Residuum
von Denken und Sein präsentiert sich in derselben geschichtlichen Sprache; und was an dieser Stelle vielleicht nur ein Handicap ist, erweist sich
bei den folgenden Operationen als eine wahre Katastrophe. Eine rund-
um geschichtstranszendente und voraussetzungslose Gewißheit, wie sie
hier gefordert und erstrebt wird, scheint den unscharfen Instrumenten
unserer Sprache und unseres Denkens unerreichbar zu sein; Descartes
hat uns zu dieser Erkenntnis verholfen. Und solche Gewißheit scheint
nicht einmal erstrebenswert und mindestens nicht unentbehrlich: wir
sind für anderes gemacht. Sich damit abzufinden, muß nicht leicht sein,
besonders, wenn die Vernunft soeben durch nie erhoffte Erfolge so viel
Vertrauen zu sich selbst gewonnen hat. Menschen brauchen lange Zeit
bis zur Bescheidung; und daß das große Geheimnis darin besteht, daß
wir mit schmutzigem Wasser und schmutzigem Lappen schmutzige Gläser in saubere Gläser verwandeln können, hat in Hinsicht auf unsere
Sprache erst Niels Bohr gesagt. Darüber nachzudenken ist freilich unsere Sache nicht; wir haben genug getan, wenn wir Descartes' Argumen-
tationen einfach gefolgt sind.

Bislang sind wir unserer Existenz als denkender Wesen unumstößlich
gewiß geworden, aber dadurch ist uns kein Ding und kein Du gegeben;
wie finden wir aus dieser Einsamkeit? Bisher war das Denken nur insofern in Betracht gezogen, als es ein Akt (gleich welchen Inhalts) ist;

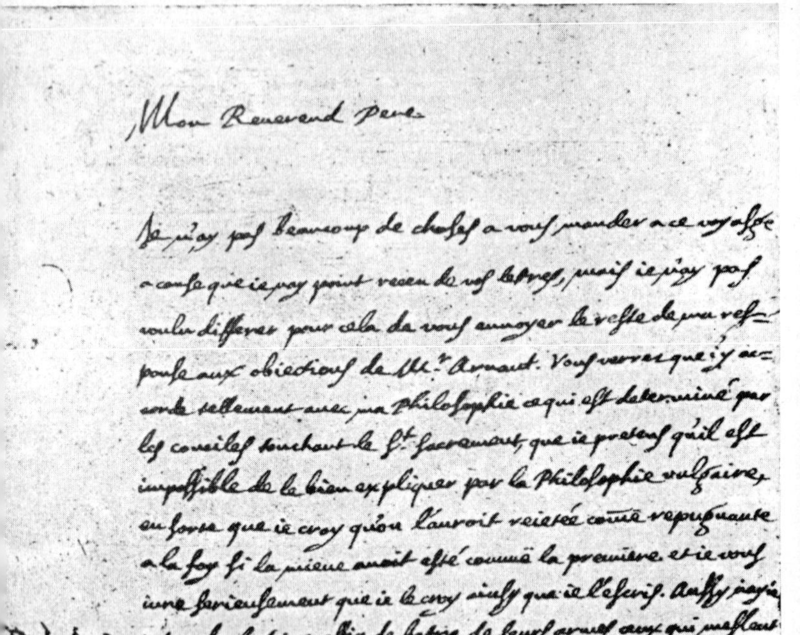

Mon Reverend Pere

Je n'ay pas beaucoup de choses a vous mander a ce voyage a cause que ie n'ay point receu de vos lettres, mais ie n'ay pas voulu differer pour cela de vous envoyer le reste de ma response aux obiections de M.r Arnaut. Vous verres que i'y accorde tellement avec ma Philosophie ce qui est determiné par les conciles touchant le S.t Sacrement, que ie pretens qu'il est impossible de le bien expliquer par la Philosophie vulgaire, en sorte que ie croy qu'on l'auroit reietée comme repugnante a la foy si la mienne avoit esté connuë la premiere. et ie vous iure serieusement que ie le croy ainsy que ie l'escris. Aussy n'ay-ie pas voulu le taire affin de battre de leurs armes ceux qui meslent Aristote avec la Bible, et veulent abuser de l'authorité de l'Eglise pour exercer leurs passions, i'entends de ceux qui ont fait condamner Galilée, et qui feroient bien condamner aussy mes opinions s'ils pouvoient en mesme sorte, mais si cela vient iamais en dispute ie me fais fort de monstrer qu'il n'y a aucune opinion en leur Philosophie qui s'accorde si bien avec la foy que les miennes. Au reste ie croy que si tost que M.r Arnaut aura vû mes responses il sera temps de presenter le tout a la Sorbone pour en avoir leur sentiment et de le faire imprimer. Pour la grandeur du volume et les characteres de l'impression les titres que i'ay mis et les avertissemens au lecteur, s'il est besoin de l'avertir de quelque chose que ie n'aye pas escrit, je m'en remets entierement a vous qui avez desia pris tant de peine pour cet escrit que la meilleure part vous en appartient. Je suis

Mon Rev.end Pere

Vostre tres obligé et tres passionné serviteur
DesCartes

Du iour de Pasques 1641.

Ein Brief von Descartes an Mersenne, 31. März 1641

Wollen, Vorstellen, Hassen, Lieben oder Erkennen wurde nicht auf seinen Inhalt untersucht, sondern diente, sofern es sich als bloßer psychischer Akt erwies, der Vergewisserung der Existenz des diesen setzenden denkenden Etwas. Wenn wir uns des Bildes vom Strom bedienen: wir haben festgestellt, daß etwas fließt; vielleicht überwinden wir die Einsamkeit, sobald wir untersuchen, was da fließt. Denken ist nichts Leeres; indem gedacht wird, wird etwas gedacht, werden Vorstellungen oder Ideen gedacht; und diese müssen wir betrachten. Sofern die Ideen nämlich Modi oder Zustände unseres Denkens sind, sind sie allesamt gleich; sofern sie aber jeweils etwas anderes vorstellen, sind sie verschieden. Die Seele findet zahlreiche verschiedene Ideen in sich vor, und eine davon ist die Idee Gottes, des allervollkommensten Wesens; das allervollkommenste Wesen aber muß existieren, weil es sonst der Vollkommenheit der Existenz entbehrte, also nicht das allervollkommenste Wesen wäre. *Wenn die Seele die verschiedenen in ihr befindlichen Ideen oder Begriffe überschaut und darunter die eines allwissenden, allmächtigen und überaus vollkommenen Wesens findet, urteilt sie wegen dessen, was sie an dieser Idee bemerkt, daß Gott als das gänzlich vollkommene Wesen ist oder existiert: obgleich sie nämlich deutliche Ideen von mehreren anderen Dingen besitzt, bemerkt sie daran nichts, was sie der Existenz ihres Objektes versichern könnte; während sie an dieser nicht allein wie bei den anderen eine mögliche Existenz, sondern allein eine absolut notwendige und ewige Existenz bemerkt. Und ebenso, wie sie deshalb, weil sie sieht, daß in ihrer Idee des Dreiecks notwendig die Gleichheit seiner drei Winkel mit zwei Rechten enthalten ist, in der absoluten Überzeugung lebt, daß das Dreieck drei Winkel gleich zwei Rechten hat; muß sie bereits daraus, daß sie die notwendige und ewige Existenz in ihrer Idee eines gänzlich vollkommenen Wesens enthalten findet, den Schluß ableiten, daß dieses gänzlich vollkommene Wesen ist oder existiert.* [88]

So wird durch die Betrachtung der Gottesidee die Einsamkeit der Seele geheilt; jetzt gibt es als Gewisses Gott und die Seele. Ein anderer Weg führt ebenfalls zu diesem Ziel: *Wenn wir über die verschiedenen in uns befindlichen Ideen reflektieren, ist leicht zu bemerken, daß unter ihnen nicht viel Verschiedenheit besteht, solange wir sie einfach als Ausflüsse unserer Seele oder unseres Denkens betrachten, daß aber viel Verschiedenheit unter ihnen besteht, sofern die eine diese, die andere aber jene Sache darstellt; desgleichen, daß ihre Ursache um soviel vollkommener sein muß, je mehr Vollkommenheit enthält, was sie von ihrem Objekte darstellen. So erkundigen wir uns nämlich gelegentlich des Gerüchtes, jemand habe die Idee einer sehr kunstvollen Maschine, mit gutem Recht danach, wieso er diese Idee bekommen konnte, ob er nämlich irgendwo eine von jemand anderem gebaute Maschine dieser Art gesehen, ob er sie selber zu erfinden vermochte, ohne anderwärts etwas Ähnliches gesehen zu haben: der ganze Apparat, welcher in der Idee jenes Menschen wie in einem Bilde dargestellt ist, muß nämlich in seiner Erst- oder Hauptursache nicht allein im Sinne einer Nachahmung, sondern wirklich und mit eben solcher oder höherer Vollkommenheit existieren, wie er vorgestellt wird.*[89] Wenn aber die uns angeborene Gottesidee die Idee des allervollkommensten Wesens ist, so kann sie uns allein durch eine Ursache eingegeben sein, die nicht weniger an tatsächlicher Vollkommenheit besitzt als die Gottesidee an vorgestellter; und das bloße Vorhandensein dieser Idee in uns ist also ein zwingender Beweis für die tatsächliche Existenz des höchsten Wesens. *Da wir in uns die Idee eines Gottes oder eines gänzlich vollkommenen Wesens finden, vermögen wir nach der Ursache zu fragen, um deretwillen sich diese Idee in uns befindet; nachdem wir aber aufmerksam betrachtet haben, wie unendlich die von derselben uns dargestellten Vollkommenheiten sind, müssen wir einräumen, daß wir sie allein von einem sehr vollkommenen Wesen bekommen konnten, das heißt, von einem wahrhaft seienden oder existierenden Gotte – nicht allein, weil es durch das natürliche Licht manifest ist, daß das Nichts nicht der Urheber von irgend etwas und daß das Vollkommenere nicht eine Folge oder ein Ausfluß des weniger Vollkommenen sein kann, sondern auch, weil wir mittels eben dieses Lichtes sehen, daß wir unmöglich die Idee oder das Bild von etwas haben können, soferne nicht in uns selber oder anderswo ein Original existiert, das alle Vollkommenheiten in der Tat enthält, die uns auf jene Weise dargestellt werden: da wir aber wissen, daß wir vielen Mängeln unterworfen sind und keineswegs diese äußersten Vollkommenheiten besitzen, deren Idee wir haben, müssen wir schließen, daß sie in einer von der unseren verschiedenen und tatsächlich überaus vollkommenen Natur existieren, das heißt, in Gott, oder daß sie zumindest einmal in diesem existiert haben müssen; und daraus, daß sie unendlich waren, folgt, daß sie daselbst noch immer sind.*[90]

Aber damit ist der Prozeß der Gewißheitsbegründung nicht abgeschlossen; ich muß erfahren, ob ich ein Geist in einer Welt bin, aber ich bin bislang erst Gottes und der Seele gewiß. Wie vergewissere ich mich dieser ganzen Dreiheit von Gott, Gemüt und Welt (die später für die Dreiteilung Theodizee, Psychologie und Kosmologie die Grundlage geboten hat)? Wenn überhaupt irgend jemand mich der Welt gewiß machen kann, so ist es das soeben von mir erkannte allervollkommenste Wesen. *Weil Gott allein die wahre Ursache alles Seienden und Möglichen ist, wählen wir gewiß die richtigste Methode zu philosophieren, wenn wir aus der Erkenntnis Gottes selber die Erklärung seiner Geschöpfe abzuleiten suchen, weil wir dadurch das vollkommenste Wissen erlangen, die Erkenntnis der Wirkung aus der Ursache.*[91] Bedenkt die Seele das Wesen des Schöpfers der Welt, so wird der radikale Zweifel, der sie allein zur absoluten Selbstgewißheit führen konnte, ihr endlich zweifelhaft. *Als erstes Attribut Gottes scheint man hier betrachten zu müssen, daß er überaus wahrhaftig und die Quelle alles Lichtes ist und daß er uns also unmög-*

lich täuschen, das heißt, daß er unmöglich die unmittelbare Ursache der Irrtümer sein kann, welchen wir unterworfen sind und welche wir an uns erfahren; obgleich die Fähigkeit zu täuschen nämlich bei den Menschen offenbar als Zeichen eines scharfen Verstandes gilt, geht nichtsdestoweniger der Wille zu täuschen immer gerade aus Bosheit, Furcht oder Schwäche hervor und vermöchte deswegen kein Attribut Gottes zu sein.[92]

Was wir klar und deutlich erkennen, ist wahr. *Das uns von Gott geschenkte Erkenntnisvermögen, das wir als natürliches Licht bezeichnen, nimmt niemals einen Gegenstand wahr, der nicht wahr ist, soweit es ihn wahrnimmt, das heißt, soweit es ihn klar und deutlich erkennt. Wir haben nämlich Anlaß, Gott für einen Betrüger zu halten, wenn er uns ein solches Erkenntnisvermögen gegeben hat, daß wir im Falschen das Wahre sehen, sooft wir uns seiner wohl bedienen. Diese Betrachtung muß uns aber von dem übertriebenen Zweifel befreien, in dem wir waren, bevor wir wußten, ob unser Schöpfer Gefallen daran gefunden hat, uns so zu machen, daß wir uns bei allen Dingen täuschen, die uns sehr klar erscheinen. Desgleichen muß sie uns gegen alle oben angeführten Argumente dienen, die wir für unseren Zweifel fanden; sogar die Wahrheiten der Mathematik können uns nicht mehr verdächtig sein, weil sie überaus evident sind; nehmen wir aber etwas mit unseren Sinnen wahr, sei es im Wachen oder sei es im Traum, so können wir uns des Wahren leicht versichern, sofern wir das Klare und Deutliche an unserem Begriff jenes Dinges von dem Dunklen und Undeutlichen scheiden.*[93]

So ist der Weg zur wissenschaftlichen Wahrheit frei, sie ist als möglich erwiesen: was wir klar und deutlich erkennen, kann Gegenstand gesicherten Wissens sein. Zugleich ist das Problem des Irrtums gelöst, der dadurch entsteht, daß wir einen Sachverhalt als wahr akzeptieren, ohne ihn vorher klar und deutlich erkannt zu haben. *Wir haben einen freien Willen, der bewirkt, daß wir uns des Glaubens an zweifelhafte Dinge zu enthalten und uns dadurch vor etwaigen Täuschungen zu schützen vermögen.*[94] Der Irrtum ist also nicht Gottes Schuld, sondern unsere Schuld; wir haben es in der Hand, einem Sachverhalt zuzustimmen oder nicht; und wenn wir einen Sachverhalt nicht klar und deutlich erkennen, muß es uns eine Warnung sein, ihm unsere Zustimmung zu versagen.

So ist in einem augustinischen Rückgang der Seele in sich selbst hinein die Gewißheit der Erkenntnis begründet. «Geh nicht hinaus», hatte Augustinus gelehrt, «betrachte dich selbst: in dir ist Wahrheit.» Möglicherweise wendet man ein, die Gewißheit sei hier allerdings durch einen Trick gesichert worden; einerseits vertraue man auf die Existenz des Denkenden und auf die Existenz Gottes, weil man sie klar und deutlich erkenne; und andererseits begründe klares und deutliches Erkennen gerade deshalb Vertrauen, weil es von Gott gegeben sei. Liegt hier nicht ein Zirkel, und bringt man nicht zweimal etwas in den Beweisgang als Voraussetzung ein, was eben durch den Beweisgang noch bewiesen werden soll? Führt nicht in diesem Verfahren der Blinde den Lahmen, stützt nicht ein unvollständiger Beweis einen zweiten, der ebenfalls unvollständig ist? Erst wenn man begreift, daß da, wo man den Fehler vermutet, in Wirklichkeit kein Fehler liegt, wird man von dieser augustinischen Philosophie ein wenig verstehen.

Eine neue Physik

Die klare und deutliche Erkenntnis, die auf dem Wege über den Zweifel begründet wurde, gestattet die saubere Unterscheidung der Wissenschaft vom Geist und der Wissenschaft von der Materie – der denkenden und ausgedehnten Substanz. Der Geist ist nicht ausgedehnt oder materiell, sondern er denkt; und die Materie denkt keineswegs, sondern ist allein dadurch bestimmt, daß sie ausgedehnt ist, und wird so mathematisch erfaßbar. Hier ist ein großer Schritt getan: nicht unerklärliche geistig-seelische «Kräfte» bewegen die Welt; alles, was in ihr geschieht, ist durch Geometrie völlig aufklärbar; und damit ist die Welt unter Kontrolle geraten. Die beiden Substanzen haben Modi, das sind Zustände oder Befindlichkeiten, die zwar an ihnen erscheinen, aber nicht – wie die Qualitäten der Scholastik – von ihren Substanzen real verschieden sind; teilt man die Modi jeweils in zwei Klassen, so erhält man für die denkende Substanz Denken und Wollen, für die ausgedehnte Gestalt und Bewegung. Bei Descartes folgt die Metaphysik nicht mehr wie bei der Scholastik aus der Physik, sondern umgekehrt die Physik aus der Metaphysik, und das hat sehr konkrete Folgen. Die Metaphysik, hatte Suárez geschrieben, bringt keine größere Sicherheit über Gegenstände, die die Physik nicht gut erkannt hat[95]; aber knapp vierzig Jahre später bricht die Physik, an die Suárez gedacht hat, gerade durch eine metaphysische Anstrengung zusammen, die sich auf das natürliche Licht der Vernunft beruft. «Es weist das Wahre auf und ist untrüglich, bildet es doch eine Teilnahme am göttlichen Licht»[96], hatte Suárez gesagt; aber plötzlich gab es konkurrierende natürliche Lichter, über deren Anspruch in erster Instanz die Behörden entschieden. Das natürliche Licht der neuen Vernunft, nach dem alle Qualitäten und substantiellen Formen der alten Physik auf Bewegung und Gestalt reduziert werden können und das die zermürbendste Attacke gegen die Scholastik liefert, weil es in unaufhörlicher Tuchfühlung mit ihr bleibt, wird – nach jahrelanger Vorbereitung der Öffentlichkeit – mit einem sicheren Instinkt für Publicity aus einem Winkel der Niederlande lanciert, und Wissenschaftler, die ihm entgegentreten, treten ihm aus anderen Gründen entgegen als Scholastiker und Behörden.

Es gab in der scholastischen Physik für alles eine Erklärung, wenn-

*Francisco Suárez S. J.
Zeitgenössischer Stich*

gleich nicht immer eine einfache; doch hatte sie den entscheidenden Nachteil, daß sich mit ihr keine Technik konstruieren ließ. Sie begann bei den alten vier Elementen, von denen sie mit den Griechen die schweren als kalt, die leichten als warm, Erde und Feuer als trocken und Luft und Wasser als flüssig empfand. Das die Erde erfüllende Entstehen und Vergehen beruhte für sie auf einem ständigen Kampf der Elemente, von denen sich Wasser und Feuer, Erde und Luft als unversöhnliche Feinde erwiesen. Aus der Vereinigung mehrerer Elemente entstanden die sogenannten «gemischten Körper», deren substantielle Form (man könnte sagen, deren «Prinzip des Aufbaus und zugleich der Tätigkeit», ohne damit besonders viel zu erklären) die widerstrebenden Elementarbestandteile zusammenhielt. So fand sich im tierischen Leibe Feuer in Gestalt animalischer Wärme; sobald die substantielle Form des Tieres dahinging und das Tier starb, entwich zuerst das Feuer, weil die Form es nicht mehr band: der Leichnam erkaltete. Alle Dinge sind für diese Physik gleichsam aus Substanz und Qualitäten zusammengesetzt, und Qualitäten sind hier keineswegs wie bei Descartes bloße Zustände der Substanzen, die nicht für sich existieren könnten, sondern selbständige und häufig aktive Entitäten. Will Feuer Wasser bekämpfen, so schickt es als Vorhut seine Wärme aus; die Wärme vertreibt die natürliche Kälte des Wassers und macht es schwach, denn von Natur aus ist es dicht und schwer, während die Wärme es zu verdunsten strebt; und hält die feindliche Einwirkung der selbständig agierenden Qualität Wärme genügend lange an, so muß am Ende die Form des Wassers die von ihr besetzte Materie räumen, um einer nachdrängenden anderen Form, der Luftform, Platz zu machen, die sich mit der nunmehrigen Verdünntheit und Wärme der früher wasserförmigen und jetzt durch den Angriff des Feuers in Dampf verwandelten Materie verträgt. Dasselbe Schauspiel bieten die Jahreszeiten auf einer größeren Bühne: im Sommer bekämpft die feurige Sonne das von Natur aus kalte Wasser mit Hilfe der Qualität Wärme besonders heftig, so daß seine Form sich anstrengen muß, um nicht im Zuge der Verdunstung der Luftform zu weichen; im Winter dagegen bekämpft die nun schwächere Sonne das Wasser weniger stark, so daß es zu geringerer Anstrengung, kalt zu sein, gezwungen ist und ausruhen und sich gehenlassen kann; und deshalb ist Quellenwasser im Sommer besonders kühl und im Winter ziemlich warm.

Der Cartesianismus hat über diese Art der Physik Kübel von Hohn gegossen; und der größte belgische Cartesianer, Arnold Geulincx, der in seiner Jugend als Scholastiker begann und dessen Feindschaft gegen die alte Lehre vielleicht deswegen besonders bitter ist, verfaßte spöttisch den unerbittlichsten Katalog scholastischer Absurditäten. Die Scholastiker, erklärt er im zweiten und dritten Traktat der «Physica Peripatetica», glauben an verborgene Qualitäten, zu denen sie den Magnetismus rechnen; Schwere und Leichtigkeit dagegen halten sie mit großer Inkonsequenz für manifeste Qualitäten, obwohl diese nicht weniger erforscht oder unerforscht sind als der Magnetismus. Die Schulmediziner denken sich sogar bösartige Qualitäten aus, als wären es Menschen, die heimtückisch Schaden anrichten wollen. Himmelskörper sollen nach Bewegung verlangen und sie immerdar genießen; sie bewegen sich nicht, um irgendwo anzukommen, sondern einfach, um sich der Bewegung zu erfreuen; Kometen aber sollen fette und schweflichte Ausdünstungen in der oberen Luftregion sein, die die Sonne aus der Erde gesogen hat. Ein natürlicher Körper entsteht und vergeht; aber vor beidem kommen Dispositionen, die die Materie allmählich dazu disponieren, eine sichtbare Form in ihren Schoß hinabgleiten zu lassen und statt ihrer eine andere hervorzuholen. Wird zum Beispiel Wasser stark erhitzt und verteilt es sich in kleinen Partikeln über die Luft, so kann die bereits fast aller Dispositionen entkleidete Wasserform endlich nicht mehr im Vestibül der Materie verharren und gleitet in deren Schoß zurück; läßt aber der Ansturm des Wasserfeindes nach, so repariert sie den Schaden an ihren Dispositionen und wird wieder kalt und flüssig; am härtesten im Nehmen ist die Erdform.

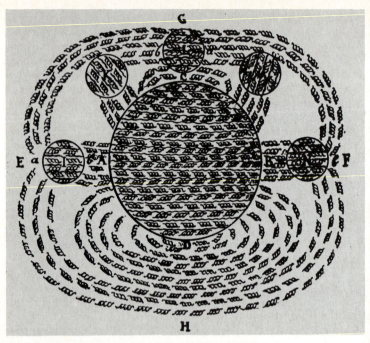

*Darstellung zur korpuskularen Deutung des Magnetismus.
Aus den «Principia Philosophiae» des Descartes*

Wir könnten diesen von Geulincx zusammengestellten Katalog noch lange zitieren, doch es genügt, den Tenor zu kennen. Wahrscheinlich ist auch die Scholastik durch den Nachweis solcher Sonderbarkeiten noch nicht abgetan, denn sie hat andere Verdienste, die den Cartesianern entgingen. Das spricht nicht gegen die Neuerer; sie standen im Kampf auf Leben und Tod und hatten keine Zeit, über die zeitlosen Vorzüge des Systems ihrer Gegner zu meditieren; sie konnten es nicht einmal, denn Feindschaft, die zur Vernichtung führen soll, ist unerbittlich. Erst später, wenn alles geschehen ist, kümmert sich die Historie um Gerechtigkeit.

Die Physik Descartes', die selber längst überholt ist, bringt gegenüber der scholastischen Vielzahl von selbständigen und unkontrollierbaren Elementen, Substanzen, Formen, Quantitäten und Qualitäten eine unglaubliche Erleichterung: alle diese Entitäten sind auf zwei (nicht mehr) klar und deutlich als mit der ausgedehnten Substanz untrennbar verbunden erkannte Bestimmungen zurückführbar: Gestalt und Bewegung. Mehr braucht man nicht, um alle Phänomene der Natur zu erklären, und wer sich dieses Wunder klarmacht, versteht die Überzeugungskraft der Identifizierung von Einfachheit und Wahrheit für jene Zeit. Die scheinbare Wesensverschiedenheit der alten Elemente läßt sich in dem wahrscheinlich ersten ganz konsequent durchgeführten Korpuskularsystem der Neuzeit auf Bewegung und Gestalt von Korpuskeln reduzieren; und was die Scholastik durch substantielle Formen zu erklären suchte, geht auf die bloße mechanische Anordnung von Teilchen zurück; die Quantität ist von der ausgedehnten Substanz durchaus nicht real verschieden, und damit erledigt sich auch die Auffassung, die Substanz sei lediglich vermittelst der Quantität (gleichsam als eines Stellbodens) in der Lage, die Qualitäten aufzunehmen. Vielleicht eine der großartigsten Leistungen dieser Physik ist die folgerichtige Reduzierung aller «sekundären» Qualitäten wie Farbe, Wärme, Geschmack und Geruch, soweit in ihnen etwas Objektives und den Körpern Eigentümliches erscheint, auf die beiden Modi oder Zustände Gestalt und Bewegung; und kein Gelehrter vor Descartes hat die neue Wissenschaft so systematisch zur Erklärung so vieler Phänomene benützt.

In einem anderen Sinne freilich ist die Physik Descartes' durchaus nicht «modern»: nicht nur ist sie durch die Reflexion auf Gott allererst möglich geworden, sondern sie kann auch ohne den Rückgriff auf Gott nichts erklären. Die Materie, die er geschaffen hat, ist lediglich ausgedehnt und konnte die beiden physikalischen Grundbestimmungen Gestalt und Bewegung erst erhalten, weil Gott sie in einem besonderen Akt in eine Bewegung versetzte, die er ständig konstant erhält. *Es ist evident, Gott allein kann die Erstursache der Bewegung sein, welcher die Materie mit ihrer Bewegung und Ruhe in seiner Allmacht erschaffen hat und nun mit seinem gewöhnlichen Concursus soviel Bewegung und Ruhe im Weltall erhält, wie er bei dessen Erschaffung in es hineingelegt hat. Obgleich die Bewegung nämlich lediglich ein Zustand der bewegten Materie ist, besitzt sie immerhin eine bestimmte Quantität, die weder zu- noch abnimmt, obgleich sie in einigen Teilen derselben einmal größer und einmal kleiner werden mag. Bewegt sich deshalb ein Teil der Materie zweimal so schnell wie ein anderer und ist dieser andere zweimal so groß wie der erste, so müssen wir denken, daß in dem kleineren gerade soviel Bewegung wie in dem größeren ist und daß jedesmal, wenn die Bewegung eines Teils abnimmt, die eines anderen Teils entsprechend zunimmt. Auch erkennen wir, daß Gottes Vollkommenheit sich nicht allein darin erweist, daß er seinem Wesen nach unwandelbar ist, sondern ebenfalls darin, daß er immer in derselben Weise wirkt; außer den Änderungen, die wir in der Welt bemerken, außer denen, an welche wir glauben, weil Gott sie geoffenbart hat, und denen, die unseres Wissens ohne alle Veränderung von seiten des Schöpfers in der Natur geschehen können oder geschehen sind, dürfen wir also keine weiteren in seinen Werken annehmen, wir möchten ihn sonst für wandelbar erklären. Daraus, daß Gott die Teile der Materie bei ihrer*

Erschaffung auf mehrere verschiedene Weisen bewegt und daß er sie sämtlich in eben derselben Weise und mit eben denselben Gesetzen erhalten hat, die er ihnen bei ihrer Erschaffung auferlegte, folgt aber, daß er in dieser Materie unablässig die gleiche Menge von Bewegung erhält.[97] Hier liegen in nuce die Erhaltungssätze der neuen Physik, und sie sind theologisch begründet; diese Physik kann nichts erklären, wenn sie den Begriff Gottes nicht einführt, und es wird ein langer Weg vonnöten sein, ehe sich die Wissenschaft entschließt, darauf zu verzichten.

Auch in der Physik, und zwar aus Gründen, die wir inzwischen ahnen können, erscheint Descartes gleichsam in der Maske; denn er behauptet nicht ausdrücklich, er habe die wahre Physik unseres Universums erfunden. *Damit ich mit mehr Freiheit sagen konnte, was ich darüber dachte, ohne die unter den Gelehrten angenommenen Meinungen befolgen oder ablehnen zu müssen, entschloß ich mich, diese Welt hier gänzlich ihren Disputen zu überlassen und nur davon zu sprechen, was in einer neuen Welt geschehen möchte, soferne Gott in diesem Augenblick irgendwo im vorgestellten Raume genug Materie zu ihrer Bildung schüfe, die Teile dieser Materie unterschiedlich und ohne Ordnung in Bewegung setzte und dadurch ein ebenso wildes Chaos aus ihr formte, wie die Poeten immer erdichten können; danach sich aber darauf beschränkte, der Natur seinen gewöhnlichen Concursus zu leihen und sie gemäß den von ihm erlassenen Gesetzen handeln zu lassen.*[98] Mit den Begriffen Ausdehnung, Gestalt und Bewegung erklärt Descartes alle Naturphänomene einer von ihm erdachten Welt, die freilich der unsrigen völlig ähnlich ist; er stützt sich auf von Gott erdachte Naturgesetze so wunderbarer Art, daß sie die chaotische Materie ohne jeden weiteren Eingriff des Schöpfers allein in eine ebenso gute Ordnung bringen können, wie sie in unserer Welt zu finden ist. So ist die cartesische Welt eine Fabel, und nicht umsonst findet man auf Weenix' Porträt Descartes' die Inschrift «Mundus est fabula»; und Leibniz wird eher traurig von «diesem schönen Roman über Physik» sprechen. Immerhin, es ist ein kühner Roman; er nimmt mit genialer Gewaltsamkeit die Idee einer allgemeinen Feldtheorie vorweg; Schwere, Elektrizität und Magnetismus werden unterschiedslos mit den klar und deutlich erkannten Prinzipien der Gestalt und Bewegung von Korpuskeln erklärt.

Wie weit Descartes in Wahrheit die von ihm erdachte mechanische Welt als Realität, Phantasie oder Surrogat verstanden hat, wird trotz Alquiés Erklärungen umstritten bleiben; die Äußerungen der Texte sind zu vielfältig. Der *Traité de la lumiere* erklärt, hier werde zum Vergnügen eine Welt fabuliert, die selbst die gröbsten Geister bis in die letzte Einzelheit begreifen können und die trotzdem nicht weniger erschaffbar als fingierbar ist.[99] Der Hinweis auf ihre Unkompliziertheit trotz ihrer Funktionsfähigkeit läßt allerdings vermuten, daß es sich um ein reines Vergnügen nicht handelt. Der Brief an Mersenne vom 28. Oktober 1640

Gottfried Wilhelm von Leibniz. Gemälde von Scheit

verschiebt das Problem auf die Wahrheitsfrage[100], während ein undatiertes Schreiben, wahrscheinlich an Boswell, sich sehr bescheiden mit der heuristischen Fruchtbarkeit der Methode zufriedengibt. *Ich wage noch nicht zu behaupten, daß meine Thesen die wahren Prinzipien der Natur sind, sage aber wenigstens, daß mir bei ihrer Annahme zu Prinzipien bei den meisten Gegenständen alles, was von ihnen abhängt, verständlich wird; und ich sehe, daß nichts mich hindert, bei der Erkenntnis der Wahrheit immer ein bißchen weiter zu kommen.*[101] Am bestimmtesten sprechen die *Principia*: ein geübter Automatenspezialist kann aus den wahrnehmbaren Wirkungen und Teilen natürlicher Körper ihre unsichtbaren Ursachen und Teile genau so konjizieren, wie er bei Kenntnis des Zweckes und einiger Teile einer Maschine die Beschaffenheit der Teile, die er nicht sieht, erraten kann.[102] Die mechanische Welt ist also etwas mehr als eine Fabel: sie ist ein Modell und erlaubt uns Schlüsse, mit deren Hilfe wir uns zu «maîtres & possesseurs» der wirklichen Welt erheben können. Und damit sind wir wieder bei dem Interesse angelangt, das 1628 der junge Sieur du Perron dem Kardinal de Bérulle ein Jahr vor dessen Tod erläuterte.

Erklärung der Natur

Die Wissenschaft Descartes' erscheint dem Betrachter nur solange abstrakt, wie man sich darauf beschränkt, ihm ihre allgemeinen Konturen zu umreißen; in Wirklichkeit ist sie von Anfang an eine konkret gezielte, auf Anwendung hin konstruierte Wissenschaft: sie will alle Phänomene der Natur auf der Grundlage der erwachenden neuen Physik exakt erklären und dadurch in die Hand bekommen. Gewiß wird Leibniz sie verspotten und erklären, nach einem cartesischen Rezept wie «Man mische ein Pfund zweites Element, eine Unze ästiger Körperchen und eine Drachme Materia subtilis» vermöge niemand Gold zu machen[103]; dazu könnte man vieles sagen, doch es genügt zu bedenken, daß zwischen Leibniz und Descartes ein halbes Jahrhundert physikalischer und chemischer Entwicklung liegt. Wer sich die alte Qualitätenphysik vor Augen hält, der weiß, was für ein Fortschritt Descartes' Korpuskulartheorie gewesen ist. Sie geht von der unglaublich kühnen Überzeugung aus, die Natur sei durch und durch rational konstruiert und enthalte nichts dem menschlichen Geiste prinzipiell Verborgenes – von einer Überzeugung also, die für uns selbstverständlich ist, aber damals möglicherweise ein völlig neues Lebensgefühl begründete: die Natur schien plötzlich taghell erleuchtet, und Huygens, der in seinem Gedicht auf Descartes darauf angespielt hat, mußte es wissen. Gewiß, die Aufklärung der Natur war eher Vision als Wirklichkeit; aber diese Philosophie, so überholt sie heute sein mag, trat unverzagt mit dem Anspruch auf, alle Vorgänge im Universum mit ihren wenigen Prinzipien exakt zu erklären, und nicht ihr Inhalt, sondern dieser Anspruch macht sie unsterblich. Bei aller Unsterblichkeit bleibt sie Geschichte, genau genommen unsere Geschichte; und deshalb sollten wir nicht beim Allgemeinen verharren, sondern an der einen oder anderen Stelle den fast gewaltsamen Versuchen, einen so unerhörten Anspruch zu realisieren, den flüchtigen Blick nicht versagen.

Descartes denkt das Weltall als ein hydrodynamisches Kontinuum. *Wir müssen annehmen, daß die gesamte Himmelsmaterie, in welcher sich die Planeten befinden, sich immerzu nach Art eines Wirbels dreht, in dessen Mitte die Sonne liegt, und zwar die sonnennäheren Teile schneller und die sonnenferneren langsamer; und daß alle Planeten mitsamt der Erde immer in denselben Teilen der Himmelsmaterie bleiben. Das reicht aus, um ohne weitere Konstruktionen alle himmlischen Phänomene mühelos zu verstehen. Ebenso, wie man nämlich bei Strudeln in Flüssen beobachten kann, daß einzelne darin schwimmende Gräser mit dem Wasser treiben, andere sich aber um ihren eigenen Mittelpunkt drehen und um so schneller kreiseln, je näher sie dem Mittelpunkt des Strudels kommen, dabei auch stets eine kreisförmige Bewegung anstreben, aber niemals vollkommene Kreise beschreiben, sondern in Länge oder Breite ein wenig davon abweichen: kann man sich mühelos dasselbe für die Planeten vorstellen, und damit sind alle Phänomene bereits erklärt.*[104] Um das Anstößige der kopernikanischen Lehre zu neutralisieren, das Galilei die Freiheit gekostet hat, erdenkt Descartes die Theorie von der Relativität der Bewegung. Alle Phänomene in dem (da Raum gleich Materie gesetzt wird) lückenlos gefüllten Universum können durch die Gestalt und Bewegun-

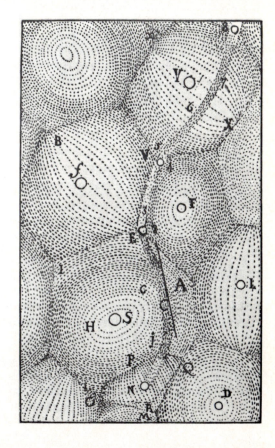

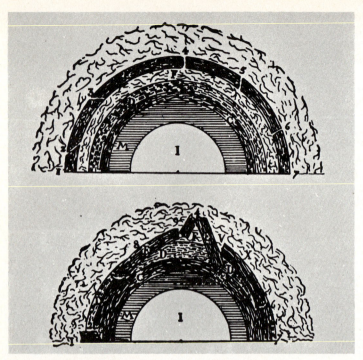

Geologische Figur aus den «Principia Philosophiae»

gen von Korpuskeln erklärt werden, zum Beispiel die Entstehung der Sonne und der Fixsterne aus «erster», von feinsten Korpuskeln gebildeter Materie inmitten des aus «zweiter», mittelfeiner Materie bestehenden Himmels. *Die Menge der ersten Art Materie war anfangs gering, nahm aber später zu, weil sich die zweite wegen ihrer ständigen Bewegung immer mehr abschliff. Weil ihre Menge in der Welt aber stärker zunahm, als es zur Ausfüllung der kleinen Räume zwischen den einander berührenden kugelförmigen Teilchen der zweiten Art Materie erforderlich war, floß nach der Ausfüllung dieser Zwischenräume alles übrige zum Mittelpunkte SFf und bildete dort äußerst flüssige Körper, nämlich die Sonne in S und die Fixsterne in anderen Mittelpunkten. Die Teilchen des zweiten Elements verlangten nämlich, da sie abgeschliffen waren, weniger Raum als zuvor, und rollten deshalb nicht allein zu den Mittelpunkten, sondern entfernten sich ebenmäßig nach allen Seiten und ließen also Kugelräume zurück, in welche die Materie des ersten Elementes von allen umgebenden Stellen einströmte. Das Naturgesetz ist nämlich so, daß alle kreisförmig bewegten Körper sich nach Möglichkeit vom Mittelpunkte entfernen, und ich will an dieser Stelle die Kraft, infolge derer die Kügelchen des zweiten Elementes wie auch die um die Mittelpunkte SF versammelte Materie des ersten Elementes sich von diesem Mittelpunkt zu entfernen trachten, so genau wie möglich erklären; nur darin nämlich besteht das Licht, wie sich zeigen wird, und aus dieser Erkenntnis folgen viele andere.*[105] Descartes' Astronomie im dritten Buch der *Principia*, der wir fast nicht einmal einen flüchtigen Blick widmen konnten, war allerspätestens seit Newton überholt; aber sie hatte Folgen, wie C. F. von Weizsäcker schreibt: «Später hat Kant das Richtige an Descartes' Theorie neu belebt, indem er den Wirbel, der heute nicht existiert, in diejenige Vergangenheit verlegt, in der das System sich gebildet hat. Er schloß damit die Lücken, die bei Newton geblieben waren. Kants Theorie halten wir heute für richtig. So ist Descartes ein Vorläufer der heutigen Theorie der Planetenentstehung.»[106]

Es wird nicht mehr eine unvergängliche Himmelsmaterie angenommen; dieselbe Materie und dieselben Gesetze, die wir im Weltall finden, finden wir auch auf der Erde. Deren Bildung, die Ablagerung und Verwerfung ihrer geologischen Schichten, wird mit Hilfe der Korpuskulartheorie minuziös erklärt, und zwar im Rahmen einer fiktiven Weltentstehungsgeschichte; desgleichen erklärt das vierte Buch der *Principia* die Entstehung des Wassers, der Winde, der Mineralien, des Magnetismus und der Erdbeben mit den Prinzipien von Gestalt und Bewegung. Auf derselben Grundlage wird selbst das Feuerschlagen mit einem Flintstein gedeutet. Dieser Paragraph wird verständlich, wenn man sich klarmacht, daß nach Descartes unsere Sinneswahrnehmung Feuer durch sehr schnelle Bewegung von Teilchen des ersten oder feinsten Elementes veranlaßt wird, aus dem auch die Sonne und die Fixsterne bestehen. *Feuer schlägt man gewöhnlich aus dem Flintstein, und zwar deswegen, weil Flintsteine sehr hart und spröde, aber trotzdem zerreibbar sind. Wegen ihrer Härte und Sprödigkeit werden nämlich beim Anschlagen eines ebenfalls harten Körpers die von Kügelchen des zweiten Elementes gefüllten Zwischenräume in ihnen zusammengedrückt und die Kügelchen gezwungen, herauszuspringen, so daß allein Materie des ersten Elementes zurückbleibt; weil sie aber gleichzeitig zerreibbar sind, lösen sich diese Teilchen des Flints voneinander, sobald sie nicht länger durch den Schlag aneinandergepreßt werden, und bilden so, indem sie in der allein sie umgebenden Materie des ersten Elementes schwimmen, das Feuer. Ist deshalb A ein Flint, zwischen dessen vorderen Teilchen man die Kügelchen des zweiten Elementes sehen kann, so ist B derselbe Flint, wenn ihn ein harter Körper anschlägt und seine Poren so verengt, daß nur noch Materie des ersten Elementes hineinpaßt; C aber zeigt den schon angeschlagenen Flint, wenn einige seiner Teilchen sich von ihm lösen, allein von Materie des ersten Elementes umgeben sind und sich in Funken verwandeln.*[107]

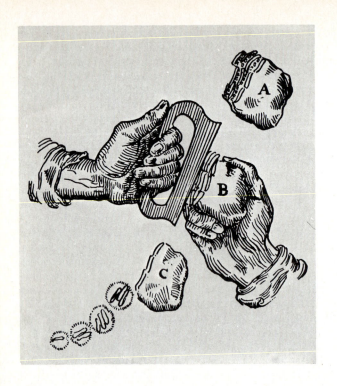

Man mag solche Versuche als kurios oder auch als interessant empfinden, aber das eigentlich Erregende ist, daß Descartes' rationale mechanistische Erklärungsweise sich nicht auf den vor ihm gleichsam animalisierten Bereich der unorganischen Natur beschränken, sondern darüber hinaus auch das Lebendige behandeln wollte. Denn weshalb soll man dunkle und unverständliche Hypothesen wie die einer Tier- oder Pflanzenseele noch länger vertreten, wenn es möglich scheint, auch die Geheimnisse der organischen Natur mit Hilfe der klaren und deutlichen Bestimmungen Gestalt und Bewegung zu enträtseln? Man braucht ja nicht mehr als die Annahme, die sogenannten organischen Prozesse würden nicht durch ein unerklärliches Lebensprinzip, die Seele, sondern durch einen klar erfaßbaren Mechanismus hervorgerufen, der zwar wesentlich komplizierter ist als etwa der Mechanismus des Feuerschlagens aus Flintstein, aber nichtsdestoweniger ein bloßer Mechanismus bleibt. Unter dieser Voraussetzung ist dasjenige, was wir in einem ganz bestimmten Sinne «Organismus» zu nennen pflegen, in Wirklichkeit eine Maschine mit einem allerdings bewunderungswürdigen Steuerungssystem, ein des vollkommensten Künstlers würdiger Automat. In der

Schulwissenschaft galt die Seele als das Materie zu Organismen gliedernde und innerhalb von Organismen bewegende Prinzip – jetzt wird sie abgelöst durch Druck und Stoß; in dieser buchstäblich seelenlosen Physiologie, die nicht nur bei Hobbes, sondern auch bei Descartes sogar die Theorie des Staates als eines statt aus Korpuskeln aus menschlichen Individuen zusammengesetzten Großmenschen beeinflußt, ersetzt man die Seele durch Gesetze, und diese neue Leibauffassung hat die Biologie, die Psychologie, die Medizin, die Soziologie und nicht zuletzt das Selbstverständnis des Menschen, dessen Seele plötzlich etwa die Hälfte ihrer Funktionen verlor, ganz nachhaltig beeinflußt. Die Folgen sind wahrscheinlich heute um keinen Deut weniger aktuell als vor hundert Jahren; der Psychiater, den das «Psychische» interessiert, der Schulmediziner, der sich auf die Behandlung «organischer Leiden» beschränken will, der Physikalist, der das Phänomen des Lebens physikalisch zu erklären sucht, wenngleich nicht mehr mechanisch, der Kybernetiker und selbst der Privatmann, der sich «körperlich herunter» fühlt – sie alle bedienen sich einer Möglichkeit, die vor Descartes nicht in der Welt gewesen ist und die, wie wir bereits gesehen haben, in ihrer ersten Stunde entscheidende Vorteile bot, vor allem die Aussicht, die Medizin vermöge sich zu einer so exakten Wissenschaft wie der Mechanik und die Reparatur der Leibesmaschine zu einem so kontrollierbaren Vorgang wie

Auge mit Muskeln und Nerven. Aus dem «Traité de l'homme»

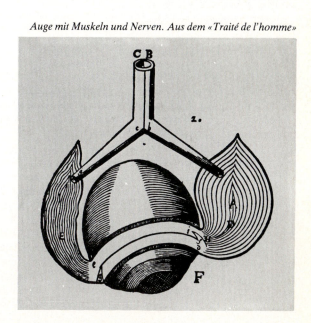

Automat in weiblicher Gestalt mit Uhrwerk. 17. Jahrhundert, Hanns Schlotheim zugeschrieben

der Reparatur einer Taschenuhr zu entwickeln. Diese Hoffnung hat sich nicht erfüllen sollen, und daß sie im 17. Jahrhundert so ungestüm entbrennen durfte, lag nicht vor allem daran, daß man die Kompliziertheit des Leibes, sondern daran, daß man die Möglichkeiten der Physik unterschätzte.

Es ist nicht ausgeschlossen, daß sich Descartes bei der Entwicklung seiner Physiologie auf medizinische und vielleicht auch auf andere Traditionen stützen konnte. Nichtsdestoweniger ist sein System bei weitem geschlossener, konsequenter und rationaler als die eher tastenden und halbmechanischen Ansätze früherer Jahre: als der Entwurf des spanischen Arztes Gómez Pereira aus der Mitte des 16. Jahrhunderts, selbst als die korpuskularen Versuche Sebastian Bassos und vollends als die mechanische Physiologie der christlichen Engellehre, die den Begriff des Automatismus überhaupt noch nicht eingeführt hatte und sich mit der Marionettenmetapher behelfen mußte; alle diese Versuche sind von der neuen mathematisierenden Naturwissenschaft noch nicht geprägt. Schon der junge «Physio-Mathematicus» René Descartes gab dagegen in den *Cogitationes Privatae* den Entwurf eines Seiltänzerautomaten[108] und einer künstlichen Taube mit vertikal angesetzten Tragschrauben[109]; Isaac Beeckman berichtet über den Plan eines bemannten rotierenden Flugobjektes[110], und die *Regulae* erwähnen einen Tantalus-Automaten[111]. Um solche Ansätze auf die cartesische «Fabelwelt» zu übertragen, bedarf es lediglich der Annahme, *Gott oder die Natur hätten Automaten gebildet, die unsere Tätigkeiten nachahmen*[112]. *Ich unterstelle, daß der Körper nichts anderes als eine Plastik oder Maschine aus Erde ist, die Gott ausdrücklich dazu bildet, um sie uns so ähnlich wie möglich zu machen; so daß er ihr nicht nur von außen die Farbe und Gestalt unserer*

Die Orgel ist eine der cartesianischen Metaphern für den Leibmechanismus. (Silbermann-Orgel in Zittau. Stich von Daniel de Montalegre)

Glieder verleiht, sondern auch innen alle Teile anbringt, die erforderlich sind, damit sie geht, damit sie ißt, damit sie atmet, und schließlich damit sie alle diejenigen von unseren Funktionen ausübt, bei denen man sich denken kann, sie gingen aus der Materie hervor und hingen lediglich von der Anordnung der Organe ab.[113] Natürlich sind von Gott gemachte Maschinen so vollkommen, daß sie aller Bewegungen fähig sind, die wir erdenken können, ohne doch anderer Prinzipien zu bedürfen als Gestalt und Bewegung.

Die Technik ist schon damals entwickelt genug, um überzeugende Metaphern zu liefern, vor allem die Uhrenkunst; doch versagt diese Ähnlichkeit in mancher Hinsicht, weil Uhren geschlossene Mechanismen sind, die (anders als natürliche Organismen mit ihrem vielseitigen Steuerungssystem) nur auf eine einzige und gleichförmige Umwelteinwirkung, das Aufziehen, zu reagieren haben; eine weitere Metapher bietet die Orgelbaukunst, und sie ist noch geeigneter, weil sie in der Tastatur variierende Umweltreize abbildet und weil der zentralgesteuerte Transport von Luft durch Schläuche ein vorzügliches Bild für den Transport der Lebens- und Animalgeister durch das tierische Nervensystem

Schnitt durch den menschlichen Schädel, aus dem «Traité de l'homme». Im mittleren Gehirnventrikel schwebt die Zirbeldrüse H, welche die sie umgebenden Animalgeister zu steuern vermag. Die kleinen Kreise sind die Endungen der Nervenschläuche, durch welche die Drüse Animalgeister in die Muskeln transportiert, um sie aufzublähen

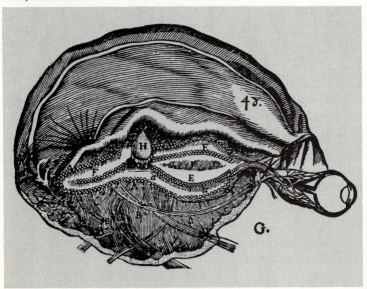

ist, wie wir noch sehen werden. Aber die Wendung, die Descartes' Automatentheorie technisch völlig plausibel macht, hat weder mit Uhren noch mit Orgeln zu tun: die Orientierung der Physiologie an hydraulischen Gartenkunstfiguren, die jeder sehen konnte, der dafür eine Reise zu machen bereit war. Diese Metapher leuchtet besonders ein, weil dem Wasserverteiler die Steuerungszentrale der tierischen Organismen in einem Hohlraum des Gehirns, die Zirbeldrüse im mittleren Ventrikel, entspricht; dort befinden sich die Endungen der Nerven. Über die motorischen Nerven, die als Rohrleitungen aufgefaßt werden, sendet die Zirbeldrüse Animalgeister, also weingeistartige, überaus feine Dünste aus demselben Element, aus dem auch Sonne und Fixsterne gebildet sind, bis hinein in die Muskeln, die ihrerseits wie aufblasbare Ballons vorgestellt werden; dadurch, daß ein Muskel sich infolge seiner Auffüllung mit von der Zirbeldrüse entsandten Animalgeistern aufbläht, entsteht eine Bewegung des mit ihm verbundenen Gliedes. Man braucht nur die nach dem Prinzip der Preßluft verstandenen Animalgeister durch Wasser zu ersetzen, so hat man ein Gebilde, das der hydraulischen Kunstfigur fast ganz entspricht.

Womöglich haben Sie an den Grotten und Fontänen in den Parks unserer Könige beobachtet, daß die bloße Kraft, die das Wasser beim Austritt aus einer Quelle bewegt, verschiedene Maschinen antreiben und sie sogar je nach der Anordnung der Leitungsrohre Instrumente spielen oder Worte aussprechen lassen kann. Und in der Tat lassen sich die Nerven der Maschine, die ich Ihnen beschreibe, sehr gut mit Rohren dieser Fontänenmaschinen vergleichen; ihre Muskeln und Sehnen mit den verschiedenen Apparaturen und Triebwerken, die ihrer Bewegung dienen; ihre Animalgeister mit dem Wasser, das sie bewegt und dessen Quelle das Herz ist und dessen Verteiler die Gehirnhöhlen sind. Außerdem entsprechen die Atmung und die anderen regelmäßigen, unwillkürlichen und vom Lauf der Geister abhängenden Bewegungen denjenigen einer Uhr oder Mühle, die von der regelmäßigen Bewegung des Wassers in Gang gehalten werden können; die äußeren Objekte, die durch ihre bloße Präsenz auf die Sinnesorgane wirken und sie auf diese Weise determinieren, sich je nach der Disposition der Teile des Gehirns auf mehrere verschiedene Weisen zu bewegen, sind wie Fremdlinge, die beim Betreten einer dieser Fontänengrotten unvermutet die Bewegungen verursachen, die sich in ihrer Präsenz vollziehen: wir können sie nur betreten, wenn wir bestimmte Steinplatten berühren; diese sind so angeordnet, daß sie zum Beispiel, wenn wir uns einer badenden Diane nähern, sie dazu bringen, sich im Schilf zu verbergen; und wenn wir sie weiter verfolgen, einen Neptun auf uns zueilen lassen, der uns mit seinem Dreizack bedroht; oder wenn wir in irgend eine andere Richtung gehen, ein Meerungeheuer hervorkommen lassen, das uns Wasser ins Gesicht speit; oder ähnliche Dinge, wie es den Ingenieuren, die sie machten, gerade einfiel. Wenn aber in dieser Maschine eine

111

vernünftige Seele ist, hat sie ihren Hauptsitz im Gehirn und ist dort wie der Röhrenmeister, der sich im Verteiler aufhalten muß, in dem alle Rohre zusammenlaufen, wenn er Bewegung hervorrufen, verhindern oder verändern will.[114]

Nach diesem Paradigma der hydraulischen Automaten müssen alle tierischen Leiber und auch der menschliche Leib verstanden werden; und wären wir an Automaten gewöhnt, so zweifelten wir gar nicht daran, daß alle Tiere wirklich Automaten sind, deren «organische» Säfte physikalisch nicht von Mineralien verschieden sind.[115] Im Hintergrund steht als wichtige Stütze der cartesischen Lehre die durch die Schulphilosophie überlieferte Theorie von der spontanen Zeugung niederer Tiere aus Schlamm oder Moder.[116] Die große Zahl und vorzügliche Ordnung der Nerven, Adern, Knochen und tierischen Teile beweist gerade nicht, schreibt Descartes an Mersenne, daß die Natur zu ihrer Hervorbringung unfähig ist, vorausgesetzt, daß sie bei allem die exakten Gesetze der Mechanik befolgt und daß diese Gesetze von Gott erlassen sind.[117] Der Tod des Lebewesens bedeutet nichts anderes als die Zerstörung eines wichtigen Bestandteils seiner Maschine; der Leib eines lebenden Tieres unterscheidet sich von dem eines toten Tieres wie eine aufgezogene Uhr, die ihr Bewegungsprinzip in sich trägt, von einer zerbrochenen, deren Feder nicht mehr arbeitet.[118] Das sterbende Tier gibt also nicht etwa seine Seele auf, denn es hat nie eine Seele besessen – genauso wie die beschädigte Uhr nicht ihren «Gang» aufgibt, als wäre «Gang» so etwas wie ein Ding für sich und nicht bloß ein Name für das Funktionieren einer Maschine infolge der bloßen Anordnung ihrer Teile.

Die Einzelheiten seiner Physiologie entwickelt Descartes vor allem im *Traité de l'homme*, der Abhandlung vom Menschen, die erst zwölf Jahre nach seinem Tod in lateinischer Übersetzung in Holland und vierzehn Jahre nach seinem Tod im französischen Original in Frankreich erschien. Dieses Buch erklärt die Funktionen der Körpermaschine, die in den Schulbüchern als Wirkungen der vegetativen und sinnlichen Seele dargestellt werden, mit Hilfe der Animalgeisttheorie rein mechanisch bis in die kleinsten Details. Gehen und Schlucken, Schmecken und Riechen, Hören und Greifen, Verdauen und Sehen – alles läßt sich in diesem System physikalisch erklären, ohne daß man zur Einführung der nach Descartes überhaupt nichts erklärenden, sondern die sogenannten Organismen lediglich mystifizierenden und dadurch dem Zugriff der Wissenschaft entziehenden Hypothese genötigt wäre, es gebe in der Biologie «Seele» oder «Leben», die man nicht mit den Gesetzen der anorganischen Welt erklären könnte. Fast alle physiologischen Thesen (bis vielleicht auf die entscheidende), die man bei Descartes entdeckt, haben sich als irrig erwiesen; aber selten waren Irrtümer so fruchtbar: der Fortschritt der Medizin hat über den Cartesianismus geführt. Wir werden uns auch mit diesem Gegenstand nicht eingehend beschäftigen können;

aber ich zitiere die mechanische Erklärung des Einatmens und Ausatmens – wie mancher Absatz dieses Buches ein didaktisches Meisterstück.

Um im einzelnen zu verstehen, wie diese Maschine atmet, müssen Sie denken, daß der Muskel d zu denen gehört, die zum Anheben der Brust oder zum Senken des Zwerchfelles dienen, und daß der Muskel E sein Widerpart ist; und daß die Animalgeister, die sich in dem mit m bezeichneten Gehirnhohlraum der Maschine befinden, sich durch den mit n bezeichneten Poren oder kleinen Kanal, der von Natur aus immer geöffnet ist, zuerst in die Röhre BF begeben, wo sie durch Herunterdrücken der kleinen Haut F bewirken, daß die Animalgeister vom Muskel E in den Muskel d strömen und ihn aufblähen. Denken Sie danach, daß diesen Muskel d gewisse Häute umschließen, die ihn um so heftiger pressen, je mehr er sich aufbläht, und so disponiert sind, daß sie, noch ehe alle Geister vom Muskel E zu ihm hinübergeströmt sind, deren Lauf Einhalt gebieten und sie durch die Röhre BF gleichsam zurückgurgeln lassen, so daß die vom Kanal n ihre Richtung wechseln; vermittelst dessen bewirken sie, indem sie in die Röhre cg strömen und sie gleichzeitig öffnen, die Auf-

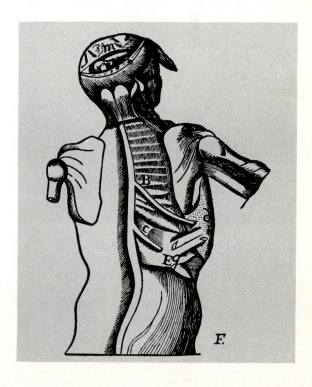

blähung des Muskels E und die Erschlaffung des Muskels d; das führen sie so lange fort, wie die im Muskel d enthaltenen Geister unter dem Druck der ihn umschließenden Häute aus ihm zu entweichen streben. Danach, wenn dieser Druck nicht mehr stark ist, kehren sie von selber zu ihrem Durchlauf durch die Röhre BF zurück und hören auf diese Weise nicht auf, diese beiden Muskeln abwechselnd aufzublähen und erschlaffen zu lassen.[119] So präzise Erklärungen hatte die Physiologie bislang nicht gekannt, und ihre Wirkung war ungeheuer, wie der Andrang zu den Vorlesungen Hendrik de Roys in Utrecht zeigte, der als erster cartesianische Medizin vom Katheder vertrat. Die Schulmedizin war durchdrungen von der Wahrheit des hippokratischen Aphorismus «Das Leben ist kurz, die Kunst ist lang». Descartes' Kunst war kurz und versprach trotzdem, das Leben länger zu machen.

Die Beschreibung des Sehvorgangs, die der *Traité de l'homme* gibt, kann sich auf die *Dioptrik* stützen und ist wahrscheinlich der zeitloseste Abschnitt des Buches; vielleicht gibt der Paragraph, der die Veränderung der Linse begründet, einen kleinen Eindruck davon: *Die Gestaltveränderung der Kristallflüssigkeit ermöglicht es, daß die Objekte, die*

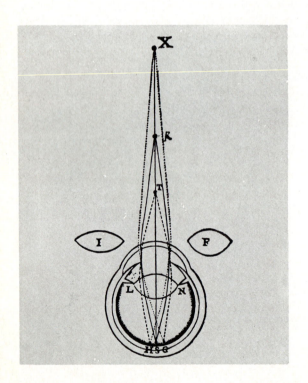

sich in verschiedener Entfernung befinden, ihre Bilder auf dem Hinter-
grund des Auges deutlich aufmalen können: denn wenn zum Beispiel ent-
sprechend den Erklärungen in der Abhandlung über die Dioptrik die
Flüssigkeit LN von solcher Gestalt ist, daß sie alle vom Punkt R ausge-
henden Strahlen den Nerv gerade im Punkte S berühren läßt, kann die
nämliche Flüssigkeit nicht ohne eine Veränderung bewirken, daß eben-
falls die von dem näher gelegenen Punkte T oder die von dem entfernteren
Punkte X dorthin laufen; sie wird vielmehr bewirken, daß der Strahl TL
nach H und TN nach G und demgegenüber XN nach H und XL nach G
läuft; und die anderen dementsprechend. Also muß sich, soll der Punkt X
deutlich vorgestellt werden, die ganze Gestalt dieser Flüssigkeit NL verän-
dern und wie die als I bezeichnete ein wenig flacher werden; und soll der
Punkt T vorgestellt werden, muß sie – wie die als F bezeichnete – ein we-
nig gewölbter werden.[120]

Während der *Traité de l'homme* die Funktionen des fertigen Organismus mit Hilfe der deutlich erkannten Prinzipien Gestalt und Bewegung
erklärt, verfolgt die aufregende kleine Schrift *Über die Bildung des Fetus*
ein vielleicht noch ehrgeizigeres Ziel: die rein mechanische Embryologie. Die Entwicklung des Fetus bietet bei einer mechanischen Beschreibung der aufeinanderfolgenden Zustände innerhalb der Fruchtblase
dem Verständnis keine Schwierigkeiten mehr, und selbst das große
Rätsel der Geschlechtsdifferenzierung bleibt nicht rätselhaft: wenn ein
Embryo allzu zeitig feste Exkremente ausscheidet, nimmt diese Aus-
scheidung einen für höhere Zwecke geeigneten Raum ein; durch den
von ihr verursachten Druck auf die Weichen des Embryos wird das Her-
auswachsen männlicher Teile verhindert, und so entsteht ein weiblicher
Organismus.[121] Von den kühnen Thesen dieser Abhandlung haben sich
spätere Cartesianer noch am ehesten distanziert; sie entwickelten eine
Embryologie auf der Grundlage der «plastischen Naturen», die die eng-
lische Spekulation der Wissenschaft bescherte, oder übernahmen die
zeitgemäßere Präformationstheorie, die die Ansicht vertrat, im männlichen Samen sei das Lebewesen bereits vorgebildet und bedürfe nur noch
der Überführung in den mütterlichen Schoß, um ohne Mangel an Ruhe,
Wärme und Nahrung in die für den Aufenthalt im Freien empfehlens-
werte Größe hineinzuwachsen. Diese Theorie erhielt einen ungeahnten
Auftrieb, als man tierischen Samen auf die Objektträger der neuent-
deckten Mikroskope brachte und die Spermatozoen entdeckte; sie hat
für die Systeme Malebranches und Leibnizens eine ziemliche Bedeutung
gehabt und wurde erst im 18. Jahrhundert durch die Anerkennung des
Vorhandenseins von Ovarien im weiblichen Organismus überwunden.

Seele und Maschine

Wenngleich der menschliche Körper durchaus den Gesetzen der Mechanik unterliegt und so entsteht wie der der Tiere, unterscheidet er sich dadurch von dem tierischen, daß er mit einer unsterblichen Seele vereinigt wird. Was soll indessen eine Seele, wenn man ihrer für die Erklärung der vegetativen und sinnlichen Funktionen überhaupt nicht mehr bedarf? Gerade das, was eine denkende Substanz zu tun pflegt: erkennen und wollen. Deshalb ist nicht zu befürchten, daß unbeseelte menschliche Körper herumlaufen, die für Menschen gehalten werden, denn es gibt untrügliche Kriterien, die die Anwesenheit einer denkenden Seele verraten, und das wichtigste ist die Sprache: *Keine unserer äußeren Tätigkeiten vermöchte diejenigen, die sie untersuchen, zu überzeugen, daß unser Körper nicht nur eine Maschine ist, die sich selbst bewegt, sondern daß es in ihm außerdem eine denkende Seele gibt, es seien denn unsere Wörter.*[122] Maschinen, meint Descartes, können nicht frei sprechen; zwar ist es möglich, *wenn jemand eine bestimmte Stelle an einer Maschine berührt, daß sie schreit, er tue ihr weh;* aber sie kann nicht frei auf Fragen antworten wie noch der stumpfeste Mensch.[123] Zweitens *ist die Vernunft ein universales Instrument, das sich für jede Art von Lebenslage eignet;* Organe dagegen bedürfen einer besonderen Disposition für jede Einzeltätigkeit, so daß *es moralisch unmöglich ist, in einer Maschine genügend Dispositionen zu vereinigen, die sie in allen Lebenslagen so handeln lassen, wie unsere Vernunft uns handeln läßt*[124]. Inzwischen sind diese Argumente möglicherweise überholt; sie haben aber für 250 Jahre ausgereicht, und nach Descartes hat niemand bessere gefunden. Wenn das Wesen der Seele im Denken besteht, meint dieser in einem Passus, der ihm den Hohn seiner Feinde eingetragen hat, muß sie immer und überall denken, sogar im Mutterleib: zwar denkt die Seele eines Embryos noch nicht an Metaphysik, aber sie wird durch den Körper mit Gefühlen affiziert. Ein gesunder Erwachsener hat ein gewisses Maß an Freiheit, über etwas anderes nachzudenken, als die Sinne ihm vorschreiben möchten; diese Freiheit haben Kranke, Schlafende und Kinder nicht, deren mit dem Körper vereinigte und gleichsam gemischte Seele damit beschäftigt ist, undeutliche Ideen von Schmerz, Wohlgefühl, Wärme und Kälte zu perzipieren.[125] Gleichwohl wendet Descartes sich gegen die Vorstellung, der Geist nehme mit dem Körper zu oder ab; zwar benützt er den Körper in einer Weise, die wir noch betrachten müssen, als Instrument, und setzt im Körper eines Kindes oder eines Trunkenen weniger vollkommne Wirkungen; aber ein Handwerker, der mit einem schlechten Werkzeug mäßige Arbeit leistet, verdankt sein Können keineswegs der Qualität des Werkzeugs.[126]

Die Seele kann nach dieser Lehre auch ohne den Körper existieren und geht keineswegs mit ihm zugrunde; aber diese grundsätzliche Trennung von denkender und ausgedehnter Substanz verhindert nicht ihre geheimnisvolle und innige Vereinigung, deren Bestehen schon die bloße Erfahrung bestätigt: unsere Seele wird durch das Temperament, die Mischung der Säfte im Körper und durch die Beschaffenheit und Anordnung der Körperteile stark beeinflußt. Strenggenommen bedeutet die Vereinigung der unteilbaren, weil nicht ausgedehnten Seele mit dem teilbaren Leib ihre Vereinigung mit nur einem Teil des Teilbaren, und zwar der sogenannten Zirbeldrüse; sie ist der Ort der Wechselwirkung zwischen Leib und Seele; hier wirkt der Geist auf den Körper ein und erleidet Einwirkungen von ihm, über die noch des Näheren zu reden ist. Kann allerdings der Geist auf den Körper wirken außer durch Bewe-

Uhren gehörten zu den klassischen Metaphern bei der Deutung der Organismen als mechanischer Systeme

Figur aus dem «Traité de l'homme» zur mechanischen Erklärung der Schmerzwahrnehmung

gung? Die Annahme, daß er Bewegung erzeugen könne, ist wegen des cartesischen Gesetzes von der Erhaltung der Gesamtmenge der Bewegung durch Gott nicht unproblematisch, und Descartes' Tendenz geht dahin, als Tätigkeit der Seele nicht die Erzeugung neuer Bewegung, sondern die Determinierung oder Richtungsbestimmung bereits in den Animalgeistern vorhandener Bewegung anzunehmen, die mit Hilfe der Zirbeldrüse erreicht werden soll. Voraussetzung bleibt allerdings auch in diesem Falle, daß die Seele, um bereits vorhandene Bewegung zu determinieren, die ihrerseits bewegte Zirbeldrüse in eine andere Richtung zu drehen vermag – ein Vorgang, der ohne Bewegungsenergie nicht denkbar ist. Descartes scheint übrigens damit zu rechnen, wie spätere Äußerungen über die leichte Beweglichkeit der Drüse zeigen; sie machen dem Leser klar, daß die zur Bewegung der Drüse erforderliche Steuerungsenergie minimal bleibt, obgleich es für die Kohärenz des Systems nicht darauf ankommt, ob sie minimal oder groß, sondern ob sie überhaupt Energie ist.

Die nächstliegende Deutung der Zusammensetzung von Leib und Seele wäre, da beide nun einmal metaphysisch verschieden sind, daß ihre Einheit akzidentell, «zufällig» und nicht wesentlich oder notwendig ist und etwa der entspricht, die in der alten Physik das Geistwesen Engel mit einem Stern, Stein oder Leib eingeht, den es bewegt. Diese Lösung, die Descartes unter der Metapher von Kapitän und Schiff anführt, lehnt er freilich heftig ab; er meint, sie reiche vielleicht zur Erklärung der Bewegung aus, versage aber vor der Sinnlichkeit und den Passionen der Seele, denn immerhin ist ein Kapitän nicht so mit seinem Schiff verbunden, daß er seine Beschädigung unmittelbar als Schmerz empfindet, so wie es der Seele mit der mit ihr vereinigten Maschine geschieht.[127] Die Wahrheit ist, daß man die Vereinigung der beiden Substanzen überhaupt nicht rational erfassen kann, wie Descartes in einem berühmten Brief an die Prinzessin Elisabeth von der Pfalz erklärt. *Die Dinge, die zur Vereinigung der Seele und des Körpers gehören, erkennt man durch den bloßen Verstand allein nur dunkel, ja selbst durch den von der Einbildung unterstützten Verstand; aber man erkennt sie sehr klar durch die Sinne. Daher kommt es, daß Leute, die niemals philosophieren und sich lediglich ihrer Sinne bedienen, gar nicht daran zweifeln, daß die Seele den Körper bewegt und daß der Körper auf die Seele einwirkt; sie betrachten vielmehr das eine und das andere als eine einzige Sache, das heißt, sie begreifen beider Vereinigung, denn die Vereinigung begreifen, die zwischen zwei Sachen besteht, heißt, sie als eine einzige Sache begreifen. Und das metaphysische Denken, das den reinen Verstand schult, dient dazu, uns den Begriff der Seele vertraut zu machen; und das Studium der Mathematik, das vornehmlich die Einbildung in der Betrachtung der Gestalten und Bewegungen schult, gewöhnt uns daran, wohl unterschiedene Begriffe von Körpern zu bilden; und eben in der bloßen Erfahrung des Lebens und des persönlichen Umgangs sowie in der Enthaltung vom Meditieren und Studieren der Dinge, die die Einbildung schulen, lernt man schließlich die Vereinigung von Seele und Leib begreifen.*[128] Der menschliche Geist, meint Descartes, ist nicht fähig, gleichzeitig die Trennung und die Vereinigung beider rational zu erfassen, denn er hätte sie einerseits distinkt als Einheit und andererseits distinkt als Zweiheit zu denken. Man muß also die *Meditationen* vergessen und sich die Vorstellung der Vereinigung von Seele und Leib vergegenwärtigen, die jedermann tagtäglich ohne Philosophie in der Erfahrung gegeben ist: daß man eine einzige Person aus Körper und Denken ist und daß das Denken den Körper

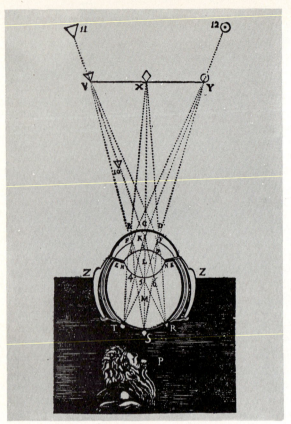

Das Sehen. Aus der «Dioptrique»

bewegen und seine Modifikationen sinnlich wahrnehmen kann.[129]

Descartes nimmt die Vereinigung von Leib und Seele als ein Faktum hin, erklärt Gueroult, und dieses Faktum gibt der Vernunft ein doppeltes Ärgernis: es ist unbegreiflich, denn es vereinigt, was sie als notwendig getrennt denkt, und es spricht den Sinnen die Erfassung einer Wahrheit zu, die der Vernunft nicht zugänglich ist.[130] Gerade deshalb enthält Descartes' Lehre über die Vereinigung von Seele und Leib den Grund für die schnelle Aufspaltung seiner Schule. Die These, man könne die Einheit der beiden Substanzen nur dann erkennen, wenn man sich des Philosophierens enthält, wird einem Privatmann ohne weiteres einleuchten, der ohnehin glaubt, daß Metaphysik gesundheitsschädlich ist.[131] Aber Descartes hatte, wie wir gesehen haben, den Wunsch, seine Lehre in die Schulen einzuführen, und wer erwartet, alle Schulphilosophen würden plötzlich am Angelpunkt des Systems von der Ausübung ihrer Berufstätigkeit absehen, geht höchstwahrscheinlich einer bitteren Enttäuschung entgegen.

Gelegentlich berührt Descartes die traditionelle Frage, ob die Vereinigung der Seele mit dem Leib etwas Schönes oder etwas Beklagenswertes sei; aber die Antworten sind nicht eindeutig. Er betont in einem Brief an Chanut, das erste Gefühl der Seele nach ihrer Vereinigung mit dem Leib sei Freude gewesen, daß er so wohl disponiert war; das nächste Gefühl Liebe zu der geeigneten Materie, die als Nahrung bereitlag. Erst später, wenn es an solcher Nahrung gebrach, kam der Seele Trauer; wenn aber als Nahrung ungeeignete Materie erschien, empfand sie Haß.[132] Trotz dieser Freude der Seele anläßlich der Vereinigung heißt es allerdings mehrfach, daß ihr durch den Tod etwas Gutes geschieht. Die Toten, schreibt Descartes an den trauernden Huygens, *gehen in ein süßeres und ruhigeres Leben als unseres ein*[133]; und ein Brief an die Prinzessin Elisabeth versichert, schon die Philosophie gebe unserer Seele die Hoffnung auf einen glücklicheren Zustand nach dem Tode; *sie läßt sie nichts Verdrießlicheres fürchten, als an einen Körper gebunden zu sein, der ihr gänzlich die Freiheit nimmt*[134]. «Man sieht kaum ein», bemerkt Gueroult, «wie die klare und distinkte Erkenntnis der Natur der Seele uns versichern kann, daß sie sich nach dem Tode größerer Glückseligkeit erfreuen wird und daß der Körper in dieser Hinsicht ein Hindernis ist. Die Auflösung des Körpers bewirkt die der Empfindungen; aber alle Empfindungen sind gut. *Wenn unsere Seele sie nicht empfinden könnte, hätte sie keinen Anlaß zu dem Wunsche, mit ihrem Körper vereinigt zu bleiben.* Die rein geistige Liebe und Freude, die dann allein übrigbliebe, scheint dem natürlichen Licht auf der Ebene dieses Lebens der Farbe und Wärme zu entraten, die sie ‹hinreißend› machten.»[135] In der Tat muß die Prinzessin bereits zwei Monate später von demselben Briefpartner erfahren, daß der Verstand als solcher zwar hübsche und gefällige Konjekturen über den Zustand der Seele nach dem Tode machen kann, aber keinerlei Gewißheit gibt; man darf also den Tod nicht fürchten, ihn aber auch keinesfalls herbeiwünschen.[136] Es ist schwer zu entscheiden, ob Descartes sich hier von seiner Abneigung gegen die Spekulationen Digbys, der mit Sympathiepulver heilte und etwas mehr zu erkennen vorgab, als dem Sieur du Perron einleuchten wollte, oder ob er sich vorher von seinem Mitleid mit der Trauer Elisabeths und Huygens' hat hinreißen lassen; jedenfalls sind seine Aussagen über diese Frage alles andere als einheitlich, und im späteren Cartesianismus wird es nicht anders sein.

Aus der Vereinigung von Leib und Seele, wie immer man sie sonst beurteilen mag, folgt ihr Zusammenwirken – das, was man später ihr «commercium», ihren Austausch, nennen wird: die Kraft der Seele, den

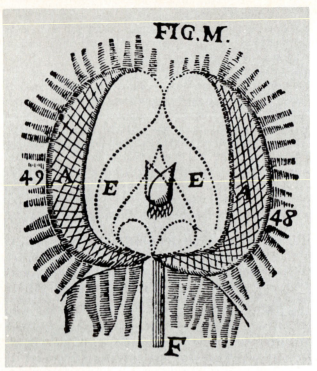

Die Zirbeldrüse im Gehirnventrikel. Aus dem «Traité de l'homme»

Körper – wenn auch nur indirekt – zu bewegen, und das Vermögen des Körpers, durch Verursachung von Sinnesempfindungen und Passionen auf sie einzuwirken. Die Apparatur, die in Descartes' System diesen Austausch ermöglichen soll, ist die aus sehr weicher Materie gebildete Zirbeldrüse, die nicht mit der Substanz des Gehirns vereinigt, sondern an kleinen Arterien aufgehängt ist. Wie ein an nur wenigen Fäden befestigter Körper, den die Kraft des einem Kamin entsteigenden Rauches trägt, je nach der Richtung der einzelnen Rauchschwaden hin und her treibt: so drängen die Geistkorpuskeln, die der Drüse Auftrieb geben, sie einmal in diese und einmal in jene Richtung.[137] Die Wirkung des Körpers auf die Seele findet im Gehirn statt, in dem der Seele aus Animalgeistern hergestellte Bilder vorgehalten werden, und die Wirkung der Seele auf den Körper geschieht durch Neigung der Drüse auf eine bestimmte motorische Nervenendung, wodurch aus mechanischen

Gründen einige der im Gehirnventrikel befindlichen Geister durch eine Röhrenleitung in den betreffenden Muskel geleitet werden.[138]

Erst wenn man die Vereinigung von Leib und Seele berücksichtigt, kann man Descartes' Unterscheidung zwischen deutlichen und undeutlichen Ideen begreifen. Deutliche Ideen dienen der reinen Erkenntnis und stellen ihren Gegenstand genau so dar, wie er ist – die Idee Dreieck das Dreieck oder die Idee Gottes Gott. Undeutliche Ideen sind uns dagegen von Gott eingegeben, um die Vereinigung von Leib und Seele dauerhaft zu machen; Sinneswahrnehmungen und Passionen kommen also der Seele nur insofern zu, als sie mit einer Leibmaschine vereinigt ist, und werden ihr bei der Trennung von Leib und Seele im Tode wieder genommen. Sie sind leicht verständliche Signale für überaus komplizierte Vorgänge physikalischer Art, und ihre Unklarheit hat einen guten Sinn: hätte Gott den ersten Menschen, die überhaupt noch keine Physik kannten, physikalische Daten statt einfacher Signale mitgeteilt, so wäre unsere Art bald ausgestorben; und müßten wir beim Genuß einer Speise immer erst physikalische Untersuchungen über ihre Verträglichkeit mit

Figur zur mechanischen Erklärung der sensorischen Nervenfunktionen.
Aus dem «Traité de l'homme»

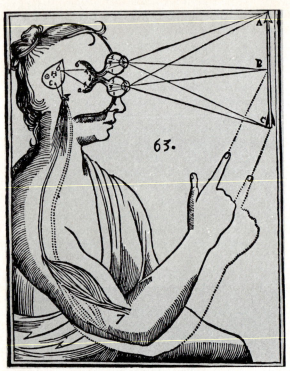

*Figur aus dem «Traité de l'homme» zur Erklärung
der Koordinierung mehrerer Wahrnehmungen*

unserer Maschine anstellen, so wären wir ziemlich bald verhungert. So aber leuchten die genannten Signale auf Grund freier göttlicher Einsetzung und Verknüpfung in eben dem Augenblick in unserer Seele auf, in dem uns betreffende physikalische Vorgänge in der Ausdehnung ablaufen; zum Beispiel der Verbrennungsschmerz, wenn bestimmte Korpuskeln eine Stelle unserer Maschine auf eine bestimmte Weise zu zerstören drohen. *Warum jedoch auf diese mir nicht genau bekannte Empfindung des Schmerzes in meinem Geiste Traurigkeit und auf die Empfindung eines Kitzels Freude folgt oder warum diese mir nicht genau bekannte Unruhe des Magens, die ich Hunger nenne, mich an die Nahrungsaufnahme gemahnt, die Trockenheit der Kehle aber ans Trinken und so fort, dafür hatte ich freilich keine andere Erklärung, als daß es die Natur mich so gelehrt hat; denn es gibt schlechthin keine Verwandtschaft, zumindest keine für mich erkennbare, zwischen jener Unruhe und dem Willen zur Nah-*

rungsaufnahme oder zwischen der Wahrnehmung eines schmerzenden Dinges und der aus dieser Wahrnehmung hervorgehenden Idee der Traurigkeit.[139]

Ähnlich wird in uns die Sinneswahrnehmung Licht durch eine bestimmte Bewegung bestimmt gestalteter Korpuskeln ausgelöst, die ihr keineswegs gleicht – so wie ein Wort einen Gegenstand repräsentiert, der ihm keineswegs gleicht[140]; Gott hat die Sinneswahrnehmungen und die Passionen frei eingesetzt, so wie der Schöpfer einer Sprache die Wörter frei einsetzt, die dann freilich ein für allemal feststehen. Und zwar hat Gott die undeutlichen Ideen so in Freiheit ausgewählt, wie sie ihm zur Erhaltung des Körpers geeignet erschienen; im Bereich der Sinnlichkeit herrscht also etwas wie ein biologischer Pragmatismus und damit schließlich so etwas wie Wahrheit. *Durch Empfindungen wie Schmerz, Hunger, Durst und dergleichen belehrt mich die Natur, daß ich in meinem Körper nicht wie ein Kapitän in seinem Schiffe weile, sondern so überaus enge mit ihm verbunden und gleichsam vermischt bin, daß ich mit ihm eine Einheit bilde; andernfalls würde ich nämlich, da ich nichts anderes bin als ein denkendes Ding, bei einer Verletzung des Körpers keinen Schmerz empfinden, sondern diese Verletzung mit meinem bloßen Verstande wahrnehmen, so wie ein Kapitän es mit dem Auge wahrnimmt, wenn etwas an seinem Schiffe bricht; wenn aber der Körper Speise oder Trank braucht, würde ich ausdrücklich eben dies erkennen, nicht aber undeutliche Empfindungen wie Hunger und Durst bekommen. Denn sicherlich sind diese Empfindungen wie Hunger, Durst, Schmerz und dergleichen nichts anderes als undeutliche Modi des Denkens, die aus der Vereinigung und gleichsam Vermischung des Geistes mit dem Leibe hervorgehen.*[141]

Rot in unserer Sinnlichkeit bezeichnet nicht Rot in den Dingen, sondern eine bestimmte Bewegung bestimmt gestalteter Korpuskeln; und Bitter in unserer Sinnlichkeit bezeichnet nicht Bitter in den Dingen, sondern ebenfalls eine bestimmte Bewegung bestimmt gestalteter Korpuskeln – eine Feststellung, die in der Erkenntnistheorie zu ungeheuren Folgen führt und vorerst von den alten Akzidentien der Schulphilosophie lediglich Gestalt und Bewegung verschont, die man als Grundlagen der Physik nicht entbehren kann und die nach Descartes etwas Klares und Deutliches repräsentieren. Weil aber die undeutlichen Ideen nichts Deutliches über die Beschaffenheit der Dinge aussagen, sondern durchaus biologisch zweckgebundene Auskünfte über deren Verhältnis zur Vereinigung von Leib und Seele machen, müssen sie in demselben Augenblick zur Ursache von Irrtümern werden, in dem sie jemand zur Quelle wissenschaftlicher Einsichten über die von ihnen unklar repräsentierten Dinge machen will. Und leider sind unsere Irrtümer nicht einmal nur theoretischer Natur, sondern können praktische Folgen haben, bei denen die Zeichen, die eigentlich der Erhaltung des Organismus dienen sollten, zu seiner Zerstörung Anlaß geben. Zum Beispiel kann eine Maschine defekt werden und unnormale Bewegungen ausführen, die zu ihrer endgültigen Zerstörung führende Signale auslösen müssen, weil Gott mit diesen bestimmten Ideen diese bestimmten Bewegungen verknüpft hat. *Zum Beispiel, wenn Kranke nach einem Getränk oder einer Speise begehren, die ihnen wenig später schaden muß. Hier kann man möglicherweise sagen, daß sie sich täuschen, weil ihre Natur geschädigt ist; das aber hebt die Schwierigkeit nicht auf, weil ein kranker Mensch nicht weniger Gottes Geschöpf als ein gesunder ist, und deshalb möchte es kein geringerer Widerspruch sein, daß er von Gott eine trügerische Natur bekommen hat. Eine aus Rädern und Gewichten hergestellte Uhr beobachtet aber alle Naturgesetze nicht weniger genau, wenn sie schlecht gearbeitet ist und die Stunden nicht richtig anzeigt, als wenn sie in jeder Hinsicht dem Wunsche des Handwerkers entspricht: und wenn ich den Leib des Menschen als eine aus Knochen, Nerven, Muskeln, Adern, Blut und Häuten auf solche Weise hergestellte und zusammengesetzte Maschine betrachte, daß sie sogar, wenn darin keine Seele existierte, durchaus dieselben Bewegungen machte, die augenblicklich in ihr nicht etwa von einem Befehle des Willens und daher nicht vom Geiste rühren; erkenne ich also, daß es für einen solchen Leib gerade so natürlich ist, bei Wassersucht dieselbe Trockenheit der Kehle zu erleiden, die im Geiste die Durstempfindung hervorzurufen pflegt, und dadurch auch seine Nerven und seine übrigen Organe so zu dispinieren, daß er trinkt und dadurch die Krankheit verschlimmert, wie er ohne alle solche Krankheit durch eine ähnliche Trockenheit der Kehle dazu bewogen wird, ein Getränk zu sich zu nehmen, das ihm nützlich ist.*[142]

Kann man dergleichen Vorwürfe gegen die Güte Gottes aufrechterhalten? Wahrscheinlich nicht, denn die Welt läuft nach allgemeinen Gesetzen ab, und nur durch ihre Allgemeinheit entstehen in Einzelfällen Schwierigkeiten. *Wenn einmal die Trockenheit der Kehle nicht wie gewöhnlich daher kommt, daß Trinken das Wohlbefinden des Körpers fördern soll, sondern wie beim Wassersüchtigen aus einem entgegengesetzten Grunde entsteht, ist es bei weitem besser, daß sie in einem solchen Falle täuscht, als wenn sie demgegenüber immer täuschte, wenn der Körper gut zurecht ist.*[143]

Die Lehre von der Vereinigung der Seele mit dem Leib öffnet den Weg zur vollkommenen praktischen Philosophie: wenn man erkannt hat, daß es eine natürliche Verknüpfung zwischen den Bewegungen unseres Körpers und den Gedanken unserer Seele gibt, kann man endlich zu dem Schluß-Stein, der Neubegründung der Moral auf der Grundlage einer gesicherten Physik, gelangen, so wie es der sechste Teil des *Discours* in Aussicht gestellt hat: *Sogar der Geist ist so sehr von der Leibesbeschaffenheit und der Einrichtung der Organe abhängig, daß ich, wäre es möglich, ein Mittel zu finden, das die Menschen ganz allgemein weiser und geschickter machte, als sie bisher gewesen sind, glaube, man muß es in der Medizin suchen.*[144] Der Philosoph kann jeden Gedanken von den ihn gewöhnlich begleitenden Bewegungen des Körpers abtrennen und mit beliebigen anderen verknüpfen; nur darf er ebensowenig eine unmittelbare Einwirkung auf den Körper versuchen, wie unsere Seele, wenn sie die Pupille verändern will, sie unmittelbar verändern wollen darf; sie muß vielmehr ein entfernteres oder näheres Objekt betrachten wollen, um gleichsam nebenbei die Veränderung der Pupillen zu erreichen. Auf ähnliche Weise kann ein Philosoph (und nach Descartes sind die Philosophen kein Stand von Geburt, sondern Philosophie ist lernbar, und zwar leicht und präzise lernbar) willentlich und jeweils nach Bedarf die Passionen der Seele in die Hand bekommen und die eine durch die andere ersetzen; um sich von einer Passion zu befreien, braucht man nur bestimmte Gedanken vorzustellen, die geeignet sind, eine zu der entgegengesetzten Passion führende Bewegung im Körper hervorzurufen. *Damit man in sich Kühnheit erweckt und die Furcht vertreibt, genügt nicht der dahingehende Wille; vielmehr muß man sich der Betrachtung der Gründe, Objekte oder Beispiele befleißigen, die uns überzeugen, daß die Gefahr nicht groß ist; daß Verteidigung immer mehr Sicherheit bietet*

Figur zur mechanischen Erklärung der Entstehung von Engrammen im Gehirn; sie entsprechen den Spuren, die Nadeln im Stoff hinterlassen. Aus dem «Traité de l'homme»

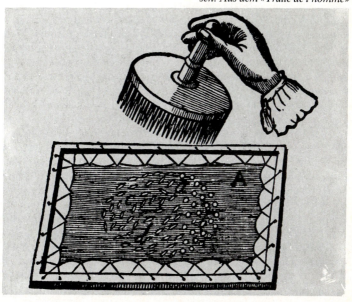

als Flucht; daß man im Falle eines Sieges Ruhm und Freude hat, während man, sofern man floh, nur Bedauern und Scham erwarten darf, und dergleichen.[145]

So wird endlich der Herr über die Natur im moralischen Sinne Herr über seinen Körper; aber nun gibt es Moral nicht mehr als einen von der Physik isolierten Zweig der Wissenschaft, weil die wahre Beherrschung der Passionen nur bei genauester Kenntnis der sie veranlassenden Bewegungen in unserer Maschine möglich ist. Diese Moral ist nicht auf die Weisen beschränkt, jeder kann sie erlernen. *Wenn man unvermutet etwas sehr Schmutziges an einem Stück Fleisch entdeckt, das man mit Appetit verzehrt, vermag der Schock über dieses Begebnis die Disposition des Gehirns dermaßen zu verändern, daß man danach solches Fleisch nur noch mit Grauen erblicken kann, obgleich man es vorher mit Vergnügen aß.* Ganz ähnliche Umstände ermöglichen die Dressur der Tiere. *Es ist nützlich, solche Dinge zu wissen; sie geben jedermann Mut, nach der Betrachtung seiner Passionen zu streben; denn wenn man mit ein wenig Fleiß bei den der Vernunft entbehrenden Tieren die Bewegungen des Hirns verändern kann, kann man es offensichtlich bei den Menschen noch besser und vermöchten selbst Leute mit ganz schwachen Seelen eine höchst absolute Herrschaft über alle ihre Passionen zu erlangen, falls man genügend Mühe aufwendete, sie abzurichten oder anzuleiten.*[146] Dieser Gedanke ist genial, und keine Schwäche in den *Passions de l'ame* kann daran etwas ändern. Er ist so genial, daß er noch in unserem Jahrhundert die schrecklichsten Folgen gezeitigt hat.

Freilich, die Wissenschaft von der Wechselwirkung des Leibes und der Seele, die solche Perspektiven eröffnet, krankt an demselben Übel, an dem auch die sie begründende Wissenschaft von der Vereinigung beider krankt; die Wechselwirkung ist der strengen Spekulation nicht zugänglich, und auf eine entsprechende Frage Burmans heißt es denn auch knapp: *Das ist sehr schwer zu erklären, aber hier reicht die Erfahrung aus, die hier so klar ist, daß sie in keiner Weise zu bestreiten ist, wie die Passionen usw. zeigen.*[147] Die Bewegung des Körpers durch den Geist ist wissenschaftlich nicht zu begründen. *Wir sind uns*, heißt es in einem späten Brief an Arnauld, *der Art nicht bewußt, in der unser Geist Animalgeister in diese oder jene Nerven sendet; denn sie hängt nicht nur vom Geiste ab, sondern von der Vereinigung des Geistes mit dem Leib.*[148] Aus der wissenschaftlichen Unerklärbarkeit der Vereinigung folgt die wissenschaftliche Unerklärbarkeit ihrer Folgen: *Daß der Geist, der unkörperlich ist, den Körper antreiben kann, zeigt uns zwar kein Gedankengang und keine Vergleichung mit anderen Dingen; aber die sicherste und evidenteste Erfahrung zeigt es uns jeden Tag. Denn dieses ist einer der Gegenstände, die uns von selbst bekannt sind und die wir verdunkeln, sobald wir sie durch andere erklären wollen.*[149] Es gehört Diskretion dazu, sich damit abzufinden; aber anders als bei der Vereinigung wird dem Cartesianer hier nicht nur die Unerklärbarkeit eines alltäglichen Faktums zugemutet, die er schließlich hinnehmen könnte; eine Lücke in den Regeln der cartesischen Mechanik kommt hinzu. Selbst wenn die Seele (was sie wahrscheinlich nicht kann) sich ohne Energieaustausch auf die bloße Richtungsdeterminierung beschränkte, käme sie beim dritten cartesischen Stoßgesetz in Schwierigkeiten[150], das nur die Richtungsänderungen einer bewegten Masse durch eine größere Masse regelt und seinerseits wieder physikalische Schwierigkeiten impliziert.

So ist eine weitere Fatalität gefunden, die eine Fortentwicklung des Cartesianismus erzwang. Es geht nicht an, auch hier die cartesianischen Philosophen zu tadeln, die manche als «kleine Cartesianer» bezeichnen. Man kann ihnen vorwerfen, daß sie sich nicht an Descartes' Anweisung hielten, die Vereinigung von Leib und Seele als Erfahrungstatsache ohne Grübeln hinzunehmen, obwohl ein solcher Vorwurf nicht verständig ist, denn wozu sind Schulphilosophen eigentlich da? Auf keinen Fall darf man ihnen aber vorwerfen, sie hätten sich unnötige Gedanken über die von Descartes heraufbeschworene Wechselwirkung gemacht: sie haben nicht Descartes' Spielregeln übertreten, weil sie als mittlere Köpfe deren Weisheit nicht erkannten; sondern das Spiel, das er ihnen vorschlug, war kein Spiel, und sie mußten versuchen, sich selber zu helfen. Dabei ging es Descartes, der Autorität durch Vernunft ersetzen wollte, mit seinen Schülern nicht besser als Aristoteles mit den seinen: sie schrieben konstruktive Kommentare zu seinen Schriften und lasen nicht im *Buch der Welt*.

Das Land der Bären

«Etwas Wunderbares an den physikalischen Schriften Herrn des Cartes'», schreibt Louis de La Forge, einer der bedeutendsten von diesen Kommentatoren, in seinen Anmerkungen zum *Traité de l'homme*[151], «ist die Einfachheit seiner Hypothesen; und daraus kann man hinlänglich ersehen, daß etwas Außerordentliches an diesem Manne war, den wir mit weitaus größerem Recht als Platon göttlich nennen und von dem wir mit ungleich höherer Berechtigung vermuten dürfen, was einige von Aristoteles vermutet haben: daß er von Gott geschickt ward, um uns das richtige Philosophieren zu lehren.» Die Leute merkten freilich kaum etwas davon; der neue Philosoph war in der Abgeschiedenheit, aus der ihn allenfalls gelegentlich eine Affäre störte. Die gefährlichste, die 1641 in Utrecht begann, sich über fünf Jahre hinzog und von dem mächtigen calvinischen Prediger Gisbert Voetius gesteuert wurde, brachte ihm den Vorwurf des Atheismus ein und hätte ihn allerdings die Freiheit kosten können; doch wurde sie durch das Eingreifen mächtiger Freunde, darunter des Botschafters von Frankreich, im Jahre 1645 endgültig unterdrückt. Die Affäre von Leiden, die 1647 ausbrach, weil man Descartes des Pelagianismus zu bezichtigen beliebte, wurde gleichsam im Keim erstickt; aber in das nämliche Jahr fiel auch der schmerzliche Bruch des Philosophen mit seinem Schüler Henricus Regius oder Hendrik de Roy zu Utrecht, der mit ungeheurem Erfolg als erster den Cartesianismus aufs Katheder gebracht hatte und nun in der Philosophie wie in der Physik wieder eigene Wege ging. Descartes' Reaktion auf das, was er als bloßen Eigensinn empfinden mußte, war mehr als ungeduldig; er behandelte Regius mit schneidender Schärfe, und es ist sehr verständlich, daß dieser darüber keine Freude empfand. Gelegentlich reiste Descartes nach Frankreich, zum erstenmal 1644, zum zweitenmal 1647; Freunde versprachen ihm einen Gnadenerweis des Königs, und in der Tat erhielt er ein königliches Patent über eine Pension von 3000 Pfund; von einer Auszahlung war allerdings keine Rede. Die dritte Reise nach Frankreich fiel in das Jahr 1648 und nahm ein überstürztes Ende, als die ersten Unruhen der Fronde ausbrachen; dasselbe Jahr brachte einen sehr bitteren Verlust, denn der Pater Mersenne, durch dessen unermüdliche und unendlich bescheidene und diskrete Vermittlertätigkeit Descartes mit

130

Henricus Regius, Professor der Medizin und Naturphilosophie in Utrecht. Stich von T. Mathaus nach H. Bloomaert

den Gelehrten Frankreichs in Verbindung geblieben war, ging früh dahin, und er blieb unersetzlich. Carcavy versuchte, seine Stelle einzunehmen, doch der Erfolg war nicht gut.

Während seiner ersten französischen Reise lernte Descartes bei Claude Clerselier, der gerade eine neue französische Übersetzung der *Meditationen* anfertigte, dessen gebildeten Schwager Chanut kennen und wurde sehr mit ihm vertraut. 1645 wurde Chanut als Nachfolger des Botschafters de la Thuillerie zum königlich französischen Residenten in Stockholm ernannt und weilte auf der Durchreise von Frankreich vier Tage in Amsterdam. Descartes verbrachte diese Zeit mit seinem Freund und ließ es sich nicht nehmen, ihn und seine Familie an Bord zu geleiten. Chanuts Interesse an der neuen Philosophie war möglicherweise nicht unbedingt ursprünglich, wie Descartes' vergebliche Versuche, ihn zu einem Urteil über die *Prinzipien* zu bewegen, vermuten lassen; die Auskunft des Diplomaten, er interessierte sich eher für Moral, klingt mehr nach Ausflucht als nach Überzeugung. Trotzdem gewinnt Chanut fast unversehens ein brennendes Interesse an der Philosophie Descartes':

131

aber es ist ein politisches. Der König Gustav II. Adolf hat Schweden durch seine unsterblichen Waffentaten berühmt gemacht; nun will seine Tochter Christine dem Lande in den Wissenschaften als den Werken des Friedens nicht weniger Glanz verleihen und den Hof zu Stockholm in ein europäisches Bildungszentrum verwandeln. Könnte man Descartes bewegen, nach Stockholm zu kommen, so wäre das ein ehrenvoller Gewinn für die Metropole; dies ist Chanuts Idee, der die Verhandlungen mit Descartes geschickt in die Wege leitet. Er glaubt, seinem lieben Freund, dessen Hoffnungen auf eine Pension in Frankreich ihn getrogen haben, einen guten Dienst zu erweisen, und hofft zugleich, durch eine so unvergleichliche Gefälligkeit gegenüber der jungen Königin die freundschaftlichen Bande zwischen ihrem Land und dem Land seines Königs noch enger zu knüpfen.

Er leitet die Angelegenheit mit einer hübschen Kabale ein, indem er mit Descartes einen Briefwechsel über drei die Königin interessierende Fragen der Liebe beginnt: *1. Was ist die Liebe? 2. Ob das bloße natürliche Licht uns lehrt, Gott zu lieben? 3. Welche von beiden Unordnungen und schlechten Übungen ist schlimmer, die der Liebe oder die des Hasses?*[152] Die Antwort des Philosophen, ein sehr reizvoller und mit vielen galanten und poetischen Anspielungen verzierter Brief, datiert vom 1. Februar 1647, und Chanut denkt nicht daran, sie der Königin sogleich zu zeigen, veranlaßt aber ihren französischen Leibarzt, den Brief bei seiner morgendlichen Visite enthusiastisch zu rühmen. Christine verlangt, den Brief zu sehen, und Chanut hält sie listig hin: erst als ihre Neugierde fast unerträglich wird, darf sie das Schreiben lesen. Der Erfolg ist, philosophisch gesehen, nicht überwältigend: in Christine erwachen theologische Skrupel bezüglich der Unendlichkeit der Welt, die zu lösen Descartes indes nicht schwerfällt; und jedenfalls hat der Resident von Frankreich die Königin von Schweden aufs artigste zerstreut. Im September 1647 hört die Königin zu Upsala die Disputation eines Professors über das höchste Gut und verlangt denn auch, die Meinung des großen Philosophen über diese Frage zu hören; Chanut macht die Angelegenheit sehr dringlich und schreibt am 21. September und am 9. November nach Holland. Die Antwort datiert vom 20. November.

Ich habe durch Herrn Chanut erfahren, daß es Eurer Majestät gefällt, mir die Ehre zu geben, Ihnen meine Meinung über das höchste Gut zu unterbreiten, betrachtet in jenem Sinne, in dem die alten Philosophen darüber gesprochen haben; und ich halte diesen Befehl für eine so große Huld, daß mein Verlangen, ihm zu gehorchen, mich von jedem anderen Gedanken abbringt und bewirkt, daß ich hier, ohne meine Unzulänglichkeit zu entschuldigen, in wenigen Worten alles niederlege, was ich über diesen Gegenstand zu wissen vermöchte . . . Das höchste Gut aller Menschen insgesamt scheint mir eine Anhäufung oder eine Vereinigung aller Güter der Seele wie des Körpers und der Fortune zu sein, die in irgendwel-

Die Fronde veranlaßte Descartes, seinen letzten Aufenthalt in Frankreich vorzeitig abzubrechen. (Zeitgenössische Darstellung der Barrikaden an der Porte St. Antoine in Paris. 1648)

chen Menschen existieren können; aber das eines jeden insbesondere scheint mir etwas ganz anderes zu sein und allein in einem festen Willen, Gutes zu tun, sowie in der durch ihn hervorgerufenen Zufriedenheit zu bestehen. Der Grund dafür ist, daß ich überhaupt kein anderes Gut finde, das mir ebenso groß erschiene oder gänzlich in der Macht eines jeden stünde.[153] Erst im Dezember 1648 bedankt sich die Königin, und ihre Zeilen besagen nicht sonderlich viel. Am 26. Februar entgegnet Descartes in einer eher konventionellen Adresse, wenn er ein Schwede oder Finne wäre, könne sein Eifer für diese unvergleichliche Königin nicht größer sein; aber am 27. Februar bittet ihn Chanut im Namen eben dieser Königin nach Stockholm, die, unterstützt durch Chanut und den liebenswerten Gelehrten Freinsheim aus Ulm, nach brieflichen Ratschlägen Descartes' in den *Meditationen* und in den *Prinzipien* ihre erste philosophische Lektüre versucht.

Die zweite Einladung folgt am 6. März, die dritte am 27. März. Die Königin wird ungeduldig; Anfang April 1649 erscheint ihr Admiral Claudius Flemming in Descartes' Wohnung zu Egmond und hat Ordre, ihn nach Stockholm zu holen. *Herr Admiral Flemming,* schreibt Descartes an Chanut, *hat sich die Mühe gemacht, nach hier zu kommen, bevor Ihr Brief mich darüber belehrte, wer er war; und obgleich er mich mit mehr Höflichkeiten, als ich verdiente, dazu einlud, die Reise in seiner Gesellschaft zu machen, schien es mir, ich dürfte mich dadurch zu keiner anderen Entschließung bewegen lassen als der, die ich Ihnen wenige Tage zuvor geschrieben hatte, nämlich daß ich die Ehre abwarten möchte, noch einmal einen Ihrer Briefe zu erhalten, ehe ich von hier verreise. Denn ich erfuhr allein durch seine Reden, daß Sie ihm zu meinem Besten geschrieben hatten, und sah darin nichts anderes als eine Wirkung Ihrer Freundschaft; und die Angebote, die er mir machte, schienen mir bloße Ausschweifungen seiner Höflichkeit; denn weil ich nicht wußte, daß er einer der Admirale von Schweden ist, konnte ich nicht sehen, wieso seine Gesellschaft mir wegen der Sicherheit und Bequemlichkeit der Reise dienlich sein sollte.*[154] Dies ist eine große und dichterische Szene: der Philosoph macht einen letzten Versuch, dem Tod zu entgehen; doch darf man darüber nicht übersehen, daß er sich durchaus klug verhielt, indem er sich nicht mit Zusagen Dritter zufriedengab, sondern auf einer verbindlichen Nachricht der Königin bestand.

Am 31. März erklärt sich der Philosoph bereit, nach Schweden zu kommen, *um der Königin seine Reverenz zu erweisen*, bittet aber um einen Aufschub bis zum Ende des Sommers. Insgeheim befürchtet er ähnliche Enttäuschungen wie in Frankreich und drängt vor allem auf die Klärung zweier Punkte: wird man einen Papisten gern bei Hofe sehen, und wird man nicht den Eindruck haben, ein Philosoph lenke die Königin allzusehr von ihren Staatsgeschäften ab? Über das zweite hätte er sich nicht zu kränken brauchen: Christines Interesse an ihm war nicht so groß; die erste Befürchtung hatte einen guten Grund, denn später pflegte man die Konversion der Königin zur römischen Kirche auf den Einfluß Descartes' zurückzuführen. Dieser besteht auf einer formellen Ordre der Königin, und niemand weiß genau, ob er sich jemals zu einer solchen Reise entschließen wird. Aber plötzlich ordnet er seine Angelegenheiten, schreibt testamentarische Briefe an seine Freunde Picot in Paris und Hoogeland in Leiden, bei dem er ebenfalls eine Truhe mit Papieren hinterlegt, und geht am 1. September 1649 an Bord. Der Kapitän weiß nach der Reise der Königin wunderbare Dinge über jenen Passagier zu berichten, der wie kein anderer die Kunst der Navigation beherrsche; er weiß nicht, daß der «Halbgott», den er nach Schweden brachte, in diesem Land nicht länger als vier Monate bleiben wird.

Die Königin empfängt ihn sogleich zweimal mit großer Huld; danach läßt sie ihm einige Wochen Zeit, vielleicht, weil sie dem älteren Herrn Gelegenheit zum Einleben geben möchte, vielleicht auch, weil sie nichts Rechtes mit ihm anzufangen weiß. Denn Chanut hat sich gehütet, seinem Freund mitzuteilen, daß die Königin sich praktisch noch nie mit Philosophie beschäftigt habe, statt dessen aber ausgerechnet eine Vorliebe für klassische Philologie besitze. Schon in den ersten Briefen aus Schweden erklärt denn auch der Philosoph, er werde nicht lange bleiben, und in der Tat verlebt er keine sehr kurzweilige Zeit: Chanut ist auf Urlaub in Frankreich, besteht aber darauf, daß Descartes in der Botschaft wohnt; dieser scheint sich trotz der unendlichen Fürsorge Frau

Descartes beim Vortrag vor Königin Christine

Descartes. Gemälde von David Beck

Chanuts in dem fremden Haus nicht völlig wohl zu fühlen. Auch der französische Leibarzt Du Ryer, der seinerzeit die Königin auf seinen Brief über die Liebe so neugierig machte, ist in Urlaub gefahren; so bleibt zunächst als einziger Umgang der Kaplan der Botschaft, P. Viogué, mit dem Descartes abends zur großen Erbauung von Frau Chanut und ihren beiden halbwüchsigen Jungen religiöse Gespräche führt. Der Bibliothekar Freinsheim aus Ulm erweist sich mit den Tagen als ein guter und hilfreicher Freund, der von der Königin erreicht, daß der mehr als Fünfzigjährige nicht an die kleinen Pflichten bei Hofe gebunden ist; auch scheint ihn Freinsheim vor den schrecklichen Intrigen der Philologen geschützt zu haben, deren Zorn Descartes von Anfang an erregte. Denn er fragte die Königin ungerührt, ob sie keine Scham darüber empfinde, in diesem Alter noch Griechisch zu lernen; er habe es zwar als kleiner Bursche in der Schule gelernt, aber es passe ihm sehr, daß er dergleichen Bagatellen alsbald vergessen habe.[155]

Knapp ein Jahr vorher hat er an Prinzessin Elisabeth geschrieben: *Ich glaube, die Neigung, Verse zu machen, kommt von einer starken Erregung der Animalgeister, die die Einbildung derer, die kein gut gefügtes Gehirn haben, völlig durcheinander bringen könnte, die Kräftigen aber lediglich ein bißchen mehr erhitzt und sie zur Poesie geneigt macht.*[156] Vier Jahre früher heißt es in einem Brief an Huygens: *Da ich mich erinnerte, daß Sokrates niemals Verse gemacht hat, außer als er seinem Tode nahe kam, habe ich mich dessen enthalten, aus Furcht, es diene mir ebenfalls zu schlechtem Vorzeichen, und man könne auf flämisch von mir sagen, ich sei «veigh».*[157] Diesmal kann er sich freilich des Versemachens nicht enthalten, wie schlecht das Vorzeichen auch immer sein mag; die Königin verlangt von ihm ein Ballettlibretto, das den Westfälischen Frieden und gleichzeitig ihren Geburtstag feiern soll, und der Philosoph verfaßt mit dem größten Vergnügen die Dichtung *La Naissance de la paix* (Die Geburt des Friedens). Er wird sich erinnern, daß er in seinen jungen Jahren *amoureux de la poésie* gewesen ist.

Am Vorabend von Heiligabend kehrt Chanut zurück; Descartes nimmt an der ersten Audienz teil, die die Königin dem inzwischen zum Botschafter Ernannten gewährt. Sie fährt darauf bis Mitte Januar nach Upsala, und Descartes wünscht sehr, nach Holland zurückzukehren; er kommt sich bei Hofe überflüssig vor und weiß, daß die skandinavische Kälte für seine von Jugend an gefährdeten Atemwege nicht eben zuträglich ist. Auf Befehl der Königin wird er von dem Hofmaler David Beck aus Delft, einem Schüler van Dycks, porträtiert; ein ungewöhnlich eindrucksvolles Bild entsteht, und man berichtet, daß es Descartes im Laufe der Sitzungen gelungen sei, bei diesem Maler wieder religiöse Empfindungen zu wecken. «Die Vorsicht», schreibt der Biograph Baillet, «die er sich beim Betreten eines Landes verschiedener Religion auferlegt hatte, hatte ihn so diskret und zurückgezogen gemacht, daß er fast

137

Blaise Pascal. Nach dem Bericht Baillets entsprechen Descartes' letzte Gedanken dem großen Thema des Philosophen von Port-Royal, mit dem der Ältere sich erst kurz vor seinem Tode versöhnte

niemals redete, ohne zu erbauen und ohne Respekt und Achtung für die Religion einzuflößen, die er bekannte.» Täglich stellt er für den jungen Pascal die Höhe der Quecksilbersäule fest, damit er sie mit der von Clermont-Ferrand vergleichen kann; er hat die Entzweiungen mit dem Vater und selbst mit dem Sohn vergessen. Im Auftrag der Königin entwirft er die Statuten für eine Akademie der Wissenschaften zu Stockholm.

Mitte Januar geruht die Königin, sich dreimal in der Woche von Descartes in der Philosophie unterweisen zu lassen; es bleibt ihr freilich keine Zeit als fünf Uhr morgens. Chanut stellt dem durchaus nicht robusten älteren Herrn seine Karosse zur Verfügung, um ihn ein wenig vor der Kälte zu schützen. Aber die Botschaft ist weit vom Palais; Descartes bekommt eine Lungenentzündung und stirbt nach neun Tagen. «Seine Orakel haben ihn sehr getäuscht», schreibt die Königin an Saumaise.[158]

«Er sah sich zu genau der Zeit gezwungen, zu Bette zu gehen», schreibt Baillet, den ich auf den kommenden Seiten zitieren will, «in der

Herr Chanut zum ersten Male begann, es zu verlassen. Die Symptome seiner Krankheit waren dieselben wie die, die der Krankheit dieses Botschafters vorausgegangen waren, und es folgte ihnen ein beständiges Fieber mit einer ganz entsprechenden Lungenentzündung.» Baillet erklärt sich scharf gegen verschiedene dumme oder bösartige Gerüchte: «Die wahre und einzige Ursache seines Todes war, daß er seine Sorge mitten in einer seinem Temperamente feindlichen Jahreszeit auf die Königin und den kranken Botschafter verteilte. Das ist angesichts der Umstellung leicht zu begreifen, die er an jener Lebensweise vornehmen mußte, an die er seinen Körper gewöhnt hatte, seitdem er sich entschloß, für seine Gesundheit selbst die Verantwortung zu übernehmen. Der Herr Botschafter bemerkte vom ersten Tag an, daß die Krankheit seines Freundes der seinigen ganz ähnlich war, und gedachte zunächst, auf eben dem Wege zu seiner Heilung zu schreiten, den man beschritten hatte, ihn zu heilen. Jedoch das Fieber, das innerlich war, hatte Herrn Descartes zuerst im Gehirn erfaßt; es nahm ihm die Freiheit, die heilsamen Ratschläge dieses Freundes anzuhören, und ließ ihm lediglich die Kraft, sich den Wünschen aller Welt zu widersetzen.»

Die Selbsttherapie des Philosophen bestand zunächst darin, überhaupt nichts zu tun. Erst auf ausdrücklichen Wunsch der Königin empfing er, da Du Ryer verreist war, den niederländischen Arzt Wullen, dem er bereits seit der Utrechter Affäre verhaßt war und der sich übrigens korrekt verhielt. Als die Rede auf einen Aderlaß kam, widersetzte sich der Patient ganz energisch: *Messieurs, verschonen Sie französisches Blut!* Er machte Wullen die freimütige Eröffnung, *wenn er schon sterben müsse, sterbe er zufriedener, wenn er ihn überhaupt nicht sehe*, und der Arzt erklärte kühl, er denke nicht, den Herrn gegen dessen Willen zu kurieren, der weiterhin die Ansicht vertrat, man müsse abwarten, *daß das Übel zur Reife komme*. Schon am sechsten Tag gab ihn Wullen für verloren. «All seine Träumereien», erzählt Baillet, «gingen allein auf die Frömmigkeit und betrachteten nichts als die Größe Gottes und das Elend des Menschen.»

Am achten Tag erkannte der Philosoph den Ernst seines Zustands und erlaubte aus freien Stücken, daß man ihn zur Ader ließ. «Er verlangte, man solle P. Viogué, seinen Seelenführer, holen, und bat, man möge nur noch über die Barmherzigkeit Gottes und über die Unverzagtheit mit ihm reden, mit der er das Scheiden seiner Seele zu tragen habe. Er ergriff und erbaute durch die wenigen Überlegungen über seinen Zustand und den des anderen Lebens die ganze Familie des Herrn Botschafters, die sich um sein Bett versammelt hatte.» Weil er an festem Auswurf litt, verlangte er am Abend des achten Tages, man solle ihm Wein mit Tabak einflößen, damit er sich erbrechen könne. Wullen urteilte, «dieses Mittel müsse für jeden Menschen in einem ähnlichen Zustand tödlich sein, auch wenn seine Krankheit nicht verzweifelt wäre;

aber von nun an dürfe man Herrn Descartes alles gestatten; danach verließ er seinen Kranken ganz».

Der Tod kam am neunten Tag. «Gegen neun bis zehn Uhr abends», berichtet Baillet, «als alle Welt sich wegen des Soupers aus seinem Zimmer zurückgezogen hatte, verlangte ihn, sich zu erheben und einige Zeit mit seinem Kammerburschen am Feuer zu sitzen. Als er aber in dem Sessel Platz genommen hatte, bemerkte er, daß ihn die beiden starken Aderlässe erschöpft hatten, und fiel in eine Ohnmacht, aus der er einen Augenblick danach erwachte. Doch schien er völlig verändert und sprach zu seinem Burschen: *Ah! mein lieber Schlüter, diesmal heißt es scheiden. (Ah! mon cher Schluter, c'est pour le coup qu'il faut partir).* Schlüter erschrak über diese Worte und legte seinen Herrn auf der Stelle wieder ins Bett; und man eilte zum Herrn Botschafter, der sich bereits gelegt hatte, und zu P. Viogué, dem Kaplan des Hauses, der an demselben Abend von seiner Missionsreise wiedergekommen war . . . Er merkte an seinen Augen und an der Bewegung seines Kopfes, daß sein Geist nicht umnachtet war, und bat ihn, ein Zeichen zu geben, ob er noch Worte verstehe und ob er von ihm den letzten Segen empfangen wolle . . . Sogleich erhob der Kranke die Augen zum Himmel, jedoch auf eine Art, die die Anwesenden ergriff und eine vollkommene Ergebung in den Willen Gottes zeigte. Der Pater trug ihm die gewöhnlichen Ermahnungen vor, und er erwiderte darauf nach seiner Weise. Der Herr Botschafter, der die Sprache seiner Augen verstand und sogar bis zum Grunde seines Herzens drang, sprach zu der Versammlung, ‹daß sich sein Freund zufrieden aus dem Leben zurückziehe, satt von den Menschen, voll Vertrauen auf Gottes Barmherzigkeit und ungeduldig, eine Wahrheit unverhüllt zu schauen und zu besitzen, nach der er sein Leben lang geforscht habe›. Nach dem Segen knieten alle nieder, um die Sterbegebete zu sprechen und sich denen anzuschließen, die der Priester zur Empfehlung seiner Seele im Namen der ganzen Kirche der über das All verstreuten Gläubigen betete. Kaum waren sie beendet, als Herr Descartes seinem Schöpfer den Geist überließ, unbewegt und mit einer Ruhe, die der Unschuld seines Lebens würdig war. Er starb am elften Februar, morgens um vier Uhr, im Alter von dreiundfünfzig Jahren, zehn Monaten und elf Tagen.»

Ruhe und Ruhm

Dem Philosophen, der in solcher Ruhe dahinging, sollte in den folgenden Generationen nur wenig Ruhe beschieden sein. Das hatte einen guten Grund: er hatte gehofft, man könne den Kampf der Ideologen durch eine unideologische Entscheidung zum Schweigen bringen, und das blieb unvergessen. Nun traf ihn wohlverdient der Haß oder auch nur das Mißtrauen der Ideologen. Weder die Konfessionen noch das Ancien régime, die Revolution, die Restauration, die philosophische Reaktion oder der philosophische Fortschritt haben ihn jemals ohne Vorbehalte als ihren Mann anerkannt, so sehr sie ihn auch loben mochten; und in der Tat, die Dinge lagen auch so einfach nicht. Selbst seine Anhänger, die Cartesianer, waren über die «wahre Lehre» nach wenigen Jahren hoffnungslos zerstritten, und das Spektrum der Möglichkeiten, die seine Thesen eröffneten, ging offensichtlich von Spinoza über fromme Katholiken, Calviner und Lutheraner bis hin zu La Mettrie. Die Geschichte Descartes' ist also eine bewegte Geschichte; die Grabschrift in Sainte-Geneviève erklärt, er habe lebend bei den Fremden Ruhe und Ruhm gesucht, und man müßte fragen, wo er nach seinem Scheiden hätte Ruhe finden können. Für die Welt hat sein Sterben keine Lösung gebracht, der Streit ging weiter; und es ist gut, daß er zum Ruhen nicht auf diese Erde angewiesen war.

«Der Abbé Picot», berichtet Baillet, «war der Untrüglichkeit seiner Kenntnisse in diesem Punkte so gewiß, daß er geschworen hätte, es sei ihm unmöglich gewesen, so, wie er tat, mit 54 Jahren zu sterben: und er hätte ohne eine äußere und gewaltsame Ursache (wie die, die seine Maschine in Schweden aus der Ordnung brachte) fünfhundert Jahre gelebt, nachdem er einmal die Kunst, über mehrere Saecula zu leben, gefunden hatte.» Baillet erzählt nach Chanut, daß die Königin bitterlich weinte, als sie die Nachricht vom Tode des Mannes empfing, den sie ihren «erlauchten Meister» zu nennen pflegte. Sie wollte ihn neben den königlichen Grüften beisetzen lassen, aber Chanut erbat sich die Gnade, seinen Freund nicht in lutherischer Erde, sondern auf einem Waisenfriedhof zu bestatten, der zugleich als Fremdenfriedhof für Katholiken, Calvinisten und Sozinianer diente. Auch bewog er die Königin, auf ein majestätisches Leichenbegängnis zu verzichten und ein stilles Begräbnis nach rö-

*Königin Christine von Schweden. Stich von J. Falck nach einem
Gemälde von David Beck, 1653*

mischem Ritus zu gestatten. Was immer man davon denken mag – er ehrte jedenfalls die erste Regel der provisorischen Moral, wenn er nicht mehr tat. Der Philosoph wurde in einer einfachen Zeremonie beigesetzt; die Königin hätte ihm gern ein marmornes Mausoleum errichtet, Chanut entschied sich jedoch für ein einfaches Grabmal aus Stein und Holz in Pyramidenform, auf das er vier von ihm verfaßte Epitaphien setzen ließ.

Das Epitaphium der rechten Seite lautete:

Die Kommenden sollen wissen,
wie René Descartes gelebt hat,
um die Lebensart des Mannes nachzuahmen, dessen Lehre sie einmal
    verehren.
Er hat die Philosophie von Grund erneuert
und den Sterblichen einen Weg ins Innerste der Natur gewiesen,
der neu, gewiß und sicher ist,
und hat nur eines ungewiß gelassen:
ob sein Wissen oder seine Bescheidenheit größer war.
Was er an Wahrem wußte, vertrat er in Ehrfurcht;
er widerlegte Falsches nicht mit Streit, sondern wies auf das Wahre;
er schmähte keinen Alten; war keinem Lebenden zur Last.
Er sühnte die Bezichtigungen Neidender mit der Unschuld seines Le-
    bens.
Er kannte kein Unrecht, stand fest in der Freundschaft.
So strebte er auf den Stufen der Geschöpfe zum Schöpfer hin,
um Christus, dem Urheber der Gnade, genehm, in der Religion sei-
    ner Väter zu ruhen.
Gehe nun, Wanderer, und bedenke,
wie groß Christine war und wie der Hof,
dem diese Tugenden gefielen.

Sechzehn Jahre später wurde Descartes auf Wunsch vieler Freunde in
einem Kupfersarg nach Frankreich übergeführt; dies war vor allem das
Verdienst des Generalschatzmeisters von Frankreich Pierre d'Alibert,
der sich durch Vermittlung des französischen Residenten in Hamburg
ebenfalls um ein Zeugnis der Königin Christine, die vier Jahre nach dem
Tode Descartes' wegen ihrer Konversion zur römischen Kirche dem
Thron entsagt hatte, über das katholische Hinscheiden des seit dem 20.
November 1663 kirchlich verurteilten Philosophen bemühte. Man be-
schloß im Januar 1667, den Leichnam in der Kirche Sainte-Geneviève-
du-Mont beizusetzen, und beauftragte den Kanzler der Universität, P.
Lallemant, mit der Abfassung einer Trauerrede, sowie den Kanonikus
Foucher aus Dijon, den Begründer der «neuen Akademie» und Bekann-
ten Leibnizens, der eine brillante Feder führte, mit dem Entwurf der
Festansprache. Baillet erzählt: «Das Trauergefolge bestand aus dem
Klerus dieser großen Pfarrei (St. Paul); aus einer sehr großen Zahl im
Namen des Toten neu eingekleideter Armer, die Fackeln und Leuchter
trugen, sowie aus einem langen Karossenzug mit Leuten ersten Ranges,
allen Freunden des Philosophen, die es in Paris noch gab, und einer
Menge von Anhängern, die niemals die Ehre gehabt hatten, ihn kennen-
zulernen.» Der Leichnam wurde in Sainte-Geneviève mit allen kirchli-

Descartes. Porträt von Jan Baptist Weenix (um 1647).

chen Ehren empfangen und unter feierlichem Glockengeläut in der vor-
gesehenen Nische beigesetzt; doch kam im Laufe der Zeremonie Ordre
vom König, die Trauerrede des Kanzlers Lallemant dürfe nicht öffentlich gehalten werden, da man einen Tumult befürchtete. So warf die
kirchliche Verurteilung ihren Schatten auch auf diese Feier. Nach der
Zeremonie versammelte d'Alibert einen kleinen Freundeskreis zu einem Festbankett. Die Mehrzahl der Namen sagt uns Heutigen nichts
mehr, doch kamen Cordemoy, der von Leibniz geschätzte Verfasser eines für die Geschichte des Cartesianismus entscheidenden Werkes, sowie Rohault, der «chef des écoles Cartésiennes»; und Chanuts Schwager
Clerselier teilte sich mit d'Alibert in die Honneurs. «Man unterließ
nichts, was zur besseren Feier des Gedächtnisses Herrn Descartes' hätte
beitragen können. Weil aber einer aus der Gesellschaft bemerkte, daß
niemand die Partei der Peripatetiker ergriffen hatte, sprang er plötzlich
gegen Ende des Banketts, als gute Stimmung aufkam, auf seinen Stuhl,
hüpfte, als wollte er die Flucht ergreifen, und schrie in ihrem Namen:

Hostis habet muros, ruit alto a culmine Troja.»

(Der Feind hat die Mauern, Troja stürzt vom hohen Gipfel.)
Der Cartesianismus hat triumphiert und feiert seinen Triumph.

Neun Tage nach dieser großen Szene bat der P. General von Sainte-
Geneviève d'Alibert, Clerselier und Rohault zu Tische; «und Herr Rohault führte nach der Mahlzeit verschiedene magnetische Experimente
vor». Es entspricht dem Geist Descartes', daß man in der Betrachtung
und zugleich Enträtselung der Natur das Andenken des Meisters feiert,
denn ihr hat sein Leben gedient. Auf dem Grabmal des kirchlich Verurteilten in Sainte-Geneviève stand ein sehr langes lateinisches Epitaphium, dessen letzte Strophe lautete:

Der lebend bei Fremden Ruhe und Ruhm gesucht,
ruhe nun tot bei den Seinen mit Lob
und sei den Seinen und Fremden Beispiel und Lehre.
Gehe nun, Wanderer,
und Gottes und der Seele Unsterblichkeit
größten und klaren Verteidiger
glaube schon selig
oder bete für ihn.

Aber er ruhte nicht länger als bis zur Revolution.[159] Am 12. April
1791 wurde in der Nationalversammlung auf Veranlassung eines Groß-
neffen des Philosophen der Antrag eingebracht, man solle Descartes bei
den Großen der Nation beisetzen; dieser Antrag ist in Condorcets
Handschrift erhalten. «Descartes, durch Aberglauben und Fanatismus
fern von Frankreich, ist in einem fremden Land gestorben . . . Der
Mann, der die Ketten des menschlichen Geistes sprengte, der von ferne

der ewigen Zerstörung der menschlichen Knechtschaft den Weg bereite-
te, schien es zu verdienen, allein im Namen einer freien Nation geehrt zu
werden; und das Schicksal hat ihn auf eine Weise begünstigt, die seiner
würdig ist, indem es ihn vor Ehren bewahrte, die der Stolz des Despotis-
mus besudelt hätte.» Der Antrag wurde an den Verfassungsausschuß
überwiesen; aber erst am 1. Oktober 1793 unterbreitete der Abgeordne-
te Marie-Joseph Chenier dem Konvent im Namen des Unterrichtsaus-
schusses den Vorschlag, Descartes' Gebeine ins Panthéon zu überführen. Die Versammlung beschloß daraufhin unter anderem die folgenden
Artikel,

«welche René Descartes die großen Menschen geschuldeten Ehren
zuerkennen und verfügen, seinen Leichnam und seine Statue von dem
berühmten Pajou in das französische Panthéon zu überführen.

1, vom 2. Oktober.

Nachdem dem Nationalkonvent der Bericht des Untersuchungsaus-
schusses vorgetragen worden ist, beschließt er Folgendes:

Erster Artikel.

René Descartes hat die großen Menschen geschuldeten Ehren verdient.

II

Der Leichnam dieses Philosophen wird ins französische Panthéon übergeführt.

III

Auf dem Grabe Descartes' werden folgende Worte eingraviert:
Im Namen des französischen Volkes
der Nationalkonvent
an René Descartes.
1793, zweites Jahr der Republik.

IV

Der Unterrichtsausschuß setzt sich mit dem Innenminister in Verbindung, um den Tag der Überführung festzulegen.

V

Der Nationalkonvent nimmt geschlossen an dieser Feierlichkeit teil; der
provisorische Exekutivrat und die verschiedenen Behörden im Stadtge-
biet von Paris nehmen gleichfalls daran teil.»

Diese Beschlüsse waren sehr bald von den Ereignissen überholt, und erst am 30. Januar 1796 forderte das Institut den Rat der Fünfhundert auf, sich mit den Beschlüssen des Konvents zu befassen und Descartes' Gebeine an einem auf den 10. Prairial zu legenden «Fest der Erkenntlichkeit» ins Panthéon zu überführen. Doch widersetzte sich ein Abgeordneter (wahrscheinlich Mercier, der vorher Cartesianer, inzwischen aber Newtonianer war) mit aller Entschiedenheit der Verwandlung «der gesetzgebenden Körperschaft in eine akademische Körperschaft». «Descartes ist die Hauptursache der Unglücke, welche die menschliche Rasse seit langem quälen . . . Seine Werke sind voller Irrtümer . . . Ich verlange, daß die gesetzgebende Körperschaft Descartes in seinen Werken leben oder sterben läßt.» Was immer Merciers Beweggründe gewesen sein mögen, wir wissen, daß nur er den Instinkt der Revolution gerettet hat; Descartes kam mit Recht nicht ins Panthéon. Der menschliche Lenoir dagegen zeigte sich bereit, die Gebeine des Philosophen in seinen den großen Franzosen gewidmeten «Jardin Élysée» aufzunehmen; über Einzelheiten berichtet der schöne Briefwechsel, den Charles Adam im Anhang zum zwölften Band veröffentlicht; Cuvier bittet darin Lenoir um Einzelheiten, und diese Schreiben sind durch die Zartheit, mit welcher dem unglücklichen Repräsentanten einer verlorenen Phase des Bürgerkriegs begegnet wird, zugleich ein Dokument der Menschlichkeit.

Die Restauration jedoch unterdrückte das Werk Lenoirs, und sie hatte recht, denn es stammte wie kaum ein anderes aus dem Geiste der Revolution. Die Wanderschaft Descartes' begann von neuem. Am 26. Februar 1819 wurden seine Gebeine zusammen mit denen Mabillons und Montfaucons nach Saint-Germain-des-Prés übergeführt, der nächstgelegenen Kirche, und in der Kapelle des Heiligsten Herzens beigesetzt. Die Inschrift lautete:

Dem Gedächtnis
René Descartes',
berühmt durch das Lob
einer besser gegründeten Wissenschaft
und durch die Schärfe seines Geistes.
Er hat als erster
seit der europäischen Wiederbegründung
guter wissenschaftlicher Bemühungen
das Recht
der menschlichen Vernunft,
der Autorität des christlichen Glaubens unbeschadet,
gefordert und verteidigt.
Nun genießt er
den Anblick der Wahrheit,
die er allein geehrt.

Diese Inschrift ist edel, weil die Restauration sie verfaßt hat.

Die Revolution hatte Descartes mißtraut, aber trotz der Schönheit der eben zitierten Grabschrift mißtraute ihm im Grunde auch die Restauration. Royer-Collard, der Lehrer Cousins und Guizots und wahrscheinlich der geistige Vater aller drei nachnapoleonischen Regimes, hielt diesen Philosophen – nicht anders als Condorcet – für einen geistigen Ahnherrn der revolutionären Bewegung. Luis Díez del Corral faßt Royer-Collards Ansichten über die cartesische Philosophie zusammen: «Condillac ist nicht der einzige Schuldige, sondern alle modernen Philosophen seit Descartes haben beim ‹je pense› begonnen, sich in ihr Ich verkapselt und keinen Ausweg gefunden; weil sie lediglich auf ihre Ideen und Sinneswahrnehmungen starrten, wurde die Realität der Außenwelt ihnen zweifelhaft, und die Folgen für die Moral sind beklagenswert. Die

Pierre-Paul Royer-Collard, der Philosoph der Restauration. Stich von Giroux

Philosophen des 18. Jahrhunderts glaubten noch an ihre Existenz und an die Existenz Gottes; sie waren sogar der letzteren unendlich viel sicherer als derer der Welt und selbst ihrer eigenen; aber dadurch befand sich der Mensch in völliger Einsamkeit mit Gott und konnte zwar ein religiöses Wesen bleiben, aber nicht eigentlich ein moralisches, das heißt für Royer-Collard, ein soziales.»[160] Wie weit mit diesen Überlegungen Descartes getroffen ist, bleibt eine Frage ganz anderer Art; wichtig ist hier, daß Royer-Collards Ansicht, in der ein gleichsam steriler und «unzivilisatorischer» Descartes erscheint, historisch wirksam geworden ist.

Nicht nur dem Ancien régime, der Revolution und der Restauration war Descartes verdächtig; auch seine Kirche, der er kindlich anhing, hat diesen frommen Mann niemals willkommen geheißen; sie hat ihn zunächst mit Mißtrauen betrachtet und später, dreizehn Jahre nach seinem Tod, seine Schriften verurteilt. Zwar wurde sie durch die Entwicklung Europas gezwungen, wesentliche Elemente des Cartesianismus in ihre eigene Weltanschauung aufzunehmen, hat aber diese niemals offen als das deklariert, was sie sind, und konnte sie nicht einmal deklarieren, denn dadurch hätte sie ihren Maßnahmen gegen die Neuorientierung des europäischen Denkens, die wir zu einem kleinen Teil auf diesen Seiten betrachtet haben, von Galilei an widersprochen. Wahrscheinlich hatte sie Gründe, das nicht zu tun. Doch mußte sie ihre Entscheidung mit unaufhörlichem wachsamem Argwohn erkaufen, und dieser Argwohn hielt das, was Vergangenheit sein sollte, künstlich am Leben und war gleichsam das Blut, von dem die Schatten schlürften, um aufzuleben. Descartes war längst Vergangenheit; er gehörte zu den Männern, deren die Menschen noch lange gedenken würden; hier aber wurde er zu einem immer aufs neue beschworenen Gespenst, das keine Ruhe fand.

Vielleicht ist die eigentliche philosophische Wirkungsgeschichte des Cartesianismus nicht tröstlicher. In Deutschland hat es kaum Cartesianer gegeben; vielleicht Daniel Lipstorp in Bremen, desgleichen Johann Eberhard Schweling; Johann Andreas Petermann, Michael Rhegenius und Gabriel Wagner in Leipzig; Johann Sperlette in Halle und allenfalls noch Johann Christoph Sturm in Altdorf. In Holland lagen die Dinge anders; schon zu Lebzeiten Descartes' kam es zu heftigen anticartesianischen Bewegungen, die in den Affären zu Utrecht und Leiden kulminierten. Dort blühten keineswegs orthodoxe Cartesianer wie Regius oder Spinoza, die, jeder auf seine Art, von den Prinzipien des Schulstifters abwichen; Hoogeland vertrat einen geradezu alchimistischen Cartesianismus, und der reformierte Pfarrer Bekker in Amsterdam bekämpfte zum Ärgernis der Gläubigen und der Synode unter persönlicher Gefahr im Namen des Cartesianismus den Hexenglauben – Grund genug zur Unruhe. Den außerordentlichen Erfolg des Cartesianismus bei liberalen reformierten Theologen vergleicht Bayle mit dem des Ramismus bei weniger strengen Lutheranern: «Dieses ist gerade das Bild von der

Verknüpfung, die man in Holland unter den Coccejanern und Cartesianern sieht; diese sind zwey Dinge, die nur hierinnen etwas Gemeinsames haben, daß nämlich das eine, als eine neue Lehrart, die Gottesgelahrtheit zu erklären, und das andere als eine neue Philosophie angesehen wird.»

Ein Hinweis in Desmaizeaux' Lebensbeschreibung des Herrn Peter Baylen läßt jedoch vermuten, daß Bayle auch tiefere Gründe für das Zusammengehen von Cartesianern und Reformierten fand; bei der Erwähnung der folgenreichen Polemik jenes Jesuiten, der unter dem Pseudonym Louis de La Ville Descartes eine calvinische Eucharistielehre vorwarf, erklärt der Biograph: «Herr Bayle las die Schrift, und fand sie sehr wohl geschrieben. Er urteilte, daß man darinnen dasjenige unumstößliche bewies, was man beweisen wollte, nämlich, daß die Grundsätze des Herrn Des Cartes dem Glauben der römischen Kirche zuwider wären, und mit Calvins Lehre übereinkämen.» Immerhin haben die Vertreter der reformierten Kirche von Voetius an diese Verwandtschaft übersehen; gegen Wittich, der als einer der ersten Theologen cartesische Meinungen vertrat, erhoben sich Maresius und Leydekker, und der fünfzigjährige Kampf gegen die Cartesianer der niederländischen reformierten Kirche wurde, vor allem, seit man ihnen Spinozismus vorzuwerfen pflegte, nicht übermäßig sauber geführt; gleichsam das Heldenepos dieses gigantischen Kampfes schrieb der sogenannte Irenaeus Philaretes.[161]

Über die Schuldfrage ist schwer zu entscheiden. Wittich, immerhin der Verfasser der «Theologia pacifica», meint im Vorwort zu seinem «Consensus Veritatis»: «Sobald die Philosophie des sehr edlen Mannes ihr Haupt erhob, fehlte es, obwohl sie nicht die Absicht hatte, nach der verbreiteten Gewohnheit der Philosophen dieses und einiger verflossener Jahrhunderte die Meinungen anderer zu bekämpfen, sondern sich innerhalb ihrer Mauern hielt und sich allein der Erforschung der Wahrheit widmete – fehlte es nicht an Männern, die sie mündlich wie schriftlich heftig angriffen und nicht so sehr mit ehrlichen Waffen wie mit dem Gift der Verleumdungen und mit der Galle des Übelredens getränkten Pfeilen auf sie losgingen.» Bayle, der in Rotterdam saß, scheint die Vorgänge anders zu beurteilen: «Wenn alle diejenigen, welche die Philosophie des Herrn Cartesius annahmen, diese weise Bescheidenheit gehabt, welche die Ursache ist, daß man stille steht, wenn man einen gewissen Punkt erreichet hat; wenn sie dasjenige zu unterscheiden gewußt hätten, was man sagen und verschweigen muß: so würden sie kein so großes Geschrei gegen diese Secte überhaupt erreget haben . . . Die Lehrart der Alten stand auf guten Gründen. Sie hatten Lehrsätze für jedermann und Lehrsätze für Schüler, die erstlich anfingen. Dem sey, wie ihm wolle, so hat die Anwendung, welche man mit den Grundsätzen des Herrn Cartesius auf die Religion machen wollte, seiner Seite großes Nachtheil zugezogen, und derselben Fortgang aufgehalten.»

*Pierre Bayle.
Stich von G. E. Petit*

In Frankreich verlief die Entwicklung weniger stürmisch; es gab eine geschlossene Gruppe der Cartesianer, von der sich deutlicher als in Holland von den siebziger Jahren an die mächtige Richtung der «Occasionalisten» abhob, die die Eigentätigkeit der Geschöpfe leugnete. Dieser Gedanke ist, von den Prinzipien des Cartesianismus aus gesehen, durchaus nicht unvernünftig, denn wenn schon Gott die Bewegungen der ausgedehnten Substanz hervorruft, ist nicht einzusehen, weshalb er nicht auch die Bewegungen (im übertragenen Sinne) der denkenden Substanz hervorrufen sollte. Trotzdem wurden die Occasionalisten häufiger getadelt, nicht zuletzt von Jacob Brucker, dem Nestor der deutschen Philosophiehistorie, der ihnen vorwarf, sie hätten sich nicht an die Grenzen gehalten, in denen Descartes klugerweise verblieb, sich keck hervorgewagt und durch kühne und verdächtige Behauptungen von ihrem Meister abgewandt [162]; man nannte sie gern «Bankert-Cartesianer». Das System des Occasionalisten Malebranche ist vielleicht die letzte große katholische Philosophie in Europa gewesen; doch hat es seinen Schöpfer nicht lange überlebt. Die große Mehrzahl der Theologen versagte ihm verständlicherweise jede Unterstützung, nicht nur wegen des überkommenen Unbehagens an «reinen Lehren», sondern auch, weil ihnen das

151

*Nicolas de Malebranche.
Zeitgenössischer Stich*

Verlangen nach einer Neuformulierung der systematischen Theologie von Natur aus indiskutabel schien. Die eigene Dynamik des Malebranchismus war nicht groß genug, um etwas wie eine innerkirchliche Umwälzung hervorzurufen; auch ist die «zweckfreie» Wissenschaft, die er vertrat, innerhalb der Kirchen immer eine unbedeutende und periphere Macht gewesen; es ist kein Wunder, daß der sich auf die Aszetik beschränkende Bérulle, der dem jungen Descartes begegnete, und der sich in der Nächstenliebe verzehrende Vincent de Paul, der derselben religiösen Gemeinschaft, dem Oratorium, entstammte wie Malebranche, die kirchliche Anerkennung fand, die diesem immer versagt blieb.

Der Streit um die wahre Nachfolge Descartes', der so heftig geführt worden ist, hat sich von selber erledigt: die Große Revolution ist über ihn hinweggefegt, durch deren Einbruch alles, was vorher war, Geschichte wurde. Was auferstehen wollte, bedurfte einer neuen Begründung; der Cartesianismus aber wollte nicht mehr auferstehen. Er blieb Geschichte, aber nicht Geschichte schlechthin, sondern unsere Geschichte: nicht wenige unserer Ansichten über Seele und Körper, Subjekt und Objekt, die wir für selbstverständlich halten, weil wir über sie

nicht nachzudenken pflegen, sind in Wirklichkeit nicht selbstverständlich, sondern cartesianisch. Deshalb verstehen wir vielleicht uns selbst
ein wenig besser, wenn wir ein wenig von Descartes verstehen. Vergleichen wir seine anthropologischen Grundthesen mit unseren unreflek-
tierten Meinungen, so fühlen wir, daß er uns wider Erwarten nahe ist;
und erst wenn wir im Laufe der Reflexion uns wieder späterer Erkenntnisse erinnern, empfinden wir ein Gefühl der Ferne. Es kann nicht anders sein, denn viele Jahre sind dahingegangen, und zwischen ihm und
uns liegen wie ein Abgrund zehn Generationen: aber in manchen Stunden vernehmen wir sogar aus solcher Ferne ein Signal, entdecken plötzlich eine Geste und eine Art des Hoffens und Ertragens, die mehr als
Geschichte ist.

Anmerkungen

Römische und lateinische Ziffern in Klammern beziehen sich auf Band und Seite der Descartes-Gesamtausgabe von Charles Adam und Paul Tannery.

1 Brief an Brasset, 23.4.1649 (V, 349)

2 Brief an Ferrier, 18.6.1629 (I, 14)

3 Brief an Bourdin, 7.9.1642 (III, 576f)

4 Brief an Prinzessin Elisabeth, 22.2.1649 (V, 282)

5 Brief an Beeckman, 23.4.1619 (X, 162)

6 Discours (Abhandlung über die Methode, seine Vernunft gut zu leiten und in den Wissenschaften die Wahrheit zu suchen), 2.Teil (VI, 11)

7 Discours, 3.Teil (VI, 23f)

8 Olympica (X, 179). Einen Eindruck von der durch Descartes' Entwurf abgelösten mathematischen Notation gewinnt man u. a. in Descartes' Brief an Beeckman vom 26.3.1619 (X, 155f) und auf einigen Seiten der Excerpta Mathematica (X, 294–297)

9 S. das Avertissement der Herausgeber der Gesamtausgabe zu den Opuscula von 1619–1621 (X, 175, v. a. 179). Ferner Cogitationes privatae (X, 216)

10 Huygens an Descartes, 18.9.1637 (I, 397f)

11 Brief an Chanut, 1.2.1647 (IV, 617)

12 Discours, 3.Teil (VI, 22f)

13 Discours, 3.Teil (VI, 24f)

14 Discours, 3.Teil (VI, 25f)

15 Discours, 3.Teil (VI, 27)

16 Brief an Balzac, 5.5.1631 (I, 203)

17 Brief an Mesland, 1645 oder 1646 (IV, 347)

18 Roberval gegen Descartes, April 1638 (II, 113)

19 Brief an Mersenne, 11.12.1643 (IV, 59)

20 Brief an Prinzessin Elisabeth, 3.11.1645 (IV, 332f)

21 Brief an Mersenne, 31.3.1641 (III, 349f)

22 Brief an Mersenne, 28.1.1641 (III, 298)

23 Brief an Pollot, 23.10.1643 (IV, 28)

24 Brief an Wilhem, 7.11.1643 (IV, 33)

25 Brief an Pollot, 30.11.1643 (IV, 55)

26 Constantin Huygens an Descartes, 6.6.1643 (III, 678)

27 Discours, 1.Teil (VI, 6)

28 Discours, 1.Teil (VI, 8)

29 Regulae (Regeln zur Leitung des Geistes), 2.Regel (X, 363)

30 Gespräch mit Burman, 16.4.1648 (V, 176)

31 Les principes de la philosophie de René Descartes, Brief an Picot (dient als Vorwort) (IX/2, 18)

32 Brief an einen unbekannten Jesuiten, vielleicht von 1643 (IV, 67)

33 Discours, 2.Teil (VI, 14)

34 Discours, 2.Teil (VI, 14f)

35 Discours, 6.Teil (VI, 61)

36 Z. B. Brief an Chanut, 20.11.1647 (V, 87)

37 Discours, 1. Teil (VI, 5)

38 Discours, 6. Teil (VI, 70)

39 Discours, 6. Teil (VI, 69)

40 Discours, 6. Teil (VI, 70f)

41 Discours, 6. Teil (VI, 77f)

42 Discours, 6. Teil (VI, 71)

43 Discours, 1. Teil (VI, 4)

44 Discours, 2. Teil (VI, 9f)

45 Discours, 6. Teil (VI, 67)

46 Discours, 6. Teil (VI, 70)

47 Discours, 6. Teil (VI, 66)

48 Discours, 1. Teil (VI, 9)

49 Brief an Mesland, 1645 oder 1646 (IV, 347)

50 Discours, 6. Teil (VI, 61f)

51 Brief an Chanut, 6.6.1647 (V, 54)

52 Discours, 6. Teil (VI, 62)

53 Discours, 5. Teil (VI, 41)

54 Discours, 6. Teil (VI, 63)

55 Discours, 6. Teil (VI, 62)

56 Brief an Mersenne, Januar 1630 (I, 105f)

57 Brief an Mersenne, 20.2.1639 (II, 525f)

58 Gottfried Wilhelm Leibniz. Sämtliche Schriften und Briefe. Hg. von der Preußischen Akademie der Wissenschaften [Akademie-Ausgabe]. Band II.1. Darmstadt 1926. S. 503

59 Constantin Huygens an Prinzessin Elisabeth, 31.12.1653

60 Discours, 2. Teil (VI, 20f)

61 Discours, 2. Teil (VI, 12f)

62 Discours, 2. Teil (VI, 13)

63 Charles Adam: Vie et œuvres de Descartes: étude historique. Paris 1910 (Descartes, Œuvres. Band XII) S. 542

64 Discours, 2. Teil (VI, 15)

65 Discours, 2. Teil (VI, 13f)

66 Discours, 2. Teil (VI, 16f)

67 Discours, 2. Teil (VI, 17)

68 Discours, 2. Teil (VI, 17f)

69 Discours, 2. Teil (VI, 18)

70 Discours, 2. Teil (VI, 18)

71 Discours, 2. Teil (VI, 18f)

72 Akademie-Ausgabe II.1. S. 500

73 Discours, 2. Teil (VI, 21f)

74 Meditationes (Meditationen über die Erste Philosophie, in denen Gottes Existenz und die Verschiedenheit der menschlichen Seele vom Leib bewiesen wird), Zweite Meditation (VII, 24; Paris 1641: S. 17)

75 Meditationen, Epistola (VII, 1f; Paris 1641: S. 2f)

76 Dritte Meditation (VII, 34f; Paris 1641: S. 32)

77 Principia (Prinzipien der Philosophie) I, § 13 (VIII/1, 10)

78 Erste Meditation (VII, 18; Paris 1641: S. 9)

79 Erste Meditation (VII, 18; Paris 1641: S. 9)

80 Erste Meditation (VII, 19; Paris 1641: S. 11)

81 Erste Meditation (VII, 20; Paris 1641: S. 12)

82 Erste Meditation (VII, 21; Paris 1641: S. 13)

83 Erste Meditation (VII, 22f; Paris 1641: S. 15)

84 Dritte Meditation (VII, 36; Paris 1641: S. 35)

85 Zweite Meditation (VII, 27; Paris 1641: S. 21)

86 Zweite Meditation (VII, 28; Paris 1641: S. 23)

87 Discours, 4. Teil (VI, 33)

88 Principia I, § 14 (VIII/1, 10)

89 Principia I, § 17 (VIII/1, 11)

90 Principia I, § 18 (VIII/1, 11f)

91 Principia I, § 24 (VIII/1, 14)

92 Principia I, § 29 (VIII/1, 16)

93 Principia I, § 30 (VIII/1, 16f)

94 Principia I, § 6 (VIII/1, 6)

95 Disputationes Metaphysicae (1597), Disp. 1, 2, 9

96 Ebd. Disp. 1, 4, 25

97 Principia II, § 36 (VIII/1, 61f)

98 Discours, 4. Teil (VI, 41)

99 Le Monde, Kap. 6 (XI, 36)

100 Brief an Mersenne, 28.10.1640 (III, 212)

101 Brief an Boswell (?), vielleicht von 1646 (IV, 690 f)
102 Principia IV, § 203 (VIII/1, 326)
103 Akademie-Ausgabe II.1. S. 512
104 Principia III, § 30 (VIII/1, 92)
105 Principia III, § 54 f (VIII/1, 107 f)
106 Descartes und die heutige Naturwissenschaft. Hamburg 1958. S. 10
107 Principia IV, § 84 (VIII/1, 251 f)
108 Cogitationes privatae (X, 231)
109 Cogitationes privatae (X, 232)
110 Beeckmans Tagebuch, fol. 99 v° – fol. 100 r° (X, 51)
111 Regulae, Regel 13 (X, 435)
112 Brief an einen unbekannten Adressaten, März 1638 (II, 41)
113 L'homme (Über den Menschen) (XI, 120)
114 L'homme (XI, 130–132)
115 Meteore, Discours 7 (VI, 321)
116 Zweite Meditation (VII, 133 f; Paris 1641: S. 179 f)
117 Brief an Mersenne, 20. 2. 1639 (II, 525)
118 Des Passions de l'Âme (Über die Leidenschaften der Seele), Art. 5 f (XI, 330 f)
119 L'homme (XI, 138 f)
120 L'homme (XI, 155 f)
121 Primae cogitationes circa generationem animalium et nonnulla de saporibus (Erste Erwägungen über die Entstehung der Tiere und einiges über Geschmäcke) (XI, 523 f)
122 Brief an Newcastle, 23. 11. 1646 (IV, 574–576)
123 Ebd.
124 Discours, 5. Teil (VI, 57)
125 Brief an einen unbekannten Adressaten, August 1641 (III, 423 f)
126 Meditationen, Fünfte Erwiderungen (VII, 353 f; Paris 1641: S. 502 f)
127 Discours, 5. Teil (VI, 59)
128 Brief an Prinzessin Elisabeth, 28. 6. 1643 (III, 691 f)
129 Brief an Prinzessin Elisabeth, 28. 6. 1643 (III, 693 f)

130 M. Gueroult: Descartes selon l'ordre des raisons. Paris 1968, Bd. 2, S. 292 f
131 Brief an Boswell (?), vielleicht von 1646 (IV, 692 f)
132 Brief an Chanut, 1. 2. 1647 (IV, 604 f)
133 Brief an Huygens, 13. 2. 1642 (III, 580)
134 Brief an Prinzessin Elisabeth, 1. 9. 1645 (IV, 282)
135 Gueroult: Descartes selon l'ordre des raisons, Bd. 2, S. 225 f
136 Brief an Prinzessin Elisabeth, 3. 11. 1645 (IV, 333)
137 L'homme (XI, 180)
138 Brief an Prinzessin Elisabeth, 21. 5. 1643 (III, 666)
139 Sechste Meditation (VII, 76; Paris 1641: S. 94 f)
140 Le Monde, Kap. 1 (XI, 4)
141 Sechste Meditation (VII, 81: Paris 1641: S. 102)
142 Sechste Meditation (VII, 84 f; Paris 1641: S. 106–108)
143 Sechste Meditation (VII, 89; Paris 1641: S. 114)
144 Discours, 6. Teil (VI, 62)
145 Passions I, Art. 45 (XI, 363)
146 Passions I, Art. 50 (XI, 369 f)
147 Gespräch mit Burman, 16. 4. 1648 (V, 162)
148 Brief an Arnauld, 29. 7. 1648 (V, 221 f)
149 Brief an Arnauld, 29. 7. 1648 (V, 222)
150 Principia Philosophiae II, § 40 (VIII/1, 65)
151 Louis de la Forge: Tractatus de homine notis perpetuis [...]. Amsterdam 1677. Nota CV d
152 Brief an Chanut, 1. 2. 1647 (IV, 601)
153 Brief an Königin Christine 20. 11. 1647 (V, 81–83)
154 Brief an Chanut, 23. 4. 1649 (V, 351 f)
155 Charles Adam: Vie et œuvres de Descartes (XII, 542)

156 Brief an Prinzessin Elisabeth, 22.2.1649 (V, 281)
157 F. Alquié: La découverte métaphysique de l'homme. Paris 1950. S. 539
158 Charles Adam, Vie et œuvres de Descartes (XII, 552)
159 Ebd. (XII, 608 ff)
160 L. Díez del Corral: Doktrinärer Liberalismus. Neuwied 1964. S. 37
161 (Jacobus Rhenferdius): Kort en oprecht verhaal van de eerste oorsprong der broedertwisten, die nu vertig jaaren de niderlandsche kerken ontrust hebben. Amsterdam 1708
162 Historia IV/2, Liber 1, cap. 7, § 37

Zeittafel

1596	31. März: René Descartes wird als drittes Kind des Juristen Joachim Descartes und seiner Frau Jeanne, geb. Brochard, in La Haye (Touraine) geboren. Der Vater entstammt einer Ärzte- und Gelehrtenfamilie, die Vorfahren der Mutter waren Beamte; beide Zweige der Familie stammen aus dem Poitou
1597	Tod der Mutter
1604–1612	Besuch des jesuitischen Collège Royal in La Flèche (Anjou)
1616	Baccalaureat und Lizenziat der Rechte an der Fakultät zu Poitiers
1618	*Musicae compendium* (veröff. 1650). – Etwa zu dieser Zeit erbt Descartes das kleine Gut Le Perron im Poitou von seiner Großtante d'Archangé. Er bezeichnet sich als «Sieur du Perron»
1618–1619	Militärische Ausbildung in Holland. Beginn der Freundschaft mit dem Physiker Isaac Beeckman
1619	April–Juli: Reise nach Kopenhagen, Danzig, Polen, Ungarn, Österreich, Böhmen. Juli–September: Aufenthalt in Frankfurt zur Krönung Kaiser Ferdinands II. Winter: Ulm. Kontakt zu dem Mathematiker Johann Faulhaber, der der geheimen Gesellschaft der Rosenkreuzer angehört
1620	Dienst als Freiwilliger in der Truppe des Herzogs von Bayern
1622	April: Rennes. Mai: Poitou. Winter: Paris
1623	Reise nach Italien zur Nachlaßordnung eines verstorbenen Verwandten
1624	Himmelfahrt: Venedig. Ab Herbst: Rom. Rückkehr nach Frankreich durch die Toscana und den Piemont über den Monte Ceneri
1625–1628	Paris. Freundschaft mit dem Dichter Guez de Balzac
1628	Emigration in die Niederlande. Freundschaft mit dem katholischen Medizinprofessor Cornelius van Hoogeland. Begegnungen mit bedeutenden Männern des holländischen Geisteslebens
1632	Kontakt zu Constantin Huygens, dem Sekretär des Prinzen von Oranien
1635	Sommer: Geburt einer Tochter Descartes' und der Magd Hijlena Jans (Francine)
1637	*Discours de la méthode*
1640	Tod der Tochter Francine
1641	*Meditationes de prima philosophia*
1644	Erste Reise nach Frankreich. *Principia philosophiae*
1647	Zweite Reise nach Frankreich. Descartes' Schüler Henricus Regius bricht mit der Philosophie seines Meisters. Beginn des Briefwechsels

	mit der Königin Christine von Schweden durch Vermittlung Chanuts, des französischen Botschafters in Stockholm
1648	Dritte Reise nach Frankreich
1649	*Les passions de l'âme.* Februar: Erste Einladung an den schwedischen Hof. 1. September: Descartes folgt den wiederholten Einladungen der Königin Christine und reist nach Stockholm. *La naissance de la paix*, Ballettlibretto im Auftrage der Königin
1650	11. Februar: Tod Descartes' in Stockholm
1663	Die Kirche setzt Descartes' Schriften auf den «Index Romanus»
1667	Überführung des Sarges nach Frankreich

Zeugnisse

Nicolas de Malebranche
[Descartes] gebührt der Ruhm, dahin gedrungen zu sein, wo für Menschen undurchdringliche Finsternis schien, und ihnen den Weg gezeigt zu haben, auf dem sie nun alle Wahrheiten entdecken könnten, deren ein eingeschränkter Verstand fähig ist.

Malebranche, Recherche de la vérité. 1674

Gottfried Wilhelm von Leibniz
Wäre ihm [Descartes] ein längeres Leben vergönnt gewesen, so hätte er uns ohne Zweifel einmal sichere und nützliche Wahrheiten geschenkt und nicht nur Hypothesen gelehrt, die zwar schön, beifallswürdig und äußerst wissenswert sind und die als Beispiele des Scharfsinns und des Genies gelten können, die gleichwohl aber der Praxis allzu fremd und bis jetzt unfruchtbar geblieben sind, von ihrer Unsicherheit abgesehen. Ich möchte wünschen, daß nun nicht viele kluge Männer über diesen cartesischen Hypothesen gleichsam ergrauen, indem sie den Fortschritt der Wissenschaften vergessen und ihnen anhangen, als wären es Felsen der Sirenen oder verzauberte Paläste einer Zauberin Circe, so wie es auch den Peripatetikern mit ihrem Aristoteles erging.

Leibniz, Elementa rationis. 1686

Johann Georg Hamann
Er [Descartes] verdient die Ehre, als ein Großvater der neueren Philosophien angesehen zu werden. Seine Abhandlung von der Lehrart ist angenehm zu lesen und vielleicht die scharfsinnigste unter seinen Schriften. Sie ist gleichsam eine Geschichte seiner Vernunft; wie wohl er seinen klügsten Lesern erlaubt hat, sie als einen Roman derselben anzusehen. Er hat darin mit vieler Kunst und Scharfsinnigkeit eine Schutzschrift für seine Philosophie anzulegen gewußt; eine gewisse bescheidene und aufrichtige Denkungsart, der er sich geschickt zu bedienen weiß, tut ihm zu seiner Absicht die besten Dienste. Die Beschreibung, die er von sich macht, sieht so einfältig und einem wahren Weltweisen so ähnlich aus, daß man durch einen Beifall des Herzens bestimmt wird, ihn zu seinem Anführer zu erwählen.

Hamann, Königsberger Notizbuch. 1754

Immanuel Kant

Es ist übrigens schwer zu sagen, von wo die Verbesserung der spekulativen Philosophie eigentlich herkommt. Ein nicht geringes Verdienst um dieselbe erwarb sich Descartes, indem er viel dazu beitrug, dem Denken Deutlichkeit zu geben durch sein aufgestelltes Kriterium der Wahrheit, das er in die Klarheit und Evidenz der Erkenntnisse setzte.

Kant, Logik (Vorlesung 1782)

Georg Wilhelm Friedrich Hegel

Descartes hat der Mathematik ebenso ein neues Emporstreben gegeben, als der Philosophie. Mehrere Hauptmethoden sind seine Entdeckungen, worauf nachher die glänzendsten Resultate der höheren Mathematik gebaut worden sind. Seine Methode macht noch heute eine wesentliche Grundlage der Mathematik aus; Cartesius ist der Erfinder der analytischen Geometrie, und somit derjenige, der auch hierin der modernen Mathematik ihre Bahn angewiesen hat. Auch hat er Physik, Optik, Astronomie kultiviert, und darin die größten Entdeckungen gemacht.

Hegel, Vorlesungen über die Geschichte der Philosophie (1805/06)

Arthur Schopenhauer

Cartesius gilt mit Recht für den Vater der neuern Philosophie, zunächst und im Allgemeinen, weil er die Vernunft angeleitet hat, auf eigenen Beinen zu stehn, indem er die Menschen lehrte, ihren eigenen Kopf zu gebrauchen, für welchen bis dahin die Bibel einerseits und der Aristoteles andererseits funktionierten; im besondern aber und engern Sinne, weil er zuerst sich das Problem zum Bewußtsein gebracht hat, um welches seitdem alles Philosophieren sich hauptsächlich dreht: das Problem vom Idealen und Realen, d. h. die Frage, was in unserer Erkenntnis objektiv und was darin subjektiv sei, also was darin etwaigen, von uns verschiedenen Dingen, und was uns selber zuzuschreiben sei.

Schopenhauer, Skizze einer Geschichte der Lehre vom Idealen und
Realen. 1851

Friedrich Nietzsche

Wir Neueren sind alle Gegner des Descartes und wehren uns gegen seine dogmatische Leichfertigkeit im Zweifel . . . Seien wir vorsichtiger als Cartesius, welcher in dem Fallstrick der Worte hängen blieb.

Nachlaß. 1885

Wilhelm Dilthey

Alles stimmt zusammen in diesem wunderbaren Menschen. Die Unnahbarkeit, die ihn umgibt. Die stolze Zurückgezogenheit seines Lebens. Der Adel seiner Sprache und der große, beinahe dramatische Stil seiner Schriften, welche ganz von dem Glück des Erkennens durchstrahlt sind . . . Seine Metaphysik ist der Ausdruck seiner Person. Descartes ist die Verkörperung der auf Klarheit des Denkens gegründeten Autonomie des Geistes. In ihm lebt eine originale Verbindung von Freiheitsbewußtsein mit dem Machtgefühl des rationalen Denkens. Und hierin liegt wohl die äußerste Steigerung des Souveränitätsbewußtseins, zu der sich je ein Mensch erhoben hat.

Dilthey, Der entwicklungsgeschichtliche Pantheismus. 1900

Edmund Husserl

Die Cartesianischen «Meditationes» wollen nicht zufällige subjektive Besinnungen Descartes' sein oder gar eine literarische Kunstform für die Übermittlung der Gedanken des Autors. Vielmehr geben sie sich offenbar als die in der Art und Ordnung ihrer Motivationen notwendigen Besinnungen, die das radikal philosophierende Subjekt als solches notwendig durchmachen muß; es muß sie machen als Subjekt, das die Idee der Philosophie als leitende Zweckidee seines Lebens erwählt hat und das also eben daran, daß es sie in seinem Erkenntnisleben selbsttätig realisiert, zum echten Philosophen werden soll. Darin also liegt die Ewigkeitsbedeutung der Cartesianischen «Meditationes». Sie zeichnen oder versuchen zu zeichnen den notwendigen Stil des philosophischen Anfangens.

Husserl, Erste Philosophie (Vorlesung 1923/24)

Karl Jaspers

Wer von der Lektüre der Philosophen der Renaissance zu Descartes kommt, fühlt sich plötzlich wie in klarer Luft; der Gedanke ist prägnant, jeder Satz ist unverrückbar an seiner Stelle; Überflüssiges wird nicht berührt; Beiläufigkeiten fehlen; der Fortgang ist entschieden und zielbewußt; der Leser fühlt sich in Zucht genommen.

Jaspers, Descartes und die Philosophie. 1937

Ernst Cassirer

Descartes hatte mit seinem universalen Zweifel begonnen. Es war kein skeptischer, sondern ein methodischer Zweifel. Er wurde der «archimedische Punkt», der feste und unbewegliche Mittelpunkt einer neuen Welt philosophischer Wahrheit . . . In Descartes' Philosophie wurde der moderne Geist großjährig; er behauptete seinen Platz und verteidigte sein Recht gegen alle traditionellen Auffassungen und äußeren Autoritäten.

Cassirer, The Myth of the State. 1946

Jean-Paul Sartre

Zwei Jahrhunderte der Krise – der Krise des Glaubens und der Krise der Wissenschaft – waren notwendig, damit der Mensch die schöpferische

Freiheit wiedergewann, wie sie Descartes in Gott hineingelegt hat, damit wir endlich jene Wahrheit ahnen, die die wesentliche Grundlage des Humanismus ist: der Mensch ist das Wesen, dessen Auftreten bewirkt, daß eine Welt existiert. Wir wollen es Descartes nicht zum Vorwurf machen, daß er Gott gegeben hat, was eigentlich uns zukommt; wir wollen ihn vielmehr bewundern, daß er in einer autoritären Zeit die Grundlagen der Demokratie gelegt hat, daß er die Forderungen des Gedankens der Autonomie bis zu Ende verfolgt hat, und daß er, lange vor Heideggers «Vom Wesen des Grundes», erkannt hat, daß die einzige Grundlage des Seins die Freiheit ist.

Descartes, Introduction et choix par J.-P. Sartre. 1946

Carl Friedrich von Weizsäcker
Es ist . . . eine historische Tatsache, daß Descartes ein großer Mathematiker und ein hochbedeutender Naturforscher war. Ich möchte mich der These anschließen, das eigentliche Ziel seiner Philosophie sei es gewesen, ein festes Fundament für die mathematische Naturwissenschaft zu legen. Also müssen für ihn Subjekt und Objekt etwas miteinander zu tun gehabt haben: die Gewißheit, mit der das menschliche Denken sich selbst kennt und die Gewißheit, mit der es die Natur mathematisch erkennt. In der Tat ist seine Philosophie weder einseitig dem Geist noch einseitig der Materie zugewandt. Zwar hat er Geist und Materie scharf unterschieden, vielleicht schärfer als es je zuvor in der Geschichte der Philosophie geschehen ist. Aber er hat sie unterschieden, um dann auch die Art ihrer Beziehung zueinander ebenso scharf bezeichnen zu können. Historisch gehört er daher ebensosehr zu den Stammvätern des Methodenbewußtseins der Naturwissenschaft wie zu denen der Philosophie des Geistes.

Weizsäcker, Descartes und die neuzeitliche Naturwissenschaft. 1958

Bibliographie

Diese Bibliographie muß sich auf eine Auswahl beschränken. Vom Werk Descartes' werden die Gesamtausgaben und neuere Sammelausgaben genannt. Um eine Übersicht über die Erstdrucke der Werke zu geben, werden die Einzelschriften in der Reihenfolge ihrer Veröffentlichung aufgeführt. Spätere Übersetzungen lateinischer Originaltexte ins Französische bzw. französischer Texte ins Lateinische werden in der Regel nicht erwähnt. Ebenso wird auf die Nennung zahlreicher Nachdrucke, Neueditionen und kommentierter Ausgaben sowie älterer Sammelausgaben verzichtet. Nach den Originaltiteln folgen gebräuchliche deutsche Übersetzungen. – Von der umfangreichen Sekundärliteratur findet der Leser hier nur Bücher und deutschsprachige Dissertationen zusammengestellt. Einzelne Aufsätze, Darstellungen in größeren Zusammenhängen (Philosophiegeschichten etc.) und kürzere Würdigungen können aus Raumgründen nicht erfaßt werden. Philosophische Abhandlungen, die sich mit überwiegend spekulativem oder aktuellem Interesse auf Descartes berufen, bleiben ebenfalls unberücksichtigt. Stand der Bibliographie: Juni 1991

1. Bibliographien, Forschungsberichte, Hilfsmittel

René Descartes. [Bibliographie.] In: FRIEDRICH UEBERWEG, Grundriß der Geschichte der Philosophie. Teil 3. Die Philosophie der Neuzeit bis zum Ende des XVIII. Jahrhundert. 12. Aufl. Neubearb. von MAX FRISCHEISEN-KÖHLER und WILLY MOOG. Berlin 1924. S. 654–658

La littérature cartésienne au XXe siècle. In: Revue de synthese 40 (1937), S. 67–114

LEWIS, GENEVIÈVE: Bilan de cinquante ans d'études cartésiennes. In: Revue philosophique de la France et de l'étranger 141 (1951), S. 249–267

FETSCHER, IRING: Das französische Descartesbild der Gegenwart. In: Philosophische Rundschau 3 (1955), S. 166–198 – Erw. Wiederabdruck in: FERDINAND ALQUIÉ, Descartes. Stuttgart 1962 (Frommanns Klassiker der Philosophie. 35). S. 127–158

SEBBA, GREGOR: Bibliographia Cartesiana. A critical guide to the Descartes literature, 1880–1960. The Hague 1964 (Archives internationales d'histoire des idées. V)

CRAPULLI, GIOVANNI, und EMILIA GIANCOTTI BOSCHERINI: Ricerche lessicali su opere di Descartes e Spinoza. Rom 1969 (Lessico intellettuale europeo)

MORRIS, JOHN MARTIN: Descartes-Dictionary. New York 1971

Bulletin cartésien, par l'équipe Descartes (C. N. R. S.). In: Archives de Philosophie [Seit 1972 jährlich.]

VANDENBULCKE, JAAK: Duitsche Descartes-Literatuur uit het begin van de zeventiger jaren. In: Tijdschrift voor Filosofie 37 (1975), S. 95–111

GUIBERT, A. J.: Bibliographie des œuvres de René Descartes publiées au XVIIe siècle. Paris 1976

ROBINET, ANDRÉ: Méditations métaphysiques. «Cogito 75». Tableau alphabétique des formes lexicales. Tableau fréquentiel. Concordances. Tableaux de co-occurences. Paris 1976

ARMOGATHE, JEAN-ROBERT, und JEAN-LUC MARION: Index des Regulae ad directionem ingenii. Avec des listes de leçons et conjectures établies par GIOVANNI CRAPULLI. Rom 1976 (Lessico intellettuale europeo. 10. Corpus Cartesianum. 1)

CAHNÉ, PIERRE-ALAIN: Index du Discours de la méthode. Rom 1977 (Lessico intellettuale europeo. 12. Corpus Cartesianum. 2)

Studia Cartesiana. Revue annuelle. Amsterdam 1979 ff. – Erscheint ab 1980 mit der Beilage: Nouvelles Cartésiennes. Cartesian Newsletter

René Descartes. [Bibliographie.] In: WILHELM TOTOK: Handbuch der Geschichte der Philosophie. Band IV: Frühe Neuzeit. 17. Jahrhundert. Frankfurt a. M. 1981, S. 36–108

CHAPPELL, VERE, und DONEY, WILLIS: Twenty-five Years of Descartes Scholarship. 1960–1984. A Bibliography. New York 1987

(Diese Publikation leitet eine wichtige Reihe bei Garland ein:

«The Philosophy of Descartes. Twenty-two of the most important publications on Descartes' philosophy, reprinted in twenty-five volumes. Edited by W. DONEY. A Garland Series.»)

Grundriß der Geschichte der Philosophie. Die Philosophie des 17. Jahrhunderts Bd. 2: Frankreich und Niederlande, hg. von J.-P. SCHOBINGER. Basel 1993. Fünftes Kapitel: Descartes und der Cartesianismus. § 11: René Descartes (G. RODIS-LEWIS), §. 12: Der Cartesianismus in den Niederlanden (P. DIBON), § 14: Der Cartesianismus in Frankreich (G. RODIS-LEWIS). – Primärliteratur: S. 273–284, 349–354, 375–378, 398–400, 409, 413–414, 423–424,431–432 und 439–440. – Sekundärliteratur: S. 447–471

COTTINGHAM, J.: Descartes Dictionary. Oxford 1993

MURAKAMI, K., u. a.: Concordance to Descartes' «Meditationes de prima philosophia». Hildesheim 1995

MARION, J.-L., u. a.: Index des «Meditationes de prima philosophia» de R. Descartes. Besançon 1996

2. Werke

a) Gesamtausgaben

Œuvres. Publiées par VICTOR COUSIN. 11 Bde. Paris (Levrault) 1824–1826

Œuvres. Publiées par CHARLES ADAM et PAUL TANNERY. 13 Bde. Paris (Cerf) 1897–1913 [Bd. 1–5: Briefe; Bd. 6–11: Schriften; Bd. 12: Biographie (von Charles Adam); Bd. 13: Supplement, Index.] – Neuausg. Paris (Vrin) 1964–1967 (Bibliothèque des textes philosophiques) – Neuausg. hg. von JOSEPH BEAUDE, PIERRE COSTABEL, ALAN GABBEY, BERNARD ROCHOT u. a. ebd. 1969 f. – Ab 1974 Neuauflage, besorgt vom Centre National de la Recherche Scientifique

Correspondance. Publiée avec une introduction et des notes par CHARLES ADAM et GÉRARD MILHAUD. 8 Bde. Paris (Alcan; Presses Universitaires) 1936–1963

b) Sammelausgaben

Œuvres et lettres. Textes présentés par ANDRÉ BRIDOUX. Paris (Gallimard) 1937 [u. ö.] (Bibliothèque de la Pléiade. 40)

Œuvres philosophiques. Textes établis, présentés et annotés par FERDINAND AL-QUIÉ. 3 Bde. Paris (Garnier) 1963 [u. ö.] (Classiques Garnier)

Hauptschriften zur Grundlegung seiner Philosophie. Übers. und mit einem Vor-wort begleitet von KUNO FISCHER. Mannheim (Bassermann'sche Verlagshand-lung) 1863 – Manualneudruck mit einer Einführung von HEINRICH RICKERT. Heidelberg (Winter) 1930

Philosophische Werke. Übers., erl. und mit einer Lebensbeschreibung des Descar-tes versehen von JULIUS HERMANN VON KIRCHMANN. 4 Bde. Berlin (Heimann) 1870 (Philosophische Bibliothek. 25. 26)

Philosophische Werke. Übers. und erl. von ARTUR BUCHENAU. 4 Bde. Leipzig (Dürr'sche Buchhandlung; Meiner) 1902–1911 (Philosophische Bibliothek. 26–29) – Neuaufl. Leipzig 1980 (Reclams Universal-Bibliothek. 787)

Correspondence of Descartes and Constantyn Huygens, 1635–1647. Ed. by LÉON ROTH. Oxford (Clarendon Press) 1926

Lettres sur la morale. Correspondance avec la princesse Élisabeth, Chanut et la reine Christine. Texte revu et présenté par JACQUES CHEVALIER. Paris (Boivin) 1935

Correspondance avec Arnaud et Morus. [Lat. und franz.] Introduction et notes par GENEVIÈVE LEWIS. Paris Vrin) 1953 (Bibliothèque des textes philo-sophiques)

Lettres à Regius et remarques sur l'explication de l'esprit humain. [Lat. und franz.] Introduction et notes par GENEVIÈVE RODIS-LEWIS. Paris (Vrin) 1959 (Biblio-thèque des textes philosophiques)

Briefe. 1629–1650. Hg., eingel. und mit Anm. versehen von MAX BENSE. Übers. von FRITZ BAUMGART. Köln–Krefeld (Staufen-Verlag) 1949

Ausgewählte Schriften, ausgew. und eingel. von IVO FRENZEL. Frankfurt a. M. 1986 (Fischer-Taschenbücher. 6549)

COTTINGHAM, J., u. a.: René Descartes. Selected philosophical writings. Cam-bridge 1988

Correspondance avec Elisabeth et autres lettres. Introduction, bibliographie et chronologie de JEAN-MARIE BEYSSADE et MICHELLE BEYSSADE, Paris 1989 (Flammarion. 513)

DESCARTES, R.: Philosophische Schriften in einem Band. Hamburg 1996

c) Einzelschriften

Discours de la méthode pour bien conduire sa raison et chercher la vérité dans les sciences. Plus la dioptrique, les météores et la géométrie, qui sont des essais de cette méthode. Leyden (Maire) 1637 – Faksimile-Nachdruck Osnabrück 1973 (Editio simile. 1)

Dt.: Abhandlung über die Methode des richtigen Vernunftgebrauchs und der wissenschaftlichen Wahrheitsforschung. Übers. von KUNO FISCHER. In: Haupt-schriften zur Grundlegung seiner Philosophie. Mannheim (Bassermann'sche Verlagshandlung) 1863 – Manualneudruck. Heidelberg (Winter) 1930 – Einzelausg. [Franz. und dt.] Mit einem Vorwort von Karl Jaspers und einem Beitrag von Jean-Paul Sartre. Mainz (Internationaler Universum-Verlag) 1948 – Einzelausg. Erneuert und mit einem Nachwort versehen von Hermann Glockner. Stuttgart (Reclam) 1961 [u. ö.] (Universal-Bibliothek. 3767)

Abhandlung über die Methode, richtig zu denken und die Wahrheit in den Wissenschaften zu suchen. Übers. und erl. von JULIUS HERMANN VON KIRCHMANN. Berlin (Heimann) 1870 (Descartes, Philosophische Werke Theil 1, Abth. 1) (Philosophische Bibliothek. 25, 1)

Abhandlung über die Methode des richtigen Vernunftgebrauchs und der wissenschaftlichen Wahrheitsforschung. Übers. von LUDWIG FISCHER. Leipzig (Reclam) 1898 (Reclams Universal-Bibliothek. 3767) – Neudurchges. Mit einem Nachwort von Manfred Starke. Leipzig (Reclam) 1962 (Reclams Universal-Bibliothek. 3767)

Abhandlung über die Methode. Übers. und mit Einl. und Anm. hg. von ARTUR BUCHENAU. Leipzig (Dürr'sche Buchhandlung) 1905 (Descartes, Philosophische Werke Abt. 1, 1) (Philosophische Bibliothek. 26) – 4. Aufl. Leipzig (Meiner) 1922 (Philosophische Bibliothek. 26 a) – Unveränd. Neudruck. Hamburg (Meiner) 1978

Von der Methode des richtigen Vernunftgebrauchs und der wissenschaftlichen Forschung. [Franz. und dt.] Übers. und hg. von LÜDER GÄBE. Hamburg (Meiner) 1960 (Philosophische Bibliothek. 26 a) – Neudruck Hamburg 1990

Dioptrik. Übers. von GERTRUD LEISEGANG. In: LEISEGANG, Descartes' Dioptrik. Meisenheim am Glan (Westkulturverlag Anton Hain) 1954 (Monographien zur Naturphilosophie. 2). S. 67–165

Die Geometrie. Übers. von LUDWIG SCHLESINGER. Berlin (Mayer und Müller) 1894 – 2. durchges. Aufl. 1923 – Nachdruck Darmstadt (Wissenschaftliche Buchgesellschaft) 1969 (Libelli. 291)

Meditationes de prima philosophia. Paris (Soly) 1641 – 2. [um Einwände und Erwiderungen erw.] Aufl. Amsterdam (Elzevier) 1642

Dt.: Untersuchung über die Grundlage der Philosophie. Übers. und erl. von JULIUS HERMANN VON KIRCHMANN. Berlin (Heimann) 1870 (Descartes, Philosophische Werke. Theil 1, Abth. 2) (Philosophische Bibliothek. 25, 2)

Betrachtungen über die Grundlagen der Philosophie. Übers. von LUDWIG FISCHER. Leipzig (Reclam) 1891 (Reclams Universal-Bibliothek. 2887) – Neue, verb. Aufl. 1926

Meditationen über die Grundlagen der Philosophie. Hg., übers. und erkl. von ARTUR BUCHENAU. Leipzig (Dürr'sche Buchhandlung) 1902 (Descartes, Philosophische Werke. Abt. 2) (Philosophische Bibliothek. 27) – 4. Aufl. Mit den sämtlichen Einwänden und Erwiderungen. Zum erstenmal vollständig übers. und hg. von ARTUR BUCHENAU. Leipzig (Meiner) 1915 (Philosophische Bibliothek. 27) – Unveränd. Neudruck. Hamburg (Meiner) 1972

Meditationen über die erste Philosophie. [Lat. und dt.] Auf Grund der Ausgaben von Artur Buchenau neu hg. von ERICH CHR. SCHRÖDER. Hamburg (Meiner) 1956 (Philosophische Bibliothek. 250)

Meditationen über die Grundlagen der Philosophie. [Lat. und dt.] Auf Grund der Ausgaben von Artur Buchenau neu hg. von LÜDER GÄBE. Hamburg (Meiner) 1959 (Philosophische Bibliothek. 250 a) – Durchgesehen von HANS GÜNTER ZEKL. 1977

Meditationen über die erste Philosophie. Übers. und hg. von GERHART SCHMITT.

Stuttgart (Reclam) 1971 [u. ö.] (Universal-Bibliothek. 2887)

Meditationes de prima philosophia. [Lat. und dt.] Übers. und hg. von GERHART SCHMIDT. Stuttgart 1986 (Universal-Bibliothek. 2888)

Epistola ad R. P. Dinet. Amsterdam (Elzevier) 1642

Epistola ad celeberrimum virum D. Gisbertum Voetium. Amsterdam (Elzevier) 1643

Principia philosophiae. Amsterdam (Elzevier) 1644

Dt.: Die Principien der Philosophie. Erster Theil. Übers. von KUNO FISCHER. In: Hauptschriften zur Grundlegung seiner Philosophie. Mannheim (Basser-mann'sche Verlagshandlung) 1863 – Manualneudruck. Heidelberg (Winter) 1930

Die Principien der Philosophie. Übers. und erl. von JULIUS HERMANN VON KIRCHMANN. Berlin (Heimann) 1870 (Descartes, Philosophische Werke, Theil 2. Abth. 1) (Philosophische Bibliothek. 26, 1)

Die Prinzipien der Philosophie. Mit einem Anhang. Übers. und erl. von ARTUR BUCHENAU. Leipzig (Dürr'sche Buchhandlung) 1908 (Descartes, Philo-sophische Werke. Abt. 3) (Philosophische Bibliothek. 28) – 4. Aufl. Leipzig (Meiner) 1922 (Philosophische Bibliothek. 28) – Unveränd. Neudruck. Ham-burg (Meiner) 1965

Notae in programma quoddam, sub finem anni 1647 in Belgio editum, cum hoc titulo; Explicatio mentis humanae. Amsterdam (Elzevier) 1648

Dt.: Bemerkungen über ein gewisses in den Niederlanden gegen Ende 1647 ge-drucktes Programm. Übers. und erl. von ARTUR BUCHENAU. In: Die Prinzipien der Philosophie. Leipzig (Dürr'sche Buchhandlung) 1908 (Descartes, Philo-sophische Werke. Abt. 3) (Philosophische Bibliothek. 28) – 4. Aufl. Leipzig (Meiner) 1922 (Philosophische Bibliothek. 28) – Unveränd. Neudruck. Ham-burg (Meiner) 1965

Les passions de l'âme. Paris (Le Gras) 1649

Dt.: Von den Leidenschaften der Seele. Übers. von BALTHASAR TILESIUS. Halle 1723

Über die Leidenschaften der Seele. Übers. und erl. von JULIUS HERMANN VON KIRCHMANN. Berlin (Heimann) 1870 (Descartes, Philosophische Werke. Theil 2, Abth. 2) (Philosophische Bibliothek. 26,2)

Über die Leidenschaften der Seele. Übers. und erl. von ARTUR BUCHENAU. Leipzig (Meiner) 1911 (Descartes, Philosophische Werke. Abt. 4) (Philo-sophische Bibliothek. 29)

Die Leidenschaften der Seele. Hg. und übers. von KLAUS HAMMACHER. Ham-burg 1984 (Philosophische Bibliothek. 345)

La naissance de la paix. Ballet dansé au Chateau royal de Stockholm le jour de naissance de Sa Majesté. Stockholm 1649 – Abgedruckt in: Le Discours de la méthode, La naissance de la paix, Lettres. Postface par ROBERT CAMPBELL. Paris 1967 (Les écrivains célèbres. 55. Les classiques)

Dt.: Die Geburt des Friedens. [Franz. und dt.] Ballett, aufgeführt im Königli-chen Schlosse zu Stockholm am Geburtstag Ihrer Majestät. Prosa von Louis Aragon. Übers. von HANS PAESCHKE. In: Lancelot 1946, H. 3, S. 53–82 – Ein-zelausg. Descartes 1649 – Aragon 1946. Neuwied (Lancelot Verlagsgesellschaft) 1949

Musicae compendium. Utrecht 1650

Abregé de musique. [Suivi des:] Eclaircissements physiques sur la musique de Des-cartes du R. P. NICOLAS POISSON. Préf. de J.-F. Kremer. Paris 1990

Querela apologetica ad amplissimum magistratum Ultrajectinum, qua technae, calumniae, mendacia, falsorum testimoniorum fabricae, aliaque crimina Voetiorum et Dematii, plene reteguntur. Opusculum antea ineditum. Amsterdam 1656

La Querelle d'Utrecht. Textes établis, traduits et annotés par THEO VERBEEK. Préface de JEAN-LUC MARION. Paris 1988

Lettres. [Publiées par CLAUDE DE CLERSELIER] 3 Bde. Paris (Angot) 1657–1667 – Lat.: Epistolae. 3 Bde. Amsterdam (Elzevier) 1668–1683

Ein ungedruckter Brief Descartes' an Roderich Dotzen, veröffentlicht von ALBERT HEINEKAMP. In: Studia Leibnitiana 2 (1970), S. 1–12

Le Monde, ou le traité de la lumière et des autres principaux objets des sens. [Publié par CLAUDE DE CLERSELIER] Paris (Angot) 1664 – Verb. Ausg. 1677

Le monde ou traité de la lumiere. Die Welt oder Abhandlung vom Licht. Übers. und Nachw. von MATTHIAS TRIPP. Weinheim 1989

De Homine, figuris et latinitate donatus a Florentio Schuyl. Leiden (Moyardus/Leffen) 1662

L'homme, et un traité de la formation du fœtus. Avec les remarques de Louys de la Forge. [Publié par CLAUDE DE CLERSELIER] Paris (Angot) 1664

Über den Menschen/Beschreibung des menschlichen Körpers. Übersetzt und mit einer historischen Einleitung und Anmerkungen von KARL E. ROTHSCHUH. Heidelberg (Schneider) 1969

Traité de la mécanique. Paris (Angot) 1668

Opuscula posthuma physica et mathematica. Amsterdam (Blaeu) 1701 [Enthält u. a.: Regulae ad directionem ingenii; Inquisitio veritatis per lumen naturale.]

Regulae ad directionem ingenii. Texte critique établi par GIOVANNI CRAPULLI avec la version hollandaise du XVIIe siècle. Den Haag 1966 (Archives internationales d'histoire des idées. 12)

MARION, J.-L., und P. COSTABEL: Règles utiles et claires pour la direction de l'esprit en la recherche de la vérité. Traduction selon le lexique cartésien et annotation conceptuelle avec des notes mathématiques. Den Haag 1977 (Arch. intern. d'histoire des idées. 88)

Dt.: Regeln zur Leitung des Geistes. Die Erforschung der Wahrheit durch das natürliche Licht. Übers. und mit Einl. und Anm. hg. von ARTUR BUCHENAU. Leipzig (Dürr'sche Buchhandlung) 1906 (Descartes, Philosophische Werke. Abt. 1, 2) (Philosophische Bibliothek. 26 a) – 2. durchges. Aufl. Leipzig (Meiner) 1920 (Philosophische Bibliothek. 26 b) – Unveränd. Neudruck. Hamburg (Meiner) 1962

Regulae ad directionem ingenii/Regeln zur Ausrichtung der Erkenntniskraft. Kritisch revidiert, übersetzt und hg. von HEINRICH SPRINGMEYER, LÜDER GÄBE und HANS GÜNTER ZEKL. Hamburg (Meiner) 1973 (Philosophische Bibliothek. 262 a)

Regulae ad directionem ingenii. Hg. von HEINRICH SPRINGMEYER und HANS GÜNTER ZEKL. Hamburg 1973 (Philosophische Bibliothek. 262 c)

Regeln zur Ausrichtung der Erkenntniskraft. Übers. und eingel. von HANS GÜNTER ZEKL. Hamburg 1979 (Philosophische Bibliothek. 262 b)

La recherche de la verité par la lumiere naturelle. Franz./Deutsch. Übers. und Einl. von GERHART SCHMIDT. Würzburg 1989

Œuvres inédites. Précédées d'une introduction sur la méthode, par Foucher de Careil. 2 Bde. Paris (Durand) 1859–1860

Lettres inédites. Précédées d'une introduction par Eugène de Budé. Paris (Durand) 1868

Ecrit posthume: De solidorum elementis. Texte latin original et revu, suivi d'une traduction française avec notes par M. de Jonquières. In: Mémoires de l'Académie des sciences de l'Institut de France 45 (1890), S. 329–379 – Sonderdruck. Paris 1890

Entretien avec Burman. Manuscrit de Göttingen (Responsiones ad quasdam difficultates ex meditationibus). Texte présenté, traduit et annoté par Charles Adam. Paris (Boivin) 1937 (Bibliothèque de philosophie). Neuaufl. Paris 1975
Descartes's Conversation with Burman. Transl. with introduction by John W. Cottingham. Oxford 1976
L'entretien avec Burman. Ed., trad. et annotation par Jean-Marie Beyssade. Suivi d'une étude sur RSP ou le monogramme de Descartes. Paris 1981 (Epiméthée)
Gespräch mit Burman. [Lat. und dt.] Übers. und hg. von Hans Werner Arndt. Hamburg 1982 (Philosophische Bibliothek. 325)

The passions of the soul. Hg. und erläutert von S. Voss. Indianapolis 1989

Le monde ou traité de la lumière. Die Welt oder Abhandlung über das Licht (Acta humaniora). Hg. und übers. von G. M. Tripp. Weinheim 1989

3. Gesamtdarstellungen

Baillet, Adrien: La vie de M. Descartes. 2 Bde. Paris 1691 – Nachdruck. Genf 1970 und Hildesheim–New York 1972 – Gekürzte Ausg. Paris 1692 – Neuaufl. Paris 1946 (Grandeurs. 1)

Fischer, Kuno: Descartes und seine Schule. 2 Teile. Heidelberg 1865 (Fischer, Geschichte der neuern Philosophie, Bd. I, I/II) [1. Teil: René Descartes. – 2. Teil: Descartes' Schule.] – 5. Aufl. u. d. T.: Descartes' Leben, Werke und Lehre. Heidelberg 1912

Haldane, Elizabeth S.: Descartes. His life and times. London–New York 1905

Hoffmann, Abraham: René Descartes. Stuttgart 1905 (Frommanns Klassiker der Philosophie. 18) – 2. Aufl. 1923

Adam, Charles: Vie et œuvres de Descartes. Étude historique. Paris 1910 (Descartes, Œuvres [Bd. 12]) – Neuausg.: Descartes. Sa vie, son œuvre. Paris 1937

Chevalier, Jacques: Descartes. Paris 1921 (Les maîtres de la pensée française) – Neuausg. 1949

Leroy, Maxime: Descartes, le philosophe au masque. 2 Bde. Paris 1929

Serrurier, Cornelia: Descartes. Leer en leven. 's-Gravenhage 1930 – Franz.: Descartes. L'homme et le penseur. Préface de Henri Gouhier. Paris–Amsterdam 1951

Maritain, Jacques: Le songe de Descartes, suivi de quelques essais. Paris 1932 – Neuaufl. Paris 1965

Keeling, Stanley Victor: Descartes. London 1934 (Leaders of Philosophy) – Nachdruck. Westport. Conn. 1970 [u. ö.]

Brunschvicg, Léon: Descartes. Paris 1937 (Maîtres des littératures)

Cassirer, Ernst: Descartes. Lehre, Persönlichkeit, Wirkung. Stockholm 1939 – Neudr. Hildesheim 1978

CRESSON, ANDRÉ: Descartes. Sa vie, son œuvre. Avec un exposé de sa philosophie. Paris 1942 (Philosophes) – Neuaufl. 1957

LEFEBVRE, HENRI: Descartes. Paris 1947 (Grandes figures. 3)

LEWIS, GENEVIÈVE: René Descartes, français, philosophe. Paris 1953 (Service de la France. 6)

ALQUIÉ, FERDINAND: Descartes. L'homme et l'œuvre. Paris 1956 (Connaissance des lettres. 45) – Neuaufl. Paris 1988 – Dt.: Descartes. Stuttgart 1962 (Frommanns Klassiker der Philosophie. 35)

SASSEN, FERDINAND: Descartes. Den Haag 1963 (Helden van den geest)

FRÉDÉRIX, PIERRE: Monsieur René Descartes en son temps. Paris 1959 (Leurs figures)

BARJONET-HURAUX, MARCELLE: Descartes. Paris 1964

LINS, IVAN: Descartes: época, vida e obra. 2. Aufl. Rio de Janeiro 1964

VROOMAN, JACK ROCHFORD: René Descartes. A biography. New York 1970

BEYSSADE, MICHELLE: Descartes. Paris 1972 (Collection SUP, Philosophes)

RÉE, JONATHAN: Descartes. London 1974 – New York 1975

GARIN, EUGENIO: Vita e opere de Cartesio. Rom 1984 (Universale Laterza. 657)

4. Einzelnes zur Biographie

SIRVEN, J.: Les années d'apprentissage de Descartes (1596–1628). Albi 1928

ADAM, CHARLES: Descartes. Ses amitiés féminines. Paris 1937

CASSIRER, ERNST: Drotning Christina och Descartes. Ett bidrag till 1600-talets idéhistoria. Stockholm 1940 (Göteborgs Högskola. Forksningar och föreläsningar) – Franz.: Descartes, Corneille, Christine de Suède. Paris 1942 (Études de Psychologie et de Philosophie. 2)

BEHN, IRENE: Der Philosoph und die Königin. Renatus Descartes und Christina Wasa. Briefwechsel und Begegnung. Freiburg i. B. – München 1957

NEEL, MARGUERITE: Descartes et la princesse Elisabeth. Préface de JEAN LAPORTE. Paris 1946 (Les jeunes études philosophiques. 1)

Descartes par lui-même. Images et textes présentés par SAMUEL SILVESTRE DE SACY. Paris 1956 [u. ö.] (Écrivains de toujours. 36)

OEGEMA VAN DER WAL, THEUNIS: De mens Descartes. Brüssel 1960

TILLMANN, ALEXANDRE: L'itinéraire du jeune Descartes. III. Du «Livre du monde» au «Monde». Lille–Paris 1976

FERRIER, F.: Un oratorien ami de Descartes: Guillaume Gibieuf et sa philosophie de la liberté. Paris 1979 (Bibliothèque d'histoire de la philosophie)

BORTOLOTTI, A.: Saggi sulla formazione del pensiero di Descartes. Florenz 1983 (Saggi filosofici. 4)

VERBEEK, THEO (Hg.): René Descartes et Martin Schoock, La Querelle d'Utrecht. Textes établis, traduits et annotés. Préface de JEAN-LUC MARION. Paris 1988

DE RAYMOND, J.-F.: Descartes et Christine de Suède. La reine et le philosophe. Paris 1993

RODIS-LEWIS, G.: Le développement de la pensée de Descartes (Bibliothèque d'histoire de la philosophie). Paris 1997

5. Werkuntersuchungen

a) Überblicke und Einführungen

LABERTHONNIÈRE, LUCIEN: Études sur Descartes. 2 Bde. Paris 1935 (Œuvres de Laberthonnière, publiées par les soins de Louis Canet)

LABERTHONNIÈRE, LUCIEN: Études de philosophie cartésienne et premiers écrits philosophiques. Paris 1937 (Œuvres de Laberthonnière, publiées par les soins de Louis Canet)

TORNAU, HARTWIG: Syntaktische und stilistische Studien über Descartes. [Diss.] Leipzig 1900

SMITH, NORMAN KEMP: Studies in the Cartesian philosophy. London–New York 1902 – Neuaufl. New York 1987

HAMELIN, OCTAVE: Le système de Descartes. Publié par L. ROBIN. Préface D'ÉMILE DURKHEIM. Paris 1911 – 2. bearb. Aufl. Paris 1921 (Bibliothèque de philosophie contemporaine) – Neuaufl. New York 1987

ASTER, ERNST VON: Einführung in die Philosophie Descartes'. München–Berlin 1921 (Philosophische Reihe. 10)

PÉGUY, CHARLES: Note conjointe sur M. Descartes et la philosophie cartésienne. In: PÉGUY, Œuvres complètes. Bd. 9. Paris 1924. S. 59–331 – Wiederabdruck in: PÉGUY, Note conjointe. Paris 1935 – Dt.: Beigefügte Anmerkung über Herrn Descartes und die Cartesianische Philosophie. In: PÉGUY, Nota conjuncta. Wien–München 1956. S. 53–309

GIBSON, A. BOYCE: The philosophy of Descartes. London 1932 – Neuaufl. New York 1987

FRIEDRICH, HUGO: Descartes und der französische Geist. Leipzig 1937 (Wissenschaft und Zeitgeist. 6)

JASPERS, KARL: Descartes und die Philosophie. Berlin 1937

GOUHIER, HENRI: Essais sur Descartes. Paris 1937 (Essais d'art et de philosophie) – Neuaufl. 1949 und 1973

KOYRÉ, ALEXANDRE: Entretiens sur Descartes. New York–Paris 1944

ALQUIÉ, FERDINAND: Études cartésiennes. Paris 1950 – Neuaufl. Paris 1982 (Vrin-reprise)

BALZ, ALBERT G. A.: Cartesian Studies. Essays. New York 1951 – Neuaufl. New York 1987

GUEROULT, MARTIAL: Descartes selon l'ordre des raisons. 2 Bde. Paris 1953 (Philosophie de l'esprit)

LEFÈVRE, ROGER: La vocation de Descartes. Paris 1956 (Bibliothèque de philosophie contemporaine)

LEFÈVRE, ROGER: L'humanisme de Descartes. Paris 1957 (Bibliothèque de philosophie contemporaine)

SMITH, NORMAN KEMP: New Studies in the Philosophy of Descartes. Descartes as pioneer. London 1952 – Nachdruck. New York–London 1963 und New York 1987

RODIS-LEWIS, GENEVIÈVE: Descartes. Initiation à sa philosophie. Paris 1964 (Bibliothèque d'histoire de la philosophie)

RÖD, WOLFGANG: Descartes. Die innere Genesis des cartesianischen Systems. München 1964

CHAVAGNE, A.: Descartes. Brüssel 1965 (Problèmes. 4)

LEFÈVRE, ROGER: La pensée de Descartes. Paris 1965 (Pour connaître)

LOT, GERMAINE: Descartes. Paris 1966 (Savants du monde entier)

MESNARD, PIERRE: Descartes. Paris 1966 (Philosophes de tous les temps. 24)

FRONDIZI, RISIERI: Descartes. Buenos Aires 1967 (Enciclopedía del pensamiento esencial)

KENNY, ANTHONY: Descartes. A study of his philosophy. New York 1968

RODIS-LEWIS, GENEVIÈVE: L'œuvre de Descartes. I. II. Paris 1971 (À la recherche de la vérité)

REVEL, JEAN-FRANÇOIS: «Descartes inutile et incertain». Paris 1976

GRAYEFF, FELIX: Descartes. London 1977

LEFÈVRE, ROGER: La structure du cartésianisme. Lille 1978

WILSON, MARGARET D.: Descartes. London 1978 (Arguments of the philosophers)

CAHNÉ, PIERRE-ALAIN: Un autre Descartes. Le philosophe et son langage. Paris 1980 (Bibliothèque d'histoire de la philosophie)

GRENE, MARJORIE: Descartes. Brighton, Suss. 1985

COTTINGHAM, JOHN: Descartes. Oxford 1986

GUENANCIA, PIERRE: Descartes. Paris 1986 (Philosophie présente)

MARKIE, PETER J.: Descartes's Gambit. Ithaca–London 1986

VALÉRY, PAUL: Cartesius redivivus. Neu hg. von M. JARRETY. Paris 1986 (Cahiers Paul Valéry. 4)

SORELL, TOM: Descartes. Oxford–New York 1987

COTTINGHAM, J. (Hg.): The Cambridge companion to Descartes. Cambridge 1992

GAUKROGER, S.: Descartes. An intellectual biography. Oxford 1995

b) Einflüsse

KOYRÉ, ALEXANDRE: Descartes und die Scholastik. Bonn 1893 – Neuaufl. Bonn 1923 – Nachdr. Darmstadt 1971

GILSON, ÉTIENNE: Index scolastico-cartésien. Paris 1912 – Neuausg. Paris 1979 (Études de la philosophie médiévale. 62)

BLANCHET, LÉON: Les antécédents historiques du «Je pense, donc je suis». Paris 1920 – Neuaufl. Paris 1985

GILSON, ÉTIENNE: Études sur le rôle de la pensée médiévale dans la formation du système cartésien. Paris 1930 (Études de philosophie médiévale. 13) – Neuaufl. 1967

BRUNSCHVICG, LÉON: Descartes et Pascal, lecteurs de Montaigne. Neuchâtel 1942 (Être et penser. 12) – Neuaufl. 1945

GOUHIER, HENRI: Les premières pensées de Descartes. Contribution à l'histoire de l'anti-renaissance. Paris 1958 (De Pétrarque à Descartes)

WULF, HANS: Augustins Wirken in der Philosophie Descartes'. [Diss.] Berlin 1951

POPKIN, RICHARD HENRY: The history of scepticism from Erasmus to Descartes. Assen 1960 – New York 1962 – Neuaufl. The history of scepticism from Erasmus to Spinoza. Berkeley, Cal. 1979

DEL NOCE, AUGUSTO: Riforma cattolica e filosofia moderna. Vol. I: Cartesio. Bologna 1965 (Collezione di testi e studi. Storiografia)

DAPHNOS, PANAYOTIS: Stoische Elemente bei Descartes und Spinoza. [Diss.] München 1976

PAULSON, MICHAEL G.: The possible influence of Montaigne's Essais on Descartes' treatise on the passions. Lanham, Md. 1988

MATTHEWS, G. B.:Thought's Ego in Augustine and Descartes. Ithaca 1992

c) Zur Methode

GILSON, ÉTIENNE: Discours de la méthode. Texte et commentaire. Bibliothèque des textes philosophiques. Paris 1925 – Neuaufl. 1967

SERRUS, CHARLES: La méthode de Descartes et son application à la métaphysique. Paris 1933

ROTH, LÉON: Descartes' Discours on method. Oxford 1937 – Neudruck. 1948 – Nachdruck. Norwood, Pa. 1976

HENSCH, THOMAS: Über den Stil in Descartes' «Discours de la méthode». [Diss.] Zürich 1949

BECK, LESLIE JOHN: The method of Descartes. A study of the Regulae. Oxford 1952 – Neuaufl. New York 1987

LEFÈVRE, ROGER: La bataille du «cogito». Paris 1960 (Bibliothèque de philosophie contemporaine)

WEBER, JEAN PAUL: La constitution du texte des Regulae. Paris 1964

GÄBE, LÜDER: Descartes' Selbstkritik. Untersuchungen zur Philosophie des jungen Descartes. Hamburg 1972

ROMANOWSKI, SYLVIE: L'illusion chez Descartes. La structure du discours cartésien. Paris 1974 (Collection Critères)

WILLIAMS, BERNARD A. O.: Descartes. The Project of Pure Enquiry. Atlantic Highlands 1978 [Auch: Penguin und Pelican] – Dt.: Das Vorhaben der reinen philosophischen Untersuchung. Königstein 1981 und 1988 (Athenaeum Taschenbücher)

GAUKROGER, STEPHEN: Cartesian Logic: an essay on Descartes's conception of inference. Oxford 1989

CARR, THOMAS M.: Descartes and the resilience of rhetoric: Varieties of Cartesian rhetorical theory. Carbondale, Ill. 1990

GROSHOLZ, EMILY R.: Cartesian method and the problem of reduction. Oxford 1991

d) Erkenntnistheorie

NATORP, PAUL: Descartes' Erkenntnistheorie. Eine Studie zur Vorgeschichte des Kritizismus. Marburg 1882 – Neuaufl. Hildesheim 1978

ROSE, FRITZ OTTO: Die Lehre von den eingeborenen Ideen bei Descartes und Locke. Ein Beitrag zur Geschichte des Apriori. Bern 1901 (Berner Studien zur Philosophie und ihrer Geschichte. 31)

CHRISTIANSEN, BRODER: Das Urteil bei Descartes. Ein Beitrag zur Vorgeschichte der Erkenntnistheorie. [Diss.] Freiburg i. B. 1902

KEUSSEN, RUDOLF: Bewußtsein und Erkenntnis bei Descartes. Halle 1906 (Abhandlungen zur Philosophie und ihrer Geschichte. 22) – Neuaufl. Hildesheim 1980

HEIMSOETH, HEINZ: Die Methode der Erkenntnis bei Descartes und Leibniz. [Diss. Marburg] Gießen 1912 (Philosophische Arbeiten. 6)

BARTH, HEINRICH: Descartes' Begründung der Erkenntnis. [Diss.] Bern 1913

BOAS, BERNARD: Über die Bedeutung der inneren Wahrnehmung für die Erkenntnis der Seele bei Descartes, Malebranche und Spinoza. [Diss.] München 1924

BOUTROUX, ÉMILE: Des vérités éternelles chez Descartes. Préface de LÉON BRUNSCHVICG. Paris 1927 – Neuaufl. Paris 1985 (Vrin-reprise)

ROY, JEAN H.: L'imagination selon Descartes. Paris 1944 (La jeune philosophie) – 5. Aufl. 1948

Laporte, Jean: Le rationalisme de Descartes. Paris 1945 (Bibliothèque de philosophie contemporaine) – 3. Aufl. 1988

Rombach, Heinrich: Endlichkeit und Wahrheit. Versuch einer Deutung des Grundproblems der Philosophie im 17. und 18. Jahrhundert. Teil 1: Descartes und Pascal. [Diss.] Freiburg i. B. 1955

Piper, Wulf: Zur Frage der Intuition. Untersuchungen über einen nominalen Gebrauch im Bereich der cartesianischen «Regulae ad directionem ingenii». [Diss.] Freiburg i. B. 1957

Lefèvre, Roger: Le criticisme de Descartes. Paris 1958 (Bibliothèque de philosophie contemporaine)

Krüger, Gerhard: Die Herkunft des philosophischen Selbstbewußtseins. Darmstadt 1962 (Libelli. 74)

Röd, Wolfgang: Die Genese des Cartesianischen Rationalismus. München 1964 – Neuaufl. 1982

Schmidt, Gerhart: Aufklärung und Metaphysik. Die Neubegründung des Wissens durch Descartes. Tübingen 1965

Rodis-Lewis, Geneviève: Descartes et le rationalisme. Paris 1966 (Que sais-je?. 1150) – Neuaufl. 1989

Mahnke, Detlef: Der Aufbau des philosophischen Wissens nach René Descartes. [Diss.] München 1967 – München–Salzburg 1967 (Epimeleia. Beiträge zur Philosophie. 8)

Nill, Rolf Dieter: Der Begriff der Gewißheit bei Descartes. [Diss.] Stuttgart 1968

Frankfurt, Harry G.: Demons, dreamers and madmen. The defense of reason in Descartes' Meditations. Indianapolis 1970 – Neuaufl. New York 1987

Rábade Romeo, Sergio: Descartes y la gnoseología moderna. Madrid 1971 (Molino de ideas. 9)

Caton, Hiram: The origin of subjectivity. An essay on Descartes. New Haven (Conn.) 1973

O'Neil, Brian E.: Epistemological direct realism in Descartes' philosophy. Albuquerque 1974

García López, Jesús: El conocimiento de Dios en Descartes. Pamplona 1976

Curley, Edwin M.: Descartes against the skeptics. Oxford 1978

Link, Christian: Subjektivität und Wahrheit: die Grundlegung der neuzeitlichen Metaphysik durch Descartes. Stuttgart 1978 (Forschungen und Berichte der Evangelischen Studiengemeinschaft. 33)

Pacho, J.: Ontologie und Erkenntnistheorie: eine Erörterung ihres Verhältnisses am Beispiel des cartesianischen Systems. München 1980 (Die Geistesgeschichte und ihre Methoden. 10)

Alanen, Lilli: Studies in Cartesian Epistemology and Philosophy of Mind. Helsinki 1981 (Acta philosophica Fennica. 33)

Rodis-Lewis, Geneviève: Idées et vérités éternelles chez Descartes et ses successeurs. Paris 1985 (Vrin-reprise)

Glouberman, M.: Descartes: the probable and the certain. Würzburg 1986 (Elementa. 41)

Rodis-Lewis, Genevieve: L'anthropologie cartésienne. Paris 1990 (Épiméthée)

Kemmerling, A.: Ideen des Ichs. Studien zu Descartes' Philosophie (Suhrkamp Taschenbuch Wissenschaft 1234). Frankfurt a. M. 1996

PERLER, D.: Repräsentation bei Descartes (Philosophische Abhandlungen 68). Frankfurt a. M. 1997

e) Religionsphilosophie

GILSON, ÉTIENNE: La liberté chez Descartes et la théologie. Paris 1913 (Bibliothèque de philosophie contemporaine) – Neuaufl. Paris 1982

GOUHIER, HENRI: La pensée religieuse de Descartes. Paris 1924 (Études de philosophie médiévale. 6) – Neuaufl. Paris 1972

GONZÁLEZ RÍOS, FRANCISCO: Descartes. Su mundo moral y religioso. Buenos Aires 1950 (Ensayos. 3)

RUSSIER, JEANNE: Sagesse cartésienne et religion. Essai sur la connaissance de l'immortalité de l'âme selon Descartes. Paris 1958 (Bibliothèque de philosophie contemporaine)

BERTI, GIUSEPPE: Introduzione al pensiero religioso di René Descartes. Padua 1964 (Il pensiero moderno. III 2)

LINDEBOOM, GERRIT A.: Descartes en de Kerk. Kampen 1973

MARION, JEAN-LUC: Sur la théologie blanche de Descartes. Analogie, création des vérités éternelles et fondement. Paris 1981

TRAPNELL, W. H.: The treatment of christian doctrine by philosophers of the natural light from Descartes to Berkeley (= Studies on Voltaire and the Eighteenth Century 252). Oxford 1988

f) Metaphysik

KOYRÉ, ALEXANDRE: Essai sur l'idée de Dieu et les preuves de son existence chez Descartes. Paris 1922 (Bibliothèque des Hautes Études) [Franz. Fassung von «Descartes und die Scholastik». Bonn 1923]

WAHL, JEAN: Du rôle de l'idée de l'instant dans la philosophie de Descartes. Paris 1920 – 2. Aufl. 1953 (Bibliothèque d'histoire de la philosophie)

MARCEL, VICTOR: Étendue et conscience. Essai de réfutation du dualisme cartésien. Paris 1933

VERSFELD, MARTHINUS: An essay on the metaphysics of Descartes (1940). Port Washington, N. Y. 1969

ALQUIÉ, FERDINAND: La découverte métaphysique de l'homme chez Descartes. Paris 1950 (Bibliothèque de la philosophie contemporaine) – Neuaufl. Paris 1980 (Épiméthée)

GUEROULT, MARTIAL: Nouvelles réflexions sur la preuve ontologique de Descartes. Paris 1955 (Problèmes et controverses)

LEWIS, GENEVIÈVE: L'individualité selon Descartes. Paris 1950 (Bibliothèque d'histoire de la philosophie)

LEWIS, GENEVIÈVE: Le problème de l'inconscient et le cartésianisme. Paris 1950 (Bibliothèque de philosophie contemporaine)

LEFÈVRE, ROGER: La métaphysique de Descartes. Paris 1959 (Initiation philosophique. 42) – Neuaufl. 1966, 1972

GOUHIER, HENRI: La pensée métaphysique de Descartes. Paris 1962 (Bibliothèque d'histoire de la philosophie) – Neuaufl. 1987

BECK, LESLIE J.: The metaphysics of Descartes. A study of the meditations. New York–Oxford 1965 – Neuaufl. Westport, Conn. 1979

CRONIN S. J., TIMOTHY J.: Objective being in Descartes and in Suárez. Rom 1966 (Analecta Gregoriana. 154) – Neuaufl. New York 1987

HALBFASS, WILHELM: Descartes' Frage nach der Existenz der Welt. Untersuchungen über die cartesianische Denkpraxis und Metaphysik. Meisenheim/Glan 1968 (Monographien zur philosophischen Forschung. 51)

BROADIE, FREDERICK: An approach to Descartes' meditations. London–Oxford–New York 1970

PICARDI, FILIPPO: Il concetto di metafisica nel razionalismo cartesiano. Mailand 1971 (Pubblicazioni dell'Instituto di Filosofia, Facoltà di Magistero dell'Università di Genova)

RÖD, WOLFGANG: Descartes' erste Philosophie. Versuch einer Analyse mit besonderer Berücksichtigung der cartesianischen Methodologie. Bonn 1971 (Kant-Studien, Ergänzungsheft 103) – Neuaufl. 1987

PETERS, KLAUS: Die Dialektik von Existenz und Extension: eine Untersuchung zum Anfang der Philosophie bei René Descartes. [Diss.] Marburg 1972

MARION, JEAN-LUC: Sur l'ontologie grise de Descartes. Science cartésienne et savoir aristotélicien dans les Regulae. Paris 1975 (Bibliothèque d'histoire de la philosophie) – Neuaufl. 1981

BEYSSADE, JEAN-MARIE: La philosophie première de Descartes. Le temps et la cohérence de la métaphysique. Paris 1979 (Nouvelle bibliothèque scientifique)

BECKERMANN, ANSGAR: Descartes' metaphysischer Beweis für den Dualismus. Analyse und Kritik. Freiburg i. B. 1986

MARION, JEAN-LUC: Sur le prisme métaphysique de Descartes. Constitution et limites de l'onto-théologie de la pensée cartésienne. Paris 1986 (Épiméthée)

RORTY, AMELY O.: Essays on Descartes' Meditations. Berkeley, Cal. 1986 (Major Thinker Series. 4)

SOFFER, WALTER: From Science to Subjectivity. An Interpretation of Descartes's Meditations. Westport, Conn. 1987 (Contributions in Philosophy. 33)

BONICALZI, F.: Il costruttore di automi. Descartes e le ragioni dell'anima. Mailand 1987

BIFFLE, C.: A guided tour of René Decartes' Meditations on First Philosophy. Mountian View 1989

SCHÜTT, H.-P.: Substanzen, Subjekte und Personen. Eine Studie zum Cartesischen Dualismus. Heidelberg 1990

SCHNEIDER, M.: Das mechanistische Denken in der Kontroverse. Descartes' Beitrag zum Geist-Maschine-Problem (= Studia Leibnitiana. Supplementa 29). Stuttgart 1993

ARIEW, R.: Descartes and his contemporaries. Meditations, objections, and replies. Chicago 1995

NOLTE, U.: Philosophische Exerzitien bei Descartes. Aufklärung zwischen Privatmysterium und Gesellschaftsentwurf (= Epistemata Philosophie 173). Würzburg 1995

g) Naturwissenschaft

CASSIRER, ERNST: Descartes' Kritik der mathematischen und naturwissenschaftlichen Erkenntnis. [Diss.] Marburg 1899

BOUTROUX, PIERRE: L'imagination et les mathématiques selon Descartes. Paris 1900 (Université de Paris. Bibliothèque de la Faculté des lettres. 10)

JUNGMANN, KARL: Die Weltentstehungsgeschichte des Descartes. Bern 1907 (Berner Studien zur Philosophie und ihrer Geschichte. 54)

MEYER, WILHELM A. J.: Descartes' Entwicklung in der Erklärung der tierischen Lebenserscheinungen. [Diss.] Gießen 1907

PIRRO, ANDRÉ: Descartes et la musique. Paris 1907 – Neuaufl. Genf 1973

EBERHARDT, PAUL FRIEDRICH: Die Kosmogonie des Descartes im Zusammenhang der Geschichte der Philosophie. [Diss. Erlangen] Berlin 1908

TEUCHER, ALFRED: Die geophysikalischen Anschauungen Descartes'. [Diss. Leipzig] Niederlößnitz–Dresden 1908

HOPPE, MARIE-LUISE: Die Abhängigkeit der Wirbeltheorie des Descartes von William Gilberts Lehre vom Magnetismus. [Diss.] Halle 1914

MILHAUD, GASTON: Descartes savant. Paris 1921

KÜHN, FRITZ R.: Descartes' Verhältnis zu Mathematik und Physik. Berlin 1923

DROSSART, PAUL: Die Lehre von den Lebensgeistern bei Suarez und Descartes. [Diss.] Bonn 1925

MITROVITCH, RADICHA: La théorie des sciences chez Descartes d'après sa géométrie. Paris 1932

KOYRÉ, ALEXANDRE: Études galiléennes. Bd. II. La loi de la chute des corps – Descartes et Galilei. Paris 1939 (Actualités scientifiques et industrielles. 853)

MATTEI, ANDRÉ: L'homme de Descartes. Paris 1940

HOLZER, HERMANN: Mathematik und Philosophie bei Descartes und Leibniz. [Diss.] Wien 1941

SCOTT, JOSEPH FREDERICK: The scientific work of René Descartes (1596–1650). With a foreword by H. W. Turnbull. London 1952 – Nachdruck New York 1987

LEISEGANG, GERTRUD: Descartes' Dioptrik. Meisenheim/Glan 1954 (Monographien zur Naturphilosophie. 2)

HIMML, HERTA: Descartes und seine Theorie der tierischen Zweckhandlungen. [Diss.] Wien 1956

WEIZSÄCKER, CARL FRIEDRICH FREIHERR VON: Descartes und die neuzeitliche Naturwissenschaft. Rede. Hamburg 1958 (Hamburger Universitätsreden. 23) – 2. Aufl. 1962

VUILLEMIN, JULES: Mathématiques et métaphysique chez Descartes. Paris 1960 (Épiméthée)

HOEVEN, PIETER VAN DER: Metafysika en fysika bij Descartres. [Diss.] Groningen 1961

MARSHALL, DAVID JOHN: Physik und Metaphysik bei Descartes. [Diss.] München 1962

ALLARD, JEAN-LOUIS: Le mathématisme de Descartes. Ottawa 1963 (Université d'Ottawa. Publications sériées. 68)

CHAUVOIS, LOUIS: Descartes, sa méthode et ses erreurs en physiologie. Préface de J. Rostand. Paris 1966

DENISSOFF, ÉLIE: Descartes, premier théoricien de physique mathématique. Trois essais sur le «Discours de la méthode». Louvain–Paris 1970 (Bibliothèque philosophique de Louvain. 22)

COLLINS, JAMES DANIEL: Descartes' philosophy of nature. Oxford 1971 (American Philosophical Quarterly. Monograph Series. 5)

HOEVEN, PIETER VAN DER: Descartes. Wetenschap en wijsbegeerte. Baarn 1972 (Wijsgierige monographieën)

LINDEBOOM, GERRIT A.: Florentius Schuyl en zijn betekenis voor het cartesianisme in geneeskunde. Den Haag 1974

LINDEBOOM GERRIT A.: Descartes and medicine. Amsterdam 1979 (Nieuwe nederlandse bijdragen tot de geschiedenis van de geneeskunde. 1)

TREVISANI, FRANCESCO: Inventio e demonstratio in Cartesio. Dalle scienze della natura alla filosofia della natura. Messina 1979 (Biblioteca della filosofia moderna. 9)

CLARKE, DESMOND M.: Descartes' Philosophy of Science. University Park, Pa. 1982 (Studies in Intellectual History)

CARTER, RICHARD B.: Descartes' Medical Philosophy. The organic solution of the mind-body problem. Baltimore–London 1983

LOECK, GISELA: Der cartesianische Materialismus: Maschine, Gesetz und Simulation. Eine Studie der intentionalen Ontologie in der Naturwissenschaft. Bern–Frankfurt a. M. 1986 (Europäische Hochschulschriften. XX, 146)

DAVIS, P. J., Hersh, R.: Descartes' Dream. The World according to Mathematics. San Diego 1986. – Deutsch: Descartes' Traum. Über die Mathematisierung von Zeit und Raum. Von denkenden Computern, Politik und Liebe. Frankfurt 1988

SMITH, A. MARK: Descartes's theory of light and refraction: a discourse on method. Philadelphia 1987 (Transactions of the American Philosophical Society. Volume 77, Part 3, 1987)

BARRETT, W.: Death of the Soul. From Descartes to the Computer. Oxford 1987

SUTTER, ALEX: Göttliche Maschinen. Die Automaten für Lebendiges bei Descartes, Leibniz, La Mettrie und Kant. Frankfurt a. M. 1988

CLARKE, DESMOND M.: Occult powers and hypotheses: Cartesian natural philosophy under Louis XIV. Oxford 1989

GARBER, D.: Descartes' Metaphysical Physics (Science and its conceptual foundations). Chicago 1992

VOSS, S. (Hg.): Essays on the philosophy and science of René Descartes. Oxford 1993

h) Praktische Philosophie

FURCHTSCHIK, MEJER: Die Ethik in Descartes' System der Philosophie. [Diss.] Bern 1919

ESPINAS, ALFRED: Études sur l'histoire de la philosophie de l'action. Descartes et la morale. 2 Bde. Paris 1925 – Neuaufl. 1937

LEROY, MAXIME: Descartes social. Paris 1931

SECOND, J.: La sagesse cartésienne et la doctrine de la science. Paris 1932

MESNARD, PIERRE: Essai sur la morale de Descartes. Paris 1936

SARTRE, JEAN-PAUL: La liberté cartésienne. In: Descartes. Paris 1946. S. 9–52

LEIFHEIT, WALTRAUDE: Vergleich zwischen dem Traité des passions de l'âme von Descartes und dem Discours sur les passions de l'amour von Pascal, mit anschließender Darlegung des Begriffes «passion» vom 17.–19. Jahrhundert. [Diss.] Jena 1951

LEWIS, GENEVIÈVE: La morale de Descartes. Paris 1957 (Initiation philosophique. 27)

COMBÈS, JOSEPH: Le dessein de la sagesse cartésienne. Paris 1960 (Problèmes et doctrines)

NEGRI, ANTONIO: Descartes politico o della ragionevole ideologia. Mailand 1970 (I fatti e le idee. 199)

GABAUDE, JEAN MARC: Liberté et raison. La liberté cartésienne et sa réfraction chez Spinoza et Leibniz. Toulouse 1970 (Publications de la Faculté des Lettres et Sciences humaines de Toulouse. Série A. 13)

DENNERT, JÜRGEN: Die ontologisch-aristotelische Politikwissenschaft und der Rationalismus. Berlin 1970 (Beiträge zur politischen Wissenschaft. 11)

KLEMMT, ALFRED: Descartes und die Moral. Meisenheim/Glan 1971 (Monographien zur philosophischen Forschung. 83)

VERGA, LEONARDO: L'etica di Cartesio. Mailand 1974 (Scienze umane. 27)

BLOM, JOHN J.: Descartes: his moral philosophy and psychology. Transl., introduction and conceptual index. New York 1978

GUENANCIA, PIERRE: Descartes et l'ordre politique. Critique cartésienne des fondements de la politique. Paris 1983 (Philosophie d'aujourd'hui)

HERBST, GABRIELE: Wissenschaft und Moral bei Descartes. [Diss.] Mannheim 1985

GRIMALDI, NICOLAS: Six études sur la volonté et liberté chez Descartes. Paris 1988 (Bibliothèque d'histoire de la philosophie)

BEYSSADE, JEAN-MARIE (Hg.): La politique cartésienne. Communictions prononcées en Sorbonne [...] pour le Centre d'études cartésiennes. Paris 1990. S. 353–528

MORGAN, V. G.: Foundations of Cartesian Ethics. Atlantic Highlands 1994

i) Aufsatzsammlungen

ROZSNAY, E., D. KALOCSAI und Z. TORDAI: Études sur Descartes. Budapest 1964 (Studia Philosophica Academiae Scientiarum Hungaricae. 6)

SESONSKE, A., und B. N. FLEMING (Hg.): Meta-Meditations. Studies in Descartes. Belmont, Cal. 1965

DONEY, WILLIS (Hg.): Descartes. A collection of critical essays. New York 1967 – Neudr. Notre Dame (Ind.) 1968 und New York 1987

MAGNUS, B., und J. B. WILBUR (Hg.): Cartesian essays. A collection of critical studies. Den Haag 1969

BUTLER, RONALD J. (Hg.): Cartesian studies. New York 1972

HOOKER, MICHEL (Hg.): Descartes. Critical and Interpretative Essays. Baltimore 1978

Descartes: philosophy, mathematics and physics. Hg. von STEPHEN GAUKROGER. Sussex 1980 (Harvester readings in the history of philosophy. 1)

Problems of Cartesianism. Hg. von THOMAS M. LENNON. Kingston, Ont. 1982

DONEY, WILLIS: Eternal Truths and the Cartesian Circle. A Collection of Studies. New York 1987

Travaux du IXe congrès international de philosophie. Congrès Descartes. Publié par les soins de RAYMOND BAYER. Bd. 1–3: Études cartésiennes. Paris 1937 (Actualités scientifiques et industrielles. 530–532)

Études sur Descartes. Paris 1937 (Revue de métaphysique et de morale. 44) [Beiträge von LÉON BRUNSCHVICG, ÉMILE BRÉHER, ALBERT RIVAUD, STANLEY VICTOR KEELING, JEAN LAPORTE, HENRI GOUHIER, GINO LORIA, FEDERIGO ENRIQUES, H. DREYFUS-LEFOYER, E. SIGNORET, CAY VON BROCKDORFF, GEORGES BEAULAVON]

Autour du «Discours de la méthode» (1637–1937). Paris 1937 (Archives de philosophie. 13, 2) [Beiträge von JACQUES CHEVALIER, ROGER VERNEAUX, MARCEL DE CORTE, JEAN MARIE LE BLOND, PIERRE MESNARD, ANDRÉ ROBERT]

[Descartes.] In: Revue de synthèse 40 (1937), S. 1–126

[Descartes.] In: Revue philosophique de la France et de l'étranger 62 (1937),

S. 1–372 [Beiträge von Charles Adam, Émile Bréhier, Léon Brunschvicg, Karl Jaspers, Alexandre Koyré, Pierre Lachièze-Rey, John Laird, Jean Laporte, Albert Rivaud, Lewis Robinson, Paul Schrecker, Pierre Maxime Schuhl, Jean Wahl]

Dem Gedächtnis an René Descartes. (300 Jahre Discours de la méthode) Hg. von C. A. Emge. Berlin 1937 (Archiv für Rechts- und Sozialphilosophie. 30, 4)

Cartesio nel terzo centenario nel [recte: del] «Discorso del metodo». Pubblicazione a cura della Facoltà di filosofia dell' Università Cattolica del Sacro Cuore. Mailand 1937 (Revista di filosofia neo-scolastica. 19, Supplemento speciale)

Causeries cartésiennes à propos du troisième centenaire du «Discours de la méthode». Paris 1938 [Beiträge von Georges Beaulavon, Émile Bréhier, Léon Brunschvicg, L. Flavien, André Lalande, Maxime Leroy, Dominique Parodi, Désiré Roustan]

Escritos en honor de Descartes. Publicación oficial de la Universidad Nacional de La Plata. La Plata 1938

Descartes et le cartésianisme hollandais. Études et documents. Paris–Amsterdam 1950 (Publications de l'Institut Français d'Amsterdam) [Beiträge von Eduard Jan Dijksterhuis, Cornelia Serrurier, Paul Dibon, Hendrik J. Pos, Jean Orcibal, C. Louise Thijssen-Schoute, Geneviève Lewis]

Hommage à Descartes. Poitiers 1950 (Journées Universitaires Poitevines)

[Descartes.] In: Revue de synthèse 68 (1950), S. 7–101

[Descartes.] In: Études philosophiques 5 (1950), S. 151–232

[Descartes.] In: Revue internationale de philosophie 4 (1950), S. 123–209 [Beiträge von Henri Gouhier, Ferdinand Alquié, Robert Lenoble, Geneviève Lewis]

Études sur Descartes. In: Colloque international de mécanique. Actes. Bd. 1. Paris 1951 (Publications scientifiques et techniques du Ministère de l'air. 248)

Descartes. Drei Vorträge. Münster 1951 (Abhandlungen der Gesellschaft zur Förderung der Westfälischen Landes-Universität. 2) [Vorträge von Heinrich Scholz, Adolf Kratzer, Joseph Hofmann]

Descartes. Conférence. Paris 1957 (Cahiers de Royaumont. Philosophie. 2)

Symposium Descartes. American Philosophical Association, Eastern Division, 67. Annual meeting. In: The Journal of Philosophy 67 (1970), S. 633–724

Le Discours et sa méthode. Colloque pour le 350ᵉ anniversaire du Discours de la méthode. Hg. von Nicolas Grimaldi und Jean-Luc Marion. Paris 1987

La science en français. Hg. von Geneviève Rodis-Lewis. New York 1987

Méchoulan, Henry (Hg.): Problématique et réception du Discours de la méthode et des Essais. Colloque organisé par l'Équipe de recherche du C.N.R.S. Paris 1988 (Histoire des idées et des doctrines)

Marion, J.-L.: Questions cartésiennes (Philosophie aujourd'hui). Paris 1991

Voss, S. (Hg.): Descartes (= American Catholic Philosophical Quarterly 67, n. 4). Washington 1993

Kemmerling, A., und Schütt, P. (Hg.): Descartes nachgedacht. Frankfurt a. M. 1996

Marion, J.-L.: Questions cartésiennes II. Sur l'égo et sur Dieu (Philosophie aujourd'hui). Paris 1996

O. Depré und D. Lories: Lire Descartes aujourd'hui (Bibliothèque philosophique de Louvain. Éditions Peeters). Louvain–Paris 1997

6. Wirkungsgeschichte

DANIEL, P. GABRIEL: Voyage du monde de Descartes. Nachdr. der Ausgabe Paris 1690. Amsterdam 1970

HUET, PIERRE DANIEL: Censura cartesiana. Nachdr. der Ausgabe Kampen 1690. Hildesheim–New York 1971

SIGWART, HEINRICH C. W.: Über den Zusammenhang des Spinozismus mit der Cartesianischen Philosophie. Ein philosophischer Versuch. Tübingen 1816 – Nachdruck. Aalen 1974

BOUILLIER, FRANCISQUE: Histoire de la philosophie cartésienne. 2 Bde. Paris 1854 – 3. Aufl. 1868 – Nachdr. Brüssel 1969 – Genf 1970 – Hildesheim 1972

GEIL, GEORG: Über die Abhängigkeit Locke's von Descartes. Eine philosophie-geschichtliche Studie. [Diss.] Straßburg 1887

SOMMER, ROBERT: Locke's Verhältnis zu Descartes. [Diss.] Berlin 1887

KOENIG, EDMUND: Die Entwickelung des Causalproblems. Studien zur Orientierung über die Aufgaben der Metaphysik und Erkenntnislehre. Bd. I: Von Cartesius bis Kant. Nachdruck der Ausgabe von 1888. Leipzig 1972

KRANTZ, ÉMILE: Essais sur l'esthétique de Descartes. Rapports de la doctrine cartésienne avec la littérature classique française au XVIIe siècle. Nachdruck der Ausgabe Paris 1896. Genf 1970

SCHNEIDER, HERMANN: Die Stellung Gassendis zu Descartes. [Diss.] Leipzig 1904

PROST, JOSEPH: Essai sur l'atomisme et l'occasionalisme dans la philosophie cartésienne. Paris 1907

BOHATEC, JOSEF: Die cartesianische Scholastik in der Philosophie und reformatorischen Dogmatik des 17. Jahrhunderts. Leipzig 1912 – Nachdruck. Hildesheim 1966

BROCKDORFF, BARON CAY VON: Descartes und die Fortbildung der kartesianischen Lehre. München 1923 (Geschichte der Philosophie in Einzeldarstellungen. 16/17) – Neuaufl. Nendeln 1973

SORTAIS, GASTON. Le cartésianisme chez les Jésuites français au XVIIe et au XVIIIe siècle. Paris 1929 (Archives de philosophie. 6, 3)

PEITT, HENRI: Images. Descartes et Pascal. Paris 1930 (Prosateurs français contemporains)

LACHIÈZE-REY, PIERRE: Les origines cartésiennes du Dieu de Spinoza. Paris 1932 (Bibliothèque d'histoire de la philosophie) – 2. Aufl. 1950

MOUY, PAUL: Le développement de la physique cartésienne, 1646–1712. Paris 1934 (Bibliothèque d'histoire de la philosophie)

VERNEAUX, ROGER: Les sources cartésiennes et kantiennes de l'idéalisme français. Paris 1936 (Bibliothèque des archives de philosophie)

RIDEAU, ÉMILE: Descartes, Pascal, Bergson. Paris 1938

BÖHM, FRANZ: Anti-Cartesianismus. Deutsche Philosophie im Widerstand. Leipzig 1938

RICHTER, LISELOTTE C.: René Descartes. Dialoge mit deutschen Denkern. Hamburg 1942 (Geistiges Europa) – 3. Aufl. 1949

BOISDÉ, RAYMOND: Découvertes de l'Amérique. Descartes et les États-Unis. Paris 1948

FERRIER, RAOUL: De Descartes à Ampère, ou Progrès vers l'unité rationelle. Bâle 1949

DIBON, PAUL, EDUARD JAN DIJKSTERHUIS u. a.: Descartes et le cartésianisme hollandais. Paris–Amsterdam 1950 (Publications de l'Institut Français d'Amsterdam, Maison Descartes)

BALZ, ALBERT GEORGE ADAM: Descartes and the modern mind. New Haven 1952 – Neuaufl. Hamden (Conn.) 1967

VARTANIAN, ARAM: Diderot and Descartes. A study of scientific naturalism in the Englightenment. Princeton 1953 (The history of ideas series. 6) – Neuaufl. Westport (Conn.) 1975

THIJSSEN-SCHOUTE, C. LOUISE: Nederlands cartesianisme. (Avec sommaire et table des matières en français) Amsterdam 1954 (Verhandelingen der Koninklijke Nederlands Akademie van Wetenschappen, Afd. Letterkunde. Nieuwe reeks. 60)

CALLOT, ÉMILE: Problèmes du cartésianisme. Descartes, Malebranche, Spinoza. Annecy 1956

BELAVAL, YVON: Leibniz critique de Descartes. Paris 1960 (Bibliothèque des idées)

ROGER, JACQUES: Les sciences de la vie dans la pensée française du XVIIIe siècle. De la Génération des animaux de Descartes à l'Encyclopédie. Paris 1963 – Neuaufl. 1971

ROTH, LÉON: Spinoza, Descartes, and Maimonides. Oxford 1924 – Neuausg. New York 1963

GOUHIER, HENRI: Les grandes avenues de la pensée philosophique en France depuis Descartes. Louvain 1964 (Chaire Cardinal Mercier)

SPECHT, RAINER: Commercium mentis et corporis. Über Kausalvorstellungen im Cartesianismus. Stuttgart–Bad Cannstatt 1966

WATSON, RICHARD A.: The downfall of Cartesianism 1673–1712. Den Haag 1966 (International Archives of the History of Ideas)

SABRA, A. J.: Theories of light from Descartes to Newton. Lodon 1967 (Oldbourne History of Science Library)

SOLINAS, GIOVANNI: Il microscopio e le metafisiche. Epigenesi e preesistenza da Cartesio a Kant. Mailand 1967 (I fatti e le idee. 175)

ROSENFIELD, LEONORA DAVIDSON COHEN: From Beast-Machine to Man-Machine. Animal Soul in French Letters from Descartes to La Mettrie. With a preface by Paul Hazard. New and enlarged edition. New York 1968

BUCHDAHL, GERD: Metaphysics and the philosophy of science. The classical origins. Descartes to Kant. Oxford–Cambridge (Mass.) 1969

GUEROULT, MARTIAL: Études sur Descartes, Spinoza, Malebranche et Leibniz. Hildesheim–New York 1970 (Studien und Materialien zur Geschichte der Philosophie. 5)

LE GUERN, MICHEL: Pascal et Descartes. Paris 1971

FRANCE, PETER: Rhetoric and truth in France from Descartes to Diderot. London 1972

SPECHT, RAINER: Innovation und Folgelast. Beispiele aus der neueren Philosophie- und Wissenschaftsgeschichte. Stuttgart–Bad Cannstatt 1972 (Problemata. 12)

PACCHI, ARRIGO: Cartesio in Inghilterra. Da More a Boyle. Rom–Bari 1973 (Biblioteca di Cultura moderna. 750)

PRAETORIUS, HUGH MICHEL: Escape from the Evil Demon. A discourse on the Cartesianism of phenomenology. Ann Arbor (Mich.) – London 1977

GOUHIER, HENRI: Cartésianisme et augustinisme au XVIIe siècle. Paris 1978 (Bibliothèque d'histoire de la philosophie)

BADER, FRANZ: Die Ursprünge der Transzendentalphilosophie bei Descartes. Band I. Genese und Systematik der Methodenreflexion. Bonn 1979 (Abhandlungen zur Philosophie, Psychologie und Pädagogik. 124). Band II. 1. Descartes' Erste Philosophie. Die Systematik des methodischen Zweifels. Bonn 1983 (Abhandlungen zur Philosophie, Psychologie und Erziehungswissenschaft. 173)

WEBER, CLAUDE: Christian Wolff, Moses Mendelssohn et la métaphysique de Descartes. Étude sur l'influence du cartésianisme dans les philosophies post-leibniziennes de Wolff et de Mendelssohn. [Thèse] Paris 1986

GLUCKSMANN, ANDRÉ: Descartes c'est la France. Paris 1987 – Dt.: Die cartesianische Revolution. Von der Herkunft Frankreichs aus dem Geist der Philosophie. Reinbek 1989

NICOLOSI, S.: Il dualismo da Cartesio a Leibniz: Cartesio, Cordemoy, La Forge, Malebranche, Leibniz. Venedig 1987

Descartes and his contemporaries. Ed. The Hegeler Institute. La Salle, Ill. 1988 (The Monist 71, S. 496–616)

WATSON, RICHARD A.: The Breakdown of Cartesian Metaphysics. Altanlic Highlands, N.J. 1987

SCRIBANO, M. E.: Da Descartes a Spinoza. Percorsi della teologia razionale nel seicento (= Filosofia e scienza nel cinquecento e nel seicento). Mailand 1988

LAUTH, R.: Transzendentale Entwicklungslinien von Descartes bis Marx und Dostojewski. Hamburg 1989

SCHOULS, PETER A.: Descartes and the Enlightenment. Edinburgh 1989

NADLER, STEVEN: Arnauld and the Cartesian philosophy of ideas. Princeton, N.J. 1989

ÉCOLE, JEAN: La Métaphysique de Christian Wolff. Hildesheim 1990 (Christian Wolff: Gesammelte Werke. Abt. III, Bd. 12. 1,2)

TREVISANI, F.: Descartes in Germania. La ricezione del cartesianismo nella facoltà filosofica e medica di Duisburg (Filosofia e scienza nel cinquecento e nel seicento). Mailand 1992

VERBEEK, T.: Descartes and the Dutch. Early Reactions to Cartesian Philosophy. Carbondale 1992

LENNON, T. M.: The Battle of the Gods and Giants. The Legacies of Descartes and Gassendi. 1655–1715. Princeton 1993

NADLER, S. (Hg.): Causation in early Modern Philosophy. Cartesianism, Occasionalism, and Preestablished Harmony. University Park 1993

WOOLHOUSE, R. S.: Descartes, Spinoza, Leibniz. The Concept of Substance in Seventeenth-Century Metaphysics. London 1993

RULER, J. A. van: The Crisis of Causality. Voetius and Descartes on God, Nature and Change. Leiden 1995

SCHÜTT, H.-P.: Die Adoption des «Vaters der modernen Philosophie». Studien zur Entstehung eines Gemeinplatzes in der Ideengeschichte (Philosophische Abhandlungen). Frankfurt a. M. 1996

Namenregister

Die kursiv gesetzten Zahlen bezeichnen die Abbildungen

Adam, Charles 14, 19, 147
Agrippa von Nettesheim, Heinrich Cornelius 13
d'Alibert, Pierre 143, 145
Alquié, Ferdinand 100
Anselm von Canterbury, Erzbischof 41
d'Archangé 9
Archimedes 85
Aristoteles 40, 41, 46, 62f, 71, 129, 130
Arnauld, Antoine 7, 128
Augustinus, Aurelius 41, 86, 93
Ausonius, Decimus Magnus 17

Bagno, Guidi di 60
Baillet, Adrien 14, 17, 20, 21, 61, 137, 138f, 141, 143
Balzac, Guez de 22, 27
Basso, Sebastian 108
Bayle, Pierre 27, 46, 149f, *151*
Beck, David 137
Beeckman, Isaac 7, 14, 20, 27, 109
Bekker, Balthasar 149
Bérulle, Pierre de, Kardinal 23, 60, 72, 101, 152
Bitault, Jean 22, 47
Bohr, Niels 89
Bonaventura, Pater 39
Bonnel, Dr. 38
Boussuet, Jacques-Bénigne 44, *44*
Boswell, William 101
Brahe, Tycho 32
Brasset 30
Bremond, Henri 61

Brochard, Jean 8, 12
Brucker, Jacob 151
Burman, Frans 50, 128, *51*

Calvin, Johann (Jean Cauvin) 157
Cano, Melchor 31
Carcavy, Pierre de 131
Chandoux, Sieur de 23, 60
Chanut 22, 121, 131f, 141f, 145
Charlet, Pater 12
Charnacé, Hercule de 30
Chenier, Marie-Joseph 146
Christine, Königin von Schweden 13, 22, 57, 80, 132f, 141f, *135, 142*
Clauberg, Johannes 50
Claves, Étienne de 22, 47
Clerselier, Claude de 61, 131, 145
Condillac, Étienne Bonnot de 148
Condorcet, Antoine Caritat, Marquis de 145, 148
Cordemoy, Gérauld de 145
Cousin, Victor 148
Cuvier, Baron Georges 147

Descartes, Joachim 7f, 14, 21, 30
Descartes, Pierre 8
Desmaizeaux 150
Díez del Corral, Luis 148
Digby, Kenelm 121
Du Ryer 137, 139
Dyck, Anthonis van 137

Elisabeth, Prinzessin von der Pfalz 20, 30, 38, 72, 119, 121, 137, *19*
Eustache de St. Paul, Pater 64

Faulhaber, Johann 15
Ferdinand II., Kaiser 13, 15
Fermat, Pierre de 38, *39*
Ferrand, Jean 8
Flemming, Claudius 133
Foucher, Simon 143
Freinsheim, Johann 133, 137
Friedrich V., Kurfürst von der Pfalz 20, *19*

Galilei, Galileo 13, 20, 33, 35, 40, 43, 57, 58, 84, 103, 149, *34*
Gassendi, Petrus 38, *37*
Geulincx, Arnold 27, 97f
Gibieuf, Guillaume 23
Gilson, Étienne 45, 65
Golius, Jacob 27
Gottsched, Johann Christoph 46
Gueroult, Martial 120, 121
Guizot, François Pierre Guillaume 148
Gustav II. Adolf, König von Schweden 132

Hals, Frans 27
Harvey, William 72
Heereboord, Adrian 27
Heidanus, Abraham 27, *28*
Heinrich IV., König von Frankreich 12, 13, *11*
Helmont, Jan Baptist van 75
Hobbes, Thomas 38, 51f, 57, 58, 107, *58*
Hooft, Pieter Cornelisz 28
Hoogeland, Cornelius van 28, 30, 72, 134, 149
Huygens, Christiaan 28, 75, 102, *74*
Huygens, Constantijn 75
Huygens, Constantijn, Heer van Zuylichem 28, 30, 43, 46, 57, 121, 137, *47*

Jans, Francine 30
Jans, Hijlena 30
Jesus 61, 143

Kant, Immanuel 105
Karl I., König von England 11, *10, 56*

La Forge, Louis de 130
Lallemant, Pater 143, 145
La Mattrie, Julien Offroy de 141
La Ville, Louis de 150
Leibniz, Gottfried Wilhelm Freiherr von 9, 50, 68, 74, 84, 100, 102, 115, 143, 145, *101*
Lenoir, Alexandre 147
Leydekker 150
Lipstorp, Daniel 149
Ludwig XIV., König von Frankreich 10
Lullus, Raimundus 13

Mabillon, Dom Jean 147
Malebranche, Nicolas de 69, 71, 115, 151f, *152*
Maresius, Samuel 150
Martell, Thomas 55
Maurits von Nassau 14
Mercier, Louis-Sébastien 147
Mersenne, Marin 22, 38, 40, 57, 72, 100, 112, 130
Montaigne, Michel Eyquem de 54, 67
Montfaucon, Dom Bernard de 147
Mydorge, Claude 22

Newton, Sir Isaac 105

Ovid (Publius Ovidius Naso) 12

Paracelsus, Philippus Aureolus Theophrastus (Theophrastus Bombastus von Hohenheim) 75
Pascal, Blaise 7, 38, 138, *138*
Pascal, Étienne 38
Pereira, Gómez 118
Petermann, Johann Andreas 149
Philaretes, Irenaeus 150
Picot, Abbé 50, 60, 75, 134, 141
Platon 130
Pollot, Alphonse 30, 43, 57
Porta, Giambattista della 13
Pythagoras 18

Ramus, Petrus 37
Regius, Henricus (Hendrik de Roy) 25, 28, 42, 114, 130, 149, *131*
Regnier, Henri 28

186

Rembrandts, Dirk 63
Rhegenius, Michael 149
Roberval, Gilles Personier de 37
Rohault, Jacques 145
Rosay, Madame du 20
Roy, Hendrik de s. u. Henricus Regius
Royer-Collard, Pierre-Paul 148f, *148*

Sainte-Beuve, Charles-Augustin 8
Saumaise, Claude de 27, 138
Schlüter 140
Schooten, Frans 27
Schweling, Johann Eberhard 149
Servien, Abel 30
Silhon, Jean de 25
Sokrates 137
Sorbière, Samuel 38, 53f
Soto, Domingo de 31
Sperlette, Johann 149
Spinoza, Baruch de 141, 149
Sturm, Johann Christoph 149
Suárez, Francisco 31f, 39, 41, 64, 95, *96*

Thomas von Aquin 31, *35, 36*
Thuillerie, Gaspard Coignet de la 30, 131

Vasseur, Nicolas le 21f
Viau, Théophile de 22
Villon, Antoine 22, 47
Vincent de Paul 61, 152
Viogué, Pater 137, 139, 140
Vitoria, Francisco de 31
Voetius, Gisbert 41, 58, 130, 150, *42*

Wagner, Gabriel 149
Weenix, Jan Baptist 100
Weizsäcker, Carl Friedrich Freiherr von 105
Wilhem, David de Leeuw van 30, 43
Wittich, Christoph 150
Wullen 139

Zurck, Anthonie Studler van 30, 43

Quellennachweis der Abbildungen

Archiv für Kunst und Geschichte, Berlin: 6, 10, 26, 35, 37, 56, 58, 138; Sammlung Historia-Photo: Umschlagvorderseite, 11, 16, 32, 47, 52/53, 64, 66, 73, 90, 108, 142
Bildarchiv Preußischer Kulturbesitz, Berlin: 8, 9, 19, 62, 74, 101, 109, 117, 135, 151, 152
Sammlung Rainer Specht: 12, 23, 34, 36, 70, 72, 77, 80, 82, 96, 98, 103, 104, 106, 107, 110, 113, 114, 118, 120, 122, 124, 127
Ullstein Bilderdienst, Berlin: 14, 39, 54, 78/79, 87, 136
Institut Tessin, Paris: 24
Prentenkabinet Rijksuniversiteit, Leiden: 28, 51, 131
Rijksmuseum, Amsterdam: 29
Bibliothèque Nationale, Paris: 48
Rowohlt Archiv: 133, 148 und Umschlagrückseite

Geschichte / Politik

rowohlts monographien
Begründet von Kurt Kusenberg, herausgegeben von Wolfgang Müller und Uwe Naumann.

Eine Auswahl:

Konrad Adenauer
dargestellt von
Gösta von Uexküll
(234)

Augustus
dargestellt von
Marion Giebel
(327)

Otto von Bismarck
dargestellt von
Wilhelm Mommsen
(122)

Willy Brandt
dargestellt von Carola Stern
(232)

Che Guevara
dargestellt von Elmar May
(207)

Heinrich VIII.
dargestellt von
Uwe Baumann
(446)

Adolf Hitler
dargestellt von
Harald Steffahn
(316)

Thomas Jefferson
dargestellt von
Peter Nicolaisen
(405)

Karl der Große
dargestellt von
Wolfgang Braunfels
(187)

Kemal Atatürk
dargestellt von Bernd Rill
(346)

Nelson Mandela
dargestellt von
Albrecht Hagemann
(580)

Mao Tse-tung
dargestellt von
Tilemann Grimm
(141)

Claus Schenk Graf von Stauffenberg
dargestellt von
Harald Steffahn
(520)

Die Weiße Rose
dargestellt von
Harald Steffahn
(498)

rowohlts monographien

Ein Gesamtverzeichnis der Reihe *rowohlts monographien* finden Sie in der *Rowohlt Revue*. Vierteljährlich neu. Kostenlos in Ihrer Buchhandlung.

4504/7

rowohlts monographien
Begründet von Kurt Kusenberg, herausgegeben von Wolfgang Müller und Uwe Naumann.

Medizin / Psychologie

Alfred Adler
dargestellt von Josef Rattner
(189)

Anna Freud
dargestellt von
Wilhelm Salber
(343)

Erich Fromm
dargestellt von Rainer Funk
(322)

C. G. Jung
dargestellt von Gerhard
Wehr
(152)

Alexander Mitscherlich
dargestellt von
Hans-Martin Lohmann
(365)

Wilhelm Reich
dargestellt von
Bernd A. Laska
(298)

Naturwissenschaft

Charles Darwin
dargestellt von
Johannes Hemleben
(137)

Thomas Alva Edison
dargestellt von Fritz Vögtle
(305)

Albert Einstein
dargestellt von
Johannes Wickert
(162)

Galileo Galilei
dargestellt von
Johannes Hemleben
(156)

Johann Kepler
dargestellt von
Mechthild Lemcke
(529)

Isaac Newton
dargestellt von
Johannes Wickert
(548)

Max Planck
dargestellt von
Armin Hermann
(198)

Ein Gesamtverzeichnis der Reihe *rowohlts monographien* finden Sie in der *Rowohlt Revue*. Vierteljährlich neu. Kostenlos in Ihrer Buchhandlung.

4506/7

Philosophie

rowohlts monographien
Begründet von Kurt Kusenberg, herausgegeben von Wolfgang Müller und Uwe Naumann.

Theodor W. Adorno
dargestellt von
Hartmut Scheible
(400)

Hannah Arendt
dargestellt von
Wolfgang Heuer
(379)

Aristoteles
dargestellt von J.-M. Zemb
(063)

Walter Benjamin
dargestellt von Bern Witte
(341)

Ludwig Feuerbach
dargestellt von
Hans-Martin Sass
(269)

Johann Gottlieb Fichte
dargestellt von
Wilhelm G. Jacobs
(336)

Martin Heidegger
dargestellt von
Walter Biemel
(200)

Karl Jaspers
dargestellt von Hans Saner
(169)

Immanuel Kant
dargestellt von Uwe Schultz
(101)

Karl Marx
dargestellt von
Werner Blumenberg
(076)

Platon
dargestellt von
Gottfried Martin
(150)

Karl Popper
dargestellt von
Manfred Geier
(468)

Jean-Paul Sartre
dargestellt von
Walter Biemel
(087)

Max Scheler
dargestellt von
Wilhelm Mader
(290)

Rudolf Steiner
dargestellt von
Christoph Lindenberg
(500)

rowohlts monographien

Ein Gesamtverzeichnis der Reihe *rowohlts monographien* finden Sie in der *Rowohlt Revue*. Vierteljährlich neu. Kostenlos in Ihrer Buchhandlung.

4501/6